Beppo Beyerl
Wien und Umgebung

Wean, du bist a Taschnfeidl
In an Himme voi Schedlweh,
A siebn mal kochtes Burenheidl,
Auf des i net has bin und trotzdem steh.

(Wien, du bist ein Taschenmesser
in einem Himmel voller Kopfweh,
eine sieben mal gekochte Burenwurst,
die ich nicht schätze und trotzdem mag.)

André Heller

Impressum

Beppo Beyerl
Wien und Umgebung

erschienen im
REISE KNOW-HOW Verlag Peter Rump GmbH
Osnabrücker Str. 79, 33649 Bielefeld

© Peter Rump 1995, 1997, 2000
4., komplett aktualisierte Auflage **2002**

Alle Rechte vorbehalten.

Gestaltung
Umschlag: M. Schömann, P. Rump (Layout);
    Günter Pawlak (Realisierung)
Inhalt: Günter Pawlak (Layout)
    Kordula Röckenhaus (Realisierung)
Fotos: der Autor (BB), Martin Liebermann (ML)
Titelfoto: Martin Liebermann
Karten: der Verlag, Bernhard Spachmüller (hintere Umschlagklappe)
Bildbearbeitung: Thomas Buri

Lektorat (Aktualisierung): Anja Fröhlich

Druck und Bindung
    Fuldaer Verlagsagentur

ISBN 3-8317-1071-6
PRINTED IN GERMANY

Dieses Buch ist erhältlich in jeder Buchhandlung der BRD,
der Schweiz, Österreichs, Belgiens und der Niederlande.
Bitte informieren Sie Ihren Buchhändler
über folgende Bezugsadressen:
BRD
    Prolit GmbH, Postfach 9, 35461 Fernwald (Annerod)
    sowie alle Barsortimente
Schweiz
    AVA-buch 2000
    Postfach, CH-8910 Affoltern
Österreich
    Mohr Morawa Buchvertrieb GmbH
    Sulzengasse 2, A-1230 Wien
Niederlande, Belgien
    Willems Adventure
    Postbus 403, NL- 3140 AK Maassluis

Wer im Buchhandel trotzdem kein Glück hat,
bekommt unsere Bücher auch direkt bei:
Rump Direktversand Heidekampstraße 18,
D-49809 Lingen (Ems) oder über
unseren **Büchershop im Internet:**
www.reise-know-how.de

Beppo Beyerl

Wien und Umgebung

Reise Know-How im Internet

Aktuelle Reisetipps und Neuigkeiten
Ergänzungen nach Redaktionsschluss
Büchershop und Sonderangebote
Weiterführende Links zu über 100 Ländern

www.reise-know-how.de
info@reise-know-how.de

Wir freuen uns über Anregung und Kritik.

Vorwort

Die Absicht dieses Buches entspricht der einer löblichen Entwicklungshilfe: Ich möchte Hilfe zur Selbsthilfe geben. Das Buch soll nicht der Weisheit letzter Schluss sein. Den sollten Sie, werte Leserin, werter Leser, – mit dem Buch in der Hand oder in der Tasche oder im Koffer – selbst ziehen.

Deshalb sind die Routen manchmal nicht bis ins Letzte festgelegt, wie etwa bei einem Ausflug in die Weingegend in Stammersdorf. Genau sind nur die Wegbeschreibungen nach Stammersdorf. Dann entlässt das Buch Sie und Ihre Lust und Laune, damit Sie in Ruhe nach einem geeigneten Platzerl suchen können.

Das Wienbild, das Ihnen hier vermittelt wird, geht weit über die typischen Touristen-plots hinaus. Es beschränkt sich also nicht auf Burg, Dom und Schönbrunn, sondern reicht bis Hinterhof, Beisl und Bassena. (Wenn Sie nicht wissen, was etwa eine Bassena ist, wird es Zeit, dieses Buch zu lesen!)

Wie Personen ihre Wurzeln und ihre Identität, kurz ihre Biografie, haben, so können sich auch Städte auf ihre Wurzeln und ihre Identität beziehen. Natürlich wäre es vermessen, wenn ich Ihnen als Lektüre die Gesamtheit dieser Beziehungen anböte; ich möchte aber die Verknotungen, die Nahtstellen hier in den Mittelpunkt rücken.

Und deshalb werden Sie auch etwas erfahren über die Ausländer in Wien, über die Hunde der Wiener und über den Leberkäs.

In diesem Sinn wünsche ich Ihnen einen guten Aufenthalt.

Beppo Beyerl

Inhalt

Exkurse

Kartenverzeichnis

048wi Foto: ml

Hinweise zur Benutzung

Das Buch ist in fünf Abschnitte gegliedert.

Im Abschnitt **„Reisetipps A–Z"** erhalten Sie, nach Sachgebieten geordnet, die wesentlichen Informationen, die Sie zu Ihrer Reisevorbereitung und als Tourist während eines Wien-Aufenthaltes benötigen.

Im Abschnitt **„Die Stadt und ihre Bewohner"** werden verschiedene Lebensbereiche der Stadt Wien und der Wiener vorgestellt. Schließlich ist es nur eine ähnliche Sprache, die Sie hier hören, und nur eine ähnliche Kultur, die Sie hier erwartet. Wie heißt so schön die Parole der Wiener Tourismus-Manager? „Wien ist anders".

Die eingehende Lektüre des Sprachführers am Ende dieses Kapitels ist empfehlenswert, sonst rennen Sie bar jeder Verständlichkeit gegen Mauern und werden von den Wienern noch dazu als Piefke beschimpft. (Falls Sie es noch nicht wissen: *Piefke* ist die Wiener Bezeichnung für einen strammen Deutschen.)

Im dritten Abschnitt **„Stadttouren"** werden Ihnen verschiedene Rundgänge bzw. Rundfahrten vorgestellt, die Sie entweder zu Fuß oder mit den öffentlichen Verkehrsmitteln absolvieren können. Jede dieser Touren führt Sie an ein genau umrissenes Thema heran, das Sie anhand von Häusern, Menschen und Rückblicken in die Geschichte kennen lernen können (etwa das Rote Wien oder auch das Tote Wien). Bei Fahrten mit den öffentlichen Verkehrsmitteln sollten Sie nicht von Anfang bis Ende sitzen bleiben, sondern bei manchen Stationen auch Abstecher unternehmen.

Das Register am Schluss des Buches gestattet natürlich, bestimmte Sehenswürdigkeiten herauszusuchen, ohne die gesamte Route absolvieren zu müssen.

Im Abschnitt **„Ausflüge"** sind Ausflugsziele in der näheren und weiteren Umgebung Wiens beschrieben. Dabei werden sowohl Halbtagsausflüge als auch einige Ganztagsausflüge vorgestellt. So kann man etwa innerhalb von neunzig Minuten mit dem Schiff von Wien in die Hauptstadt der Slowakei, nach Bratislava (Preßburg) fahren.

Im **„Anhang"** finden Sie neben dem Register auch Literaturhinweise zum Thema Wien.

Achtung: **Preise und Öffnungszeiten** wurden sorgfältig recherchiert. Sie können sich natürlich bis zu Ihrem Reisetermin geändert haben. Die Preise sind in **€ (Euro)** angegeben.

Adressen wurden häufig in der postalisch üblichen Form angegeben. Wird ein Lokal mit „1030 Wien" angeführt, dann steht es im 3. Bezirk. Der Heurige in „1210 Wien" befindet sich demnach im 21. Wiener Gemeindebezirk.

Reise-tipps A-Z

098wi Foto: ml

113wi Foto: ml

Fiaker

Kaiserliche Stadtbahnstation

Wiener Küche

Diplomatische Vertretungen

Botschaften in Wien

- **Bundesrepublik Deutschland:**
Metternichgasse 3, 1030 Wien,
Tel. 711540, Fax: 7138366,
E-Mail: diplo@deubowien.at,
www.deubowien.at.
- **Schweiz:** Prinz-Eugen-Str. 7,
1030 Wien, Tel. 795050, Fax: 7950521,
E-Mail: vertretung@vie.rep.admin.ch.
www.eda.admin.ch/vienna_emb/g/
home.html.

Plakat gegen den EU-Beitritt

Österreichische Vertretungen

In Deutschland
- **Botschaft der Republik Österreich:**
Stauffenbergstr. 1, 10785 Berlin,
Tel. 030/202870, Fax: 030/2290569,
E-Mail: berlin-ob@bmaa.gv.at,
www.oesterreichische-botschaft.de.
- **Außenstelle Bonn:**
Johanniterstr. 2, 53113 Bonn,
Tel. 0228/530060, Fax: 0228/549040,
E-Mail: austria.bonn@t-online.de.
- **Außerdem Konsulate** in Bremen,
Dortmund, Frankfurt, Hamburg, Hannover, Kiel, Lübeck, Mainz, München,
Rostock, Saarbrücken und Stuttgart.

In der Schweiz
- **Botschaft der Republik Österreich:**
Kirchenfeldstr. 77/79, 3006 Bern,
Tel. 031/3565251, Fax: 031/3515664.
- **Außerdem Konsulate** in Basel, Chur,
Genf, Lausanne, Lugano, Luzern,
St. Gallen und Zürich.

Ein- und Ausreisebestimmungen

Papiere

Für eine **Einreise** aus einem anderen EU-Land benötigen Sie weder Personalausweise noch Reisepass. Trotzdem ist es ratsam, einen gültigen Reisepass mitzunehmen.

Für einen **längeren Aufenthalt** gelten seit 1995 in Österreich die Regelungen der Europäischen Union. Deutsche Staatsbürger sind demnach

Reisetipps A–Z

Österreichern gleichgestellt und können sich ohne bürokratische Hindernisse um Jobs bewerben.

Wollen Bürger aus Ländern, die nicht dem Europäischen Wirtschaftsraum angehören, länger als drei Monate in Österreich bleiben, brauchen sie eine Aufenthaltserlaubnis und gegebenenfalls eine Arbeitserlaubnis. Beide sind bestenfalls nach einem bürokratischen Hindernislauf zu bekommen.

Zoll

Mit dem Beitritt Österreichs in die EU gelten für die Bürger von **EU-Ländern** folgende **Einfuhrmengen:** 800 Zigaretten, 90 Liter Wein, 110 Liter Bier und 10 Liter Spirituosen dürfen abgabenfrei eingeführt werden. (Es handelt sich dabei nicht um Höchstgrenzen, sondern um Richtwerte.) Nicht mitnehmen dürfen Sie geschützte Tiere und Pflanzen.

Für Bürger **aus anderen Ländern** gelten die alten Bestimmungen: Gegenstände des persönlichen Bedarfs sind zollfrei, ebenso Geschenke bis zum Wert von 180 € (für Bürger aus den „Reformländern" Osteuropas nur 70 €). Zudem dürfen von Personen über 17 Jahre zollfrei eingeführt werden: 200 Zigaretten oder 50 Zigarren oder 250 g Tabak, ferner 2 Liter Wein und 1 Liter Spirituosen. (Aus den „Reformländern" des ehemaligen Ostens darf offiziell fast nichts mehr eingeführt werden. Diese Maßnahme wurde vom Finanzministerium beschlossen, um den Zigaretten- und Tanktou-

rismus in den grenznahen Gebieten einzudämmen).

Für die **Rückreise** gelten dann dieselben Bestimmungen wie für die Hinreise.

Tiere

Für mitgebrachte Tiere ist ein veterinärärztliches Zeugnis über die **Tollwutimpfung** notwendig.

Einkaufen

Öffnungszeiten

Österreich hat restriktive Öffnungszeiten. Dank der sturen Haltung der Gewerkschaften wurden bis vor kurzem um 18.00 Uhr die Türen dichtgemacht. In letzter Zeit haben sich jedoch etwas kundenfreundlichere Regelungen durchgesetzt. An Wochentagen wird um 8.00 Uhr geöffnet; viele **kleine Betriebe** sperren um Punkt 18.00 Uhr, manchmal um 18.30 Uhr, und am Samstag um 12.00 Uhr, spätestens um 12.30 Uhr zu.

Viele kleinen Geschäfte haben von 12.00 bis 14.00 Uhr **Mittagspause,** die „Tabak-Trafiks" oft sogar bis 16.00 Uhr.

Die **Einkaufszentren** und größeren Betriebe (Supermärkte) haben am Abend bis 19.30 Uhr geöffnet, und auch am Samstagnachmittag sollte bis um 16.00 Uhr der Einkauf kein Problem sein.

Sollten Sie **jenseits der Öffnungszeiten** den unabänderlichen Wunsch

Einkaufsstraßen

Einkaufsmeile Nummer eins, exklusiv und schick, ist die **Kärntnerstraße** mit der Verlängerung Am Graben. Nicht ganz so exklusiv sind die neugestaltete **Mariahilfer Straße, die Landstraßer Hauptstraße** sowie die ebenfalls neu gestaltete **Meidlinger Hauptstraße** (die Neugestaltung erfolgte durch den in Triest geborenen Slowenen *Boris Podrecca*). Einkaufsstraßen gehen also meist mit Fußgängerzonen Hand in Hand, diese wiederum mit unter ihnen geführten U-Bahn-Trassen, die die Verlegung des öffentlichen Verkehrs nach unten ermöglichten.

Großkaufhäuser

Legen Sie weniger Wert auf Individualität und exquisite Beratung, wollen Sie vielmehr ungehindert aus einem großen Warenangebot auswählen, dann sind die Großkaufhäuser anzuraten:

nach einem Stück Schinken oder einem Packerl Milch haben, müssen Sie sich zu einem der großen Bahnhöfe begeben. Dort führt ein Geschäft zu leicht angehobenen Preisen hoffentlich das Passende. Am Bahnhof Landstraße hat der Kiosk bis 22.00 Uhr geöffnet, am Westbahnhof sowie am Südbahnhof bis 23.00 Uhr. Kleinigkeiten wie Getränke oder Süßigkeiten gibt es auch an den großen Tankstellen.

● **Kaufhaus Steffl:** Kärntner Straße 19, 1010 Wien, Tel. 5126552. Hat nach der Neueröffnung neben Qualitätsware auch viele Souvenirs und Mitbringsel, da in der Kärntnerstraße vor allem Touristen promenieren.
● **Herzmansky:** Mariahilfer Straße 26-30, 1070 Wien. Das älteste Einkaufhaus von Wien. Auf 16.000 m² Verkaufsfläche wird auch internationale Mode angeboten, unterirdisch gibt es ein Feinschmeckerzentrum.
● **Generali Center:** Mariahilfer Straße 77-79, 1070 Wien. Enthält viele selbstständige Geschäfte, vor allem aus der Unterhaltungs- und Textilbranche. Mit Lebensmittelmarkt und Café-Restaurant.

Exklusives Einkaufen
in der Ringstraßengalerie

Die Tabak-Trafik

Ursprünglich wurde sie nach dem Zweiten Weltkrieg geschaffen, um Kriegsversehrten den Wiedereinstieg ins Berufsleben zu ermöglichen. Heute sind die **Läden mit dem roten Ring** und einer durchgeführten Zigarette aus dem Alltag nicht mehr wegzudenken: Man bekommt dort alles, was man „ganz schnell" benötigt: Straßenbahnfahrkarten, Zeitungen, Sexhefte, Wien-Pläne – und Stempelmarken.

Die **Stempelmarke** entspricht in Aussehen und Form einer gewöhnlichen Briefmarke, doch ihr Wert ist kaum zu überschätzen. Sie kommt auf alles, was Sie bei irgendeinem Amt einreichen, abgeben oder eingeben. Der Betrag der Stempelmarke ist je nach Eingabe oder Abgabe verschieden; meist wissen die Trafikanten (dort erhalten Sie die Stempelmarken) aber den exakten Betrag für die jeweilige Verwendung.

Märkte

Naschmarkt

Am bekanntesten ist der Naschmarkt. Sie erreichen ihn entweder vom Karlsplatz (U-Bahn-Knotenpunkt, dann Richtung Verkehrsbüro) oder von der Kettenbrücke (Linie U4).

Kärntner Straße

Der Naschmarkt wurde **1916** als **kriegsbedingtes Provisorium** auf der abgedeckten Wientaleinfahrt angelegt. Sein Name kommt übrigens nicht vom „Naschen", sondern von der „Aschen", von der Bezeichnung für Milcheimer.

Naschen können Sie trotzdem nach Gutdünken, ebenso in Gemüse und Obst schlemmen, aber auch unter frischen Kräutern und alten Weinen wählen. Der obere, dem Karlsplatz zugewandte Teil bietet exotische Früchte, Meeresfische und andere Spezialitäten, ist also etwas teurer. Im unteren Teil gibt es vorwiegend Waren aus heimischer Produktion, sie sind etwas billiger.

War früher die füllige *Frau Sopherl* eine sprichwörtlich gewordene Figur einer **Standlerin** am Naschmarkt – sie ist Meisterin des etwas herben Wiener Schmähs –, so stehen heute vor allem im unteren Teil oft Türken hinter den prall gefüllten Ständen. Nur wenige Wiener würden die lange Arbeitszeit unter solch schwierigen Bedingungen akzeptieren. Bei Preisvergleichen werden Sie rasch erkennen, dass die Türken um einiges billiger verkaufen.

Naschmarkt

042wi Foto: ml

Sie können von U-Bahn-Station zu U-Bahn-Station schlendern und sich vom Gewirr aus den verschiedensten Sprachen und von den Düften der verschiedensten Früchte treiben lassen. Sollten Sie im Durcheinander beim Zahlen Ihre Geldbörse vergessen, lassen Sie nicht alle Hoffnung fahren: Die Türken geben sie meistens bei der nächsten Polizeistelle ab.

Flohmarkt am Samstagmorgen

Der Flohmarkt

Unterhalb der Station Kettenbrückengasse (U4), in der Verlängerung des Naschmarktes, wird jeden Samstag der Flohmarkt abgehalten.

Über die **Qualität der angebotenen Ware** lässt sich streiten. Sollten Sie wirklich etwas Wertvolles ergattern wollen, müssen Sie so zeitig wie möglich auf den Füßen sein. Für Mitbringsel bzw. für den bewusst suchenden Liebhaber langt ein späteres Eintreffen allemal.

Wie bei allen Märkten dieser Art zieht auch der Flohmarkt in Wien mancherlei **Sekundäreffekte** nach sich: Viele Beisln entstehen in den kleinen Seitengassen, aber es treibt sich auch – wie manche meinen – allerhand lichtscheues Gesindel zwischen den Standeln herum. Deshalb fordern manche Politiker der Anrainerbezirke die Schließung des Flohmarktes.

Brunnenmarkt

Zu erreichen mit der U6, Station Thaliastraße. Gehen Sie zu Fuß 150 Meter stadtauswärts, bis Sie zur Brunnengasse kommen. Sie brauchen bloß dem Gedränge nachzugehen, um bald auf dem Brunnenmarkt zu stehen, auf dem etwa 60 Obst- und Gemüsehändler und vielleicht 30 Lebensmittelhändler jeden Abend ihre Buden wieder abräumen und sie morgens neu aufbauen.

Video *Kulüp* oder Islam *Kasabi,* vielleicht auch *Akdeniz Süpermarket* oder ein türkisches Übersetzungsbüro, hier schlägt das **multikulturelle** Herz ein wenig höher.

Aber nicht nur dieses: Auch viele Österreicher gehen hier einkaufen. Es ist einfach **billiger** als anderswo.

Rund um den Brunnenmarkt haben sich viele **Türken** angesiedelt; in den Seitengassen werden Sie kaum die gängigen Modehits, sondern türkische Musik hören. Ob die weitere Entwicklung zur Gettoisierung der türkischen Bürger oder zur Errichtung eines Klein-Istanbul führen wird, muss die Zukunft zeigen.

Andere Märkte

● **Meidlinger Markt:** Niederhofgasse/Rosaliagasse, 1120 Wien.
● **Schwendermarkt:** Schwendergasse/Mariahilferstraße, 1150 Wien.

Essen und Trinken

In Wien ist es üblich, von frühmorgens bis spätabends immer irgendwas zu essen oder zu trinken. Sie sollten sich also darauf einstellen, ein paar Pfund – oder Kilo – zuzunehmen.

Sie werden bald bemerken, dass es eine mehr oder weniger strenge **Typologie der Lokalitäten** gibt. So bestellt man beim Heurigen kein Bier und im Kaffeehaus kein Schnitzel. Die Lage der Lokale spielt bei der Wohnungssuche des Wieners eine wichtige Rolle. Schließlich braucht er ein Kaffeehaus,

Wandelnde Reklame

in das er sich zur Arbeit zurückzieht, weiter ein Beisl, wo er sein „Stehachterl" (Wein) verdrückt, sowie ein Restaurant, in das er ausländische Besucher führt. Alle drei sollten zu Fuß zu erreichen sein.

Das Kaffeehaus

Der Wiener findet stets einen guten Grund, um das Kaffeehaus aufzusuchen. Dort kann er arbeiten, da er im Büro sowieso nur Schmäh führt, tratschen, da er im Büro sowieso zu nichts kommt, oder schlicht und einfach Zeitungen lesen, da er im Büro ja ansonsten verblödet.

   Sollten Sie einen *Kaffee* bestellen, den Sie noch dazu auf -*a* betonen, werden Sie vom Kellner als Gast niederer Sorte oder – schlimmer noch – als Piefke eingestuft. Vermeiden Sie auch die Bestellung eines *Brötchens,* denn Sie könnten Ihre blauen Wunder erleben, verlangen Sie lieber eine *Semmel.* Zur Vermeidung einer kulturellen Blamage sollten Sie daher die folgenden **Grundbegriffe** beherrschen:

- **Schwarze, der:** Mokka ohne einen Tropfen Milch, gibt es „klein" und „groß".
- **Kapuziner, der:** Mokka mit einem Tropfen Milch.
- **Braune, der:** Mokka mit drei Tropfen Milch, gibt es ebenfalls „klein" oder „groß".
- **Melange, die:** Mokka mit warmer Milch, wird in der „Teeschale" gereicht
- **Franziskaner, der:** Melange mit Schokoladenstreuseln.

Die Herren Ober

Ein guter **Kellner** behält nicht nur mit sicherem Auge den Überblick über das Lokal, er führt auch einen guten „Schmäh", an den sich manche Deutsche vielleicht erst gewöhnen müssen. Einige Erlebnisse des Autors als Beispiele:

A: Heute möcht ich was Leichtes essen.
Kellner: Da empfehl ich Ihnen die Serviette.
A: Ein Achterl Rot und ein Glas Wasser.
Kellner: Das Wasser ersparen Sie sich, bei uns ist das schon im Wein drinnen.
A: Ich hab heut Kopfweh, welchen Rotwein soll ich da trinken?
Kellner: Bei uns gibt's nur Rotweine, wo Sie Kopfweh kriegen.

Ansprechen sollten Sie den Kellner mit „Herr Ober", er wird Ihnen die Höflichkeit danken.

- **Einspänner, der:** Mokka mit Schlag (Sahne), wird in speziellen Gläsern gereicht.
- **Mokka gespritzt, der:** Mokka mit Cognac.
- **Teeschale, die:** Hat nichts mit Tee zu tun, sondern mit der Größe der Schale. Die kleinste heißt Mokkaschale, dann folgt die Doppelmokkaschale und schließlich die Teeschale. Nicht verwechseln mit „einer Schale Tee"!

Sollten Sie obige Grundbegriffe einigermaßen beherrschen, dann starten Sie mit den Wiener **Mehlspeisen:**

- **Apfelstrudel:** ausgezogener Strudelteig, gefüllt mit geschnittenen Äpfeln und in Butter gerösteten Semmelbröseln sowie Rosinen, Zimt und sehr viel Zucker.

- **Buchteln:** ein mit Marmelade gefülltes Gebäck aus Hefeteig.
- **Guglhupf:** Napfkuchen aus Hefeteig.
- **Punschkrapferl:** Biskuit mit Punschfülle, in rosa Fondant getunkt.
- **Roulade:** mit Marmelade oder Creme gefüllte Biskuitrolle.
- **Sachertorte:** bei Gerichten anhängiger Streit um Marillenmarmelade (= Aprikosenmarmelade), Schokoladenglasur und eine Portion Sahne.

- **Schnecke:** mit Nüssen und Rosinen gefüllter, schneckenförmig gerollter Plunderteig mit Zuckerglasur.
- **Zwetschkenfleck:** mit Pflaumen belegter Hefeteig.

Kaffeehäuser

An der Ringstraße finden Sie:
- **Café Museum:** Friedrichstraße 6, 1010 Wien, Tel. 5865202. Ohne das „Museum" hätte der Autor weder seine Seminare für die Uni geschafft, noch hätte er auf zerknitterten Papierfetzen seine ersten Texte gekritzelt. Als Gegenleistung hat der Rauch all seiner dort gepafften Zigaretten bewirkt, dass die Decke im Museum sich sehr verdunkelt hat.
- **Café Hawelka:** Dorotheergasse 6, 1010 Wien, Tel. 5128230. Galt einige Zeit als der Künstlertreff, wurde im deutschen Sprachraum bekannt durch *Georg Danzers* Hit „Was macht a Nackerta im Hawelka?" Das Ehepaar *Hawelka* gilt inzwischen als Institution.

Café Museum

●**Café Landtmann:** Dr. Karl Lueger-Ring 4, 1010 Wien, Tel. 5320621. Bedingt durch die Nähe zu Burgtheater und Parlament wird es von Prominenz und Journalisten bevölkert. Bei einem herzlichen Bitteschön verschafft Ihnen der Kellner vielleicht ein Autogramm. Im Sommer schöner „Schanigarten" (Tische und Stühle im Freien) direkt an der Ring-straße.

●**Café Prückel:** Stubenring 24, 1010 Wien, Tel. 5126115. Achten Sie auf die Kaffeetassen: Das Service stammt noch aus der k.u.k Epo-che, genauer aus dem Jahr 1903. Etwas jün-ger sind die Kellner, ganz aktuell sind die Zei-tungen. Das Prückel ist bekannt durch zahl-reiche Lesungen und Kulturveranstaltungen, die stets im Hinterzimmer abgehalten werden.

●**Café Schwarzenberg:** Kärntnerring 17, 1010 Wien, Tel. 5127393. Kitschige Einrich-tung, der Plüsch passt zur Hofratswitwe, die ihren Schoßhund ausführt. Von 16.00 bis 19.00 Uhr gibt es Klaviermusik.

In den Außenbezirken finden Sie:

●**Café Zartl:** Rasumofskystraße 7, 1030 Wien, Tel. 7125560. Ruhige Atmosphäre, die zum Schmökern der in- und ausländischen Zeitungen motiviert. Oft kulturelle Veranstal-tungen.

●**Café Goldegg:** Argentinierstraße 49, 1040 Wien, Tel. 5059162. Größtenteils Jugendstil-einrichtung. Sehr ruhig, eignet sich für Bü-cherleser und Briefeschreiber sowie für Bü-cherschreiber und Briefeleser.

●**Café Wortner:** Wiedner Hauptstraße 55, 1040 Wien, Tel. 5053291. Eher für Besucher, die auch leise kommunizieren können. Sie würden sonst die Bücherleser und Briefe-schreiber gewaltig stören.

●**Café Ritter:** Mariahilfer Straße 73, 1060 Wien, Tel. 5878238. Angenehm und ruhig. Selbst der gestresste Piefke kann es hier zwei Stunden lang aushalten.

●**Café Sperl:** Gumpendorfer Straße 11, 1060 Wien, Tel. 5864158. Hat als letztes Kaffee-haus noch die ursprüngliche Jugendstil-einrichtung, ist natürlich denkmalgeschützt.

●**Café Jelinek:** Otto-Bauer-Gasse 5, 1060 Wien, Tel. 5974113. Hat nichts mit der gleich-namigen Schriftstellerin zu tun und ist ein ab-soluter Geheimtipp für jene, die den Kaffee nicht in Bahnhofshallen und Wartezimmern trinken wollen. Warum? – Das wissen Sie ga-rantiert nach einem Besuch im Jelinek.

●**Café Hummel:** Josefstädter Straße 66, 1080 Wien, Tel. 4055314. Reichhaltiges Früh-stück, geeignet für jede Pause zwischen acht Uhr morgens und zwei Uhr nachts.

Beisl

Das Beisl liegt in der Regel in der Vor-stadt und ist ein **Einfamilienbetrieb,** oft kocht der Chef selbst. Die Auswahl der Speisen ist daher gering, allerdings soll laut *Egon Friedell* (Wiener Schau-spieler und Schriftsteller 1878-1938, Selbstmord bei *Hitlers* Einmarsch) das

Fast überall gibt es etwas zu Essen

kommen. Speziell in den Vorstädten wird man an jedem Eck solch ein Beisl finden.

Sonntags haben die meisten Beisln geschlossen.

Restaurants

Es gibt eine Vielzahl von bodenständigen, aber auch „ausländischen" Restaurants, speziell die griechische, türkische und südslawische Küche ist in Wien stark vertreten. Zur typischen **Wiener Küche** gehören das Schnitzel und das etwas unterschätzte Rindfleisch („Tafelspitz"). Aber auch der Einfluss der böhmischen Küche ist stark ausgeprägt. Im Zuge der Einwanderung im zu Ende gehenden 19. Jahrhundert arbeiteten viele aus Böhmen und Mähren kommende Frauen in Wien als Dienstmädchen und Köchinnen. Seither gibt es in Wien alle möglichen Knödelspeisen, Powidltaschkerl und Palatschinken.

Eisbein in Berlin in jeder Kneipe gleich schmecken, das Gulasch in jedem Wiener Beisl jedoch verschieden.

Die meisten Beisln sind keine Abendlokale, **man besucht sie zwischendurch** auf ein „Stehachterl" (ein Achtel Liter Wein, im Stehen gekippt) oder ein schnelles Bier. Hier trifft man speziell zur Mittagszeit oder nach Arbeitsschluss den „Hackler vom Grund" (den Arbeiter, der gleich daneben wohnt). Im Normalfall sollte es auch kein Problem sein, nach dem ersten Bier mit ihm ins Gespräch zu

Manche Restaurants haben einen im Sommer sehr geschätzten (und von außen nicht immer erkennbaren) Innenhof, den **Schanigarten.** *Schani* ist die eingewienerte Version des *Jean,* also die Bezeichnung für einen dienstbaren Geist. Der Wirt pflegte mit Einsetzen der warmen Jahreszeit zu sagen: „Schani, stell die Tische raus."

Als **Suppe** erhält man zumeist eine Rindfleischsuppe, als Einlage sind Grießnockerl (Klößchen aus Grieß) beliebt, ebenfalls Schöberln und Frittaten (Flädle, Pfannkuchenteigstreifen).

Das echte **Wiener Schnitzel** ist aus Kalbfleisch und kommt in Wirklichkeit

Mahlzeit!

wie fast alles Wienerische aus dem Ausland, nämlich aus Mailand (Zubereitung siehe Exkurs). Oft wird allerdings das etwas billigere „Schweinswiener" serviert. Neben dem Schweinsbraten ist in Wien auch Rindfleisch beliebt, das oft gesotten verspeist wird, als Tafelspitz etwa. Zum Bier passend und zu jeder Tages- und Nachtzeit genießbar ist das Rinds- oder Kalbsgulasch.

Einen großen Teil der Speisekarte nehmen die **Mehlspeisen** ein, die oft als Hauptgericht konsumiert werden. Je nach Jahreszeit kann man Marillenknödel (Aprikosenknödel) oder die im Herbst äußerst beliebten Zwetschkenknödel konsumieren. Außerdem wird mit allem Möglichen ein Strudel gemacht: Apfel, Topfen (Quark), Nuss,

Milchrahm. Eine sehr kalorienreiche Delikatesse ist der Schmarrn, in der Kaiserstadt Wien natürlich der „Kaiserschmarrn": zerbröckelter, mit viel Zucker und Rosinen gebackener Teig, dazu Zwetschkenkompott.

Trinkgeld

In Wien müssen Sie damit rechnen, praktisch für jede Dienstleistung ein Trinkgeld anbieten zu dürfen (Frisör, Installateur, Tankwart, Rettungsfahrer etc.). Schon *Ferdinand Raimund* wusste von der geschäftsbelebenden Wirkung eben dieses Trinkgeldes: „A Werkl ghert gschmiert, sonst rennts net weiter!" – Sinngemäß: Einer Angelegenheit muss finanziell nachgeholfen werden, sonst kommt sie zum Stillstand. Hundert Jahre später schrieb *Alfred Polgar*: „Das Trinkgeld ist dieses Lebens geheimer Motor. Ich fürchte, wenn man ihn abstellt, bleibt es stehen."

Damit Kellner, Taxifahrer, Rettungsfahrer etc. nicht zum Stillstand kommen, hat sich eine Wiener Taxe von ca. 10 % des Gesamtbetrages eingebürgert.

Während Sie in aller Ruhe überlegen können, warum Kellner ein Trink-Geld erhalten, wollen wir Ihnen versichern, dass Fußballer ein Hand-Geld erwerben.

Restaurant-Tipps

Wir haben nur eine kleine Auswahl der Restaurants getroffen, in die absichtlich sehr verschieden ausgerichtete Gaststätten aufgenommen wurden. Bei Indifferenz lassen Sie sich einfach

Wiener-Schnitzel-Rezept

Man kaufe **Kalbfleisch,** kann aber beim Fleischer auch Schnitzelfleisch verlangen. Das Fleisch mit einem Fleischklopfer behandeln, allerdings nicht zu fest: Die Fasern des Fleisches sollen gebrochen werden, um die Garzeit zu verkürzen.

Für die **Panier** (Panade) soll das Fleisch erst in Mehl gewendet werden. Eier (für 4 Personen ca. 2 Eier) verrühren, salzen, dazu kommt ein Schuss Wasser. Das bemehlte Fleisch durch die Eier ziehen und danach in Semmelbrösel legen und die Panier mit der Hand festdrücken.

Danach das Fleisch in fingerhohem Fett **beidseitig braten,** bis die Panier goldgelb (ähnlich wie schönbrunnergelb) ist. Sofort herausnehmen, denn die Panier soll möglichst wenig Fett ansaugen. Mit gemischtem **Salat** sowie mit **Zitrone** anrichten.

Gastronomisches Lexikon

Um die Speisekarten zu verstehen, sollte der deutsche Gast ein bisschen Wienerisch können. Wer mehr wissen möchte, als die folgende Liste enthält, dem empfehlen wir die Lektüre von **„Wienerisch – das andere Deutsch"**, erschienen im Rump-Verlag, Bielefeld.

- **Beinfleisch:** gekochtes Rindfleisch
- **Beuschel:** Kalbslunge, Herz und Milz
- **Blunze:** Blutwurst
- **Buchteln:** gefüllte Rohrnudeln
- **Einbrenn:** Mehlschwitze
- **Erdäpfel:** Kartoffeln
- **Faschiertes:** Hackfleisch
- **Fleischlaberl:** Frikadelle
- **Fisolen:** Grüne Bohnen
- **Germ:** Hefe
- **Geselchtes:** Geräuchertes
- **Grammelknödel:** Klöße mit Speckgrieben (bei einer solchen Bezeichnung vergeht jedem Wiener garantiert der Appetit, versuchen Sie das Grammelknödel phonetisch auf der Zunge zergehen zu lassen, ehe Sie es tatsächlich essen)

- **Gugelhupf:** Napfkuchen
- **Karfiol:** Blumenkohl
- **Kipferl:** Hörnchen
- **Kraut:** Weißkohl
- **Kren:** Meerrettich
- **Krügel:** Halbliterkrug für Bier
- **Kukuruz:** Mais
- **Nockerl:** ovale Teigklößchen, es gilt selbiges wie bei den Grammelknödeln
- **Palatschinken:** Eierkuchen, meist mit Marmelade, Schokolade oder Nuss gefüllt
- **Paradeiser:** Tomaten
- **Ribisel:** Johannisbeeren
- **Schwammerl:** Pilz
- **Seidl:** Drittelliterkrug für Bier
- **Semmel:** Brötchen
- **Stelze:** Eisbein
- **Topfen:** Quark

Nun bleibt nur mehr übrig, Ihnen ein inniges „Mahlzeit" zu wünschen. Viele dieser Wienerismen sind übrigens EU-konform, ihre Verwendung wurde nach langen und ausgiebigen Verhandlungen in Brüssel durchgesetzt.

von ihrer Nase leiten. Achtung: Sonntags haben nicht alle Gaststätten geöffnet! Die Reihung erfolgt nach Bezirken.

- **Plachutta:** Wollzeile 38, 1010 Wien, Tel. 5121577. Der Plachutta ist ein Tafelspitz, und ein Tafelspitz, das ist der Plachutta. Die Voraussetzung für einen guten Tafelspitz ist der Schnitt, mit dem der Fleischer das Rind zerlegt. Die „Wiener Teilung" kennt 28 Fleisch-

partien, man könnte vier Wochen lang vom selben Tier essen und bekäme nie das gleiche Gericht. Beim Tafelspitz wird der blanchierte Rindsknochen bis zu einer Stunde gekocht. Dann wird der „Spitz", also das Stück Rindfleisch, ganz langsam und dementsprechend lange gargezogen. Beim Tranchieren ist es wichtig, gegen die Faser zu schneiden. Beim Plachutta wird der Tafelspitz mit Apfelkrem serviert.

- **Gulaschmuseum:** Schulerstr. 20, 1010 Wien, 5121017. Wenn schon Museum, dann wohl dieses. Hat über 15 Varianten der aus der ungarischen Küche kommenden Spezialität. Dazu ein gutes Bier oder einen „Spritzer".

●**Woodquarter:** Leopoldsgasse 17, 1020 Wien, 2144909. Hausmannskost (Erdäpfelpuffer etc.) aus dem Waldviertel, dazu die entsprechenden Biere. Eignet sich durch die deftige Küche speziell für die kalte Jahreszeit.

●**Ubl:** Preßstraße 26, 1040 Wien, 5876437. Schon allein die Einrichtung ist sehenswert: die alte Schank, das noch ältere Portal, die uralten holzverkleideten Wände und die Holzfußböden; neu sind nur die Zeitungen, frisch sind nur die Speisen.

●**Bunte Kuh:** Zentagasse 20, 1050 Wien, 5452885. Im Schatten des Wiederkäuers treffen sich Alt-Alternative sowie legendäre Blues- und Folk-Fans. Auf den massiven Tischen kann man in Fünfer-, Siebenergruppen exzessiv trinken.

●**Haas Beisl:** Margartenstr. 74, 1050 Wien, 5862552. Sehenswerte Einrichtung, Besitzer und Chefkoch *Georg Haas* orientiert sich an Großmutters Kochbuch. Ab und zu gibt's es „steirische Wochen". Schon das Portal mit den Bier- und Weintafeln ist sehenswert.

●**Stiegenbeisl:** Gumpendorferstraße 36, 1060 Wien, 5870999: Wird bei einer Wertung „Suche das urigste Beisl" sicher einen Spitzenplatz einnehmen. Hat die weiter oben gelegene Gaststätte „Zum Piefke" im wahrsten Sinne des Wortes verdrängt.

●**Zu den 2 Liesln:** Burggasse 63, 1070 Wien, 5233282. Herrlicher, von außen nicht wahrnehmbarer Innengarten mit den berühmten Kastanienbäumen, ideal für die heißen Sommermonate. Könnte im Wettbewerb "Wie weit hängt das Schnitzel über den Tellerrand" siegreich sein.

●**Meixner' Gastwirtschaft:** Buchengasse 64, 1100 Wien, 6042710. Der Meixner soll angeblich – mit Tresen, Bänken und Schmiedeeisen – wie eine Berliner Eckkneipe aussehen. Überzeugen Sie sich vom Gegenteil!

●**Hermesvilla:** Lainzer Tiergarten, 1130 Wien, 8041323: Jagdschloss von *Kaiserin Elisabeth,* zu besichtigen ist ihr Gymnastikzimmer mit Turn- und Foltergeräten, an den Wänden wimmelt es von nackten Apollo-Darstellungen. Zur Stärkung empfiehlt sich

die Gaststätte ums Eck mit köstlichen Süßigkeiten.

●**Prilisauer:** Linzerstr. 423, 1140 Wien, Tel. 9793228. Altes Vorstadtgasthaus mit entsprechendem Gasthausgarten. Typische Wiener Hausmannskost. Nach einigen Bieren ist es nur ein „Hupfer" zur Endstation der „Bim" 49.

●**Wrenkh:** Hollergasse 9, 1150 Wien, Tel. 8923356. Wer sich regelmäßig fragt: „Wieso isst du Fleisch, wenn die Kuh sich nur vom Gras ernährt?" ist hier beim besten Vegetarier der Stadt bestens aufgehoben. Erreicht in der Lokalwertung der Stadtzeitschrift Falter regelmäßig Spitzenplätze.

●**Burgrestaurant:** Leopoldsberg, 1190 Wien, 371680. Wer zu kulinarischen Genüssen („Wild- und Ritterküche") auch einen gewissen Weitblick benötigt, dem sei die Aussicht auf Stadt und Donau empfohlen.

●**Windows of Vienna,** Wienerbergstr. 7, 1100 Wien, Tel. 6079480, unbedingt reservieren. Das höchste Restaurant von Wien im 21./22. Stock eines neu eröffneten Bürohochhauses, mit entsprechender Aussicht, geöffnet tägl. 18.00–24.00 Uhr, die Bar bis 3.00 Uhr.

Heuriger

So heißt erstens der **Wein des letzten Jahres,** Stichtag für den „neuen" Wein ist Martini, also der 11. November. Vom Martini-Tag an ist der ehemalige „Heurige" der „Alte". Es wird aber nicht so getrunken, wie geerntet wird: Durch verschiedene Mischungen („G'mischter Satz") wollen die Wirte vermeiden, dass die Geschmacksnuancen von Jahr zu Jahr völlig verschieden sind. Das Mischen gilt aber nicht als fein, daher wird kaum ein Wirt zugeben, dass auch im Heurigen alter Wein sein kann.

Zweitens ist der Heurige jenes **Lokal,** in dem der Heurige ausgeschenkt wird. Um es von Gaststätten zu unterscheiden, darf es eigentlich keine warme Küche haben, was aber durch die Einführung von Mikrowellenherden längst umgangen wurde. Sie sind gekennzeichnet durch den „Buschenschank", durch die ausgehängten Föhrenzweige.

Wenn Sie die gängigen Heurigenorte in **Grinzing** besuchen, werden Sie nebst ein paar Nobel-Heurigen fast nur Deutsche dort treffen, die schunkelnderweise singen: „Warum ist es am Rhein so schön".

Wenn Sie aber einen Heurigen aufsuchen wollen, um die berühmte „Gemütlichkeit" zu erleben, so sollten Sie bereits gegen 17.00 Uhr aufbrechen und mit der Linie 31 (Bahnhof Floridsdorf oder U-Bahn „Schottenring") zur Endstation nach **Stammersdorf** auf der nördlichen Donauseite fahren. Nach einem Spaziergang durch die Stammersdorfer Straße biegen Sie rechts ab in das „Kellergassl" (Hagenbrunner Straße). In der Kellergassn wurde schon *Hans Moser* sitzeng'lassen. Vielleicht sehen Sie ihn, wie er da sitzt „ganz allan" auf „an Stan" und „i wan" (ganz allein, auf einem Stein, ich weine). Suchen Sie auf den Hügeln des Bisamberges nach Lust und Laune – nicht *Hans Moser*, der ist schon seit geraumer Zeit tot –, sondern einen Heurigen mit Blick auf die Stadt oder zumindest zur Donau. Nach dem ersten Schluck haben Sie felsenfest den Entschluss gefasst: Sie wollen unbedingt wiederkommen.

Bei jedem Heurigen können Sie wählen zwischen dem „Heurigen" und dem „Alten", die Weine werden in Halbliter- oder Literkrügen serviert.

Der „herbe" Weiße ist nicht jedem Gaumen zuträglich. Vielleicht sollten Sie eine Flasche „Mineral" dazu bestellen und ihn gemischt als „G'spritzten" trinken.

Phasen der Trunkenheit

Für die verschiedenen Phasen im Laufe eines alkoholträchtigen Abends kennt der Wiener ganz exakte sprachliche Abstufungen. Am Anfang sind alle noch „licht". Doch bei der Hitze und ohne „Unterlag" (Essen) hat sich bald ein „Schwipserl" eingestellt. Nicht schlimm, das „Schweigl" folgt stehenden Fußes nach, falls man noch stehen kann. Beim „Schwül" sollte man schon etwas Fettes essen, sonst hat man sich am Ende einen „Hadern" eingehandelt, der seinesgleichen oder zumindest einen „Fetzn" sucht. Man ist „fett", buchstäblich „vollfett", sozusagen „blunznfett". Der Zeitpunkt scheint gekommen zu sein, an dem man den Alkoholkonsum ein bisschen überdenken sollte.

Zur Geschichte des Weinkonsums

Im 14. Jh. erließ *Albrecht II.* das Tavernenrecht: Nur die städtischen Behörden waren berechtigt, fremde Weine auszuschenken. Eigene Weine konnten von jedem Bürger in Eigenregie ausgeschenkt werden.

Im 15. Jh. verbot *Friedrich II.*, dass saurer Wein weggeschüttet wurde. Vielmehr sollte er zum Kalklöschen verwendet werden, um den Bau des Stephansdomes zu beschleunigen. Der Stephansdom ist also nicht nur aus Stein, sondern auch aus Wein gebaut.

Im 16. Jh. beschrieb *Johann Rasch,* Lehrer am Wiener Schottenstift, das Wiener Weinbaugebiet als „das mächtigste und trächtigste Weingebirg in Österreich".

Am 17. August 1784 wurde dann der Heurige aus der Taufe gehoben: *Kaiser Joseph II.* erließ in einer Verordnung: „Wir geben jedem die Freiheit, die von ihm selbst erzeugten Lebensmittel, Wein und Obstmost zu allen Zeiten des Jahres, wie, wann und zu welchem Preis er will, zu verkaufen und auszuschenken".

Stadtheurige

Hier vermengen sich alle sozialen Schichten: Der Herr Hofrat trifft sich mit seiner Gattin zur Mittagspause, die Studentin diskutiert in einem stillen Winkerl mit der Kollegin ihre Beziehungsprobleme und der Sandler (Stadtstreicher) schützt sich im Sommer vor der Tageshitze und im Winter vor der Kälte.

- **Esterhazykeller:** Haarhof 1, 1010 Wien.
- **Piaristenkeller:** Piaristenstraße 45, 1080 Wien.
- **Zwölf-Apostel-Keller:** Sonnenfelsgasse 3, 1010 Wien.

Weinkeller

Im ersten Bezirk gibt es noch eine Unzahl von **unterirdischen Stollen,** die größtenteils aus den Türkenkriegen stammen. Diese „Katakomben" führen oft mehrere Etagen tief unter die Erde und breiten sich in 100 Meter langen Gängen aus. Hier ist nichts filigran oder verspielt oder gar kitschig. Die gewaltigen Lüster, die kunstvollen Uhren und die sonstigen Einrichtungsgegenstände sehen aus, als könnten die nächsten Jahrhunderte ihren Bestand sicher nicht gefährden.

In den meisten dieser unterirdischen Stollen ist **Selbstbedienung,** ein etwaiger Kellner müsste 50 Kilometer pro Abend laufen und würde sich beim 51. Kilometer irgendwo zwischen den massiven Holztischen verirren.

In manchen Kellern spielen **Heurigen-Ensembles,** die meist zusammengesetzt sind aus Geige, Klarinette, Bass, Ziehharmonika und Gitarre.

Die ursprüngliche Besetzung der **Schrammelmusik** (benannt nach den Schöpfern des Sounds, den Brüdern *Johann* und *Josef Schrammel)* bestand aus zwei Geigen, Knöpferlharmonika (kein Tasten-Akkordeon) und Kontragitarre. Die Kontragitarre hat zwei Hälse. Der eine weist das normale sechssaitige Griffbrett auf, der andere liegt darüber und hat entweder sieben oder neun Basssaiten, die auf Grund der chromatischen Stimmung nicht gegriffen, sondern mit dem Daumen nach Harfenart angeschlagen werden.

Eine der wenigen Gruppen, die heute nicht „volkstümliche Musik" spielen, sondern eben Schrammelmusik, sind die **Malat-Schrammeln.** Sie spielen „Alt-Wiener Tanz mit einem „G'schliffenen", also mit ziemlich verschliffener Rhythmik.

Die **Neuwirth-Extrem-Schrammeln** verbinden dagegen die alte Musik mit Themen und Sprachgebrauch der Gegenwart.

Würstelstand

Der Würstelstand ist jener Ort, wo der Wiener nach Herzenslust mit Gleichgesinnten endlos **„matschgern"** kann (über Gott und die Welt raunzen). Dadurch erspart er sich den etwas teureren Psychiater.

Zwischendurch können Sie hier einen Biss riskieren, während des Tages eine Leberkässemmel und während eines feuchten Abends eine „Heiße".

Die **Heiße** ist nichts anderes als eine Burenwurst, der bei der Bestellung und dann auf dem Teller ein „scharf" oder „süß" nachgesetzt wird: Damit ist die Qualität des Senfes gemeint.

Die **Leberkässemmel** hat weder etwas mit Leber und schon gar nichts mit Käse zu tun (Varianten mit Käse werden folgerichtig als „Käseleberkässemmeln" bezeichnet). Sprachlich mit dem *Laib* verwandt, ist sie ein gebackenes Gemisch aus verschiedenen Fleischsorten, die der Wiener trotz ihrer obskuren Herkunft gern beim Fleischer oder eben beim Würstelstand isst. Laut Auskunft des Fleischers soll sie manchmal vom Pferd kommen. Die Semmel kann auch mit Senf bestrichen werden; wer sich beim Verzehr nicht mit Senf anpatzt, muss schon sehr geschickt oder geübt sein. Die Leberkässemmel kostet etwa 1,50 €.

Einige Würstelstandl (der grammatikalisch korrekte Plural wird nie verwendet) haben fast rund um die Uhr geöffnet:

Reisetipps A–Z

●**Opernstadl:** Ecke Operngasse/Treitlgasse, 8.00–6.00 Uhr.
●**Würsteltreff:** Opernring 1, 9.00–5.00 Uhr.
●**Burgring 5:** 8.00–2.00 Uhr.
●**Krugergasse 2:** Ecke Kärntner Straße, 9.00–4.00 Uhr.
●**Schwedenplatz,** 15.00–2.00 Uhr.

Mensen

Zuletzt noch Hinweise auf die billigste Art, ein Wiener Mittagsmenü einzunehmen. Die Mensen kann man auch ohne Studentenausweis besuchen. Am Wochenende und zu Feiertagen haben sie geschlossen.

●**NIG (Neues Institutsgebäude):** Universitätsstraße 7, 1010 Wien, Tel. 4064594; von 8.00–18.00 Uhr geöffnet, Menüs zwischen 3,85 und 4 €. Schon die Fahrt mit einem der letzten Paternosteraufzüge in Mitteleuropa ist ein Erlebnis. Kein Grund zur Angst: Es ist noch jeder lebend herausgekommen.
●**TU (Technische Universität):** Wiedner Hauptstraße 8-10, 1040 Wien, Tel. 5866502; hat nur 11.00–14.30 geöffnet, Menüs unter 4,50 €. Hat ein angenehmeres Ambiente, aber dafür keinen Paternoster.
●**Mensa der katholischen Hochschulgemeinde:** Ebendorfer Straße 8, 1010 Wien, Tel. 408358739; geöffnet 11.30–14.00 Uhr, Hauptspeisen um 4 €.
Die zwei folgenden Lokale sind zwar keine Mensen, sie sind aber wegen ihrer Preisgestaltung zu empfehlen.
●**Café Korfu:** Wiedner Haupstr. 3, Tel. 503553. Kleiner Grieche mit kleinen Preisen.
●**Einstein, Café Bierbeisl:** Rathausplatz 4, Tel. 4052626. Kosten Sie die Bandnudeln!

Für den schnellen Hunger

Fundbüro

Sollten Sie Ihre wichtigsten Papiere, Ihre Visitenkarte oder sonst etwas Wichtiges verloren haben, so wenden Sie sich an das Fundbüro: **Zentrales Fundamt,** Wasagasse 2, 1090 Wien, Tel. 3166110.

Geld und Preise

Seit dem 1.1.2002 ist der **Euro** die gesetzlich anerkannte Währung und ersetzt den alten Schilling. Sollte jemand alte Schillingscheine in Euro umtauschen wollen, so ist dies nur in der Österreichischen Nationalbank, 1090 Wien, Otto-Wagner-Platz 3, möglich.

Banken haben Mo–Fr von 8.00 bis 15.00 Uhr, Do bis 17.30 geöffnet, aber mittags von 12.30 bis 13.30 Uhr geschlossen.

Mit einer Bankomatkarte kann man an jedem **Bankautomaten** genau 400 € pro Tag abheben. Darüber hinaus werden alle gängigen **Kreditkarten** akzeptiert, für mögliche Eventualitäten sollte man jedoch stets Kleingeld in der Börse haben.

Zum **Wiener Preisniveau:** Ein komplettes Frühstück kostet etwas über 5 €, das Mittagessen mit Getränk 10 bis 11 €, ein Kaffee 1,90 bis 3 €, eine Semmel (Brötchen) 0,23 €, eine Taxifahrt im inneren Stadtbereich etwa 7 €, im äußeren 10 bis 15 €.

Als Faustregel kann gelten: Importierte Waren sind teurer als in Deutschland und in der Schweiz (etwa

Unterhaltungselektronik oder Computer); im Inland produzierte Waren sind in manchen Fällen billiger, in anderen wieder teurer (viele Lebensmittel); Dienstleistungen sind teurer, da sie trinkgeld- oder gebührenpflichtig sind; Speisen hingegen oft billiger.

Hin- und Rückreise

Für den Auto-nomen

Bei der Wahl Ihres Verkehrsmittels sollten Sie berücksichtigen, dass Sie einen PKW in Wien nur für die äußeren Bezirke und für Ausflüge verwenden sollten; für die Innenbezirke und die City

Geschwindigkeitsbegrenzungen	
● innerorts	50 km/h
● auf Landstraßen	100 km/h
● auf Autobahnen	130 km/h

sind öffentliche Verkehrsmittel oder Ihre Füße anzuraten. Weitere Tipps dazu im Abschnitt Verkehrsmittel.

Falls Sie nicht gerade aus dem Süden Ostdeutschlands kommen oder aus anderen Gründen durch Tschechien fahren wollen, erreichen Sie Wien am besten über Salzburg oder Passau und über die Westautobahn.

Benzin ist in Österreich etwa gleich teuer wie in Deutschland; für einen Liter Normal- oder Superbenzin zahlt man über 0,84 €, Diesel kostet über 0,72 €/Liter.

Entfernungen nach Wien

●München	470 km
●Bonn	976 km
●Hamburg	1153 km
●Zürich	842 km
●Genf	1143 km
●Salzburg	299 km

Die **Blutalkoholgrenze** liegt bei 0,5 Promille.

Die **Grüne Versicherungskarte** ist nicht Pflicht, aber empfehlenswert.

Beim Erreichen der Stadt in Hadersdorf/Weidlingau achten Sie auf den **Informationsstand** auf der rechten Seite der Fahrbahn; hier werden auch Zimmer vermittelt.

Für den Umweltbewussten

Bei Benutzung einer der zahlreichen und von den meisten Städten direkt geführten Züge nach Wien kommen Sie am **Wiener Westbahnhof** an.

Am Westbahnhof können Sie die **Zimmervermittlung** des Österreichischen Verkehrsbüros beanspruchen, Öffnungszeiten 6.15–23.00 Uhr.

Eine ideale Nachtvariante bietet die **„CityNightLine"** längs der Strecke **Dortmund – Essen – Köln.** Am nächsten Morgen sind Sie am Wiener Westbahnhof. Ein Viererabteil kostet etwa 375 €.

Da Sie nun einmal am Bahnhof sind, empfiehlt es sich, an Ort und Stelle die Tickets für den öffentlichen Verkehr zu erwerben. Ratsam ist der Kauf der **Vienna Card** (oft als „Wien-Karte") bezeichnet). Sie kostet 15,25 € und ist

3 Tage gültig. Zusätzlich zur freien Benutzung aller öffentlichen Linien erhalten Sie Ermäßigungen in vielen Museen und in manchen Geschäften (siehe auch „Verkehrsmittel/Öffentlicher Verkehr").

Wenn Sie im **Einzugsgebiet Berlin – Dresden – Leipzig** wohnen, ist die Variante-Nord wahrscheinlich billiger und schöner, aber auch langsamer. Sie haben die Wahl zwischen der **Tagvariante:** Mit dem Vindobona ab Berlin Ost um 8.41 Uhr. Sie fahren über Dresden, Prag, Brünn nach Wien. Um 18.33 Uhr sind Sie nach 10 Stunden Fahrzeit am Südbahnhof. (Lassen Sie sich von so albernen Bezeichnungen wie „Nord" oder „Süd" nicht irritieren, in Wien nimmt man alles nicht so genau). Die **Nachtvariante** führt von Berlin Zoo (19.39 Uhr) über Leipzig – Nürnberg – Regensburg nach Wien West (an 7.48 Uhr) und dauert etwa 11 Stunden. Jede der Varianten kostet ohne Sondertarife in einer Richtung etwa pro Person 80 €.

Bei einer Fahrt durch Tschechien sollten Sie sich unbedingt gegen eventuelle **Diebstähle** wappnen und z.B. nie ihr Gepäck unbeaufsichtigt im Abteil lassen.

Autoreisezüge von deutschen Städten nach Wien gibt es nicht.

Es gibt verschiedene **Sondertarife** der Bundesbahnen: So sollten Sie sich bei Reisen ab 2 Personen nach dem günstigen **City Star-Ticket** erkundigen; ab eineinhalb Personen (also bei der Mitnahme eines Kindes) ist auch die **1 PLUS–Mitfahrerermäßigung** überlegenswert.

Sind Sie ein Rechenkünstler und beabsichtigen Sie, mehrere österreichische Bundesländer mit der Bahn zu besuchen, dann können Sie das **Österreich-Puzzle-Ticket** beanspruchen. Je mehr Bundesländer Sie durchreisen, desto günstiger wird es für Sie.

Bereisen Sie hingegen mehrere europäische Länder, so fahren Sie unter Umständen billiger, wenn Sie die Netzkarte **Euro-Domino** bzw. **Euro-Domino-junior** erwerben.

Sollten Sie bereits Inhaber einer von den österreichischen Bundesbahnen ausgestellten **VORTEILScard** sein, dann fahren Sie in Österreich mit Ermäßigungen von 45 %.

Erkundigen Sie sich am Bahnhofsschalter oder in Reisebüros, die Bahnfahrkarten anbieten, oder direkt bei dem Büro der Österreich-Werbung (siehe unter „Information").

Für den Schnellen

Flugverbindungen
Direktverbindungen nach Wien bestehen von allen größeren deutschen Flughäfen mit Austrian Airlines und Lufthansa sowie von Zürich, Basel und Genf mit Austrian Airlines und Swiss. Daneben gibt es von vielen Flughäfen in Deutschland zu günstigen Preisen

Wiener Westbahnhof

Umsteigeverbindungen mit KLM über Amsterdam, mit Czech Airlines über Prag, mit LOT über Warschau, mit Malev über Budapest sowie mit Swiss über Basel oder Zürich.

Wie viel kostet ein Ticket

Der **offizielle,** von der IATA (International Air Transport Association) festgesetzte **Preis** für die Route Frankfurt – Wien – Frankfurt mit einer Ticketgültigkeit von einem Jahr und kostenloser Umbuchungsmöglichkeit beträgt 833 €. Doch keine Angst, soviel bezahlt kaum jemand, es sei denn, er ist Geschäftsreisender.

Die Preise für **Billigtickets** nach Wien liegen zwischen 250 und 400 €, wobei es zu saisonalen Schwankungen kommen kann. Hauptsaison für Wien sind die Sommer- und Winterferien.

Die Preise für Flüge **ab Amsterdam, Brüssel, Basel** oder **Zürich** liegen gelegentlich unter denen ab deutschen Flughäfen, was für Anwohner der Grenzgebiete von Nutzen sein kann.

Wer dagegen weniger flexibel reagieren kann, was Abflugort, Flugroute, Datum und Uhrzeit anbelangt, der sollte sein Ticket **eher früher als später kaufen,** da die billigsten Kontingente als erste verkauft werden.

Ein weiterer preisbestimmender Faktor ist oft die **Gültigkeitsdauer** des Tickets. Einige Tickets sind sehr billig, da sie nur 30 oder 45 Tage gültig sind, und diese taugen dann nicht für Langzeitreisende. Andere Tickets wiederum sind billig, weil die einmal gebuchten **Reisetermine** nicht mehr geändert werden können.

Wo bekommt man ein günstiges Flugticket?

Billigtickets sind über spezielle Reisebüros zu beziehen. Die Preise für Tickets ein und derselben Airline können in verschiedenen Büros stark variieren. Ein Vergleich (über das Internet oder als Anfrage per Telefon) lohnt sich also durchaus. Ein Reisebüro mit meistens günstigeren Preisen als viele andere ist *Jet-Travel* in Bonn, Buchholzstr. 35, 53127 Bonn, Tel. 0228/284315, Fax 0228/284086, E-Mail: info@jet-travel.de. Über die Flüge, die Jet-Travel anbietet, kann man sich auch im Internet unter www.jet-travel.de informieren.

Aber auch die **Fluggesellschaften** bieten inzwischen nicht nur die Fullfare IATA-Tickets (siehe oben), sondern auch Spezialtarife an. Falls man dennoch ein Full-fare-Ticket kauft, kann dieses später auch auf eine andere Airline umgeschrieben werden, die dieselbe Strecke fliegt.

Sonderangebote

Von Zeit zu Zeit offerieren die Fluggesellschaften, die Wien anfliegen, befristete Sonderangebote zu niedrigeren als den üblichen Preise. Dann kann man beispielsweise mit KLM für weniger als **200 €** und mit Lufthansa für rund **250 €** von Deutschland nach Wien und wieder zurück fliegen. Ob für die geplante Reisezeit gerade Sonderangebote für Flüge nach Wien auf dem Markt sind, kann man im Internet auf der Website von Jet-Travel (www.jet-travel.de) unter „Flüge" erfahren, wo sie als Schnäppchenflüge

Reisetipps A–Z

nach Europa mit aufgeführt sind. Wenn für die gewünschten Reisetermine Plätze zur Verfügung stehen, kann man dort auch gleich online buchen.

Last-Minute-Flüge

Wer sich erst im letzten Augenblick für eine Reise nach Wien entscheidet oder gern pokert, kann Ausschau nach Last-Minute-Flügen halten, die von einigen Airlines mit deutlicher Ermäßigung ab etwa **14 Tage vor Abflug** angeboten werden, wenn noch Plätze zu füllen sind. Diese Last-Minute-Flüge lassen sich allerdings nicht in allen Reisebüros buchen, sondern nur direkt bei den Fluggesellschaften und bei Spezialisten.

Wenn man kurzfristig nach Wien fliegen will, lohnt es, sich nach solchen Discount-Flügen bei **Austrian Airlines** (Tel. 0180/3000520, Internet unter: www.austrianairlines.de), bei der **Lufthansa** (Tel. 0180/3803803, Internet: www.lufthansa.com) sowie bei **L'Tur** mit über 130 Büros in Deutschland und der Schweiz (in Deutschland unter Tel. 01805/212121, in der Schweiz unter Tel. 0848/808088, im Internet: www.ltur.de) und bei **Lastminute.com** (Tel. 0800/3456787, im Internet unter: www.de.lastminute.com) zu erkundigen.

Gültigkeit des Tickets

Es gibt Gültigkeitsdauern von 30 oder 45 Tagen sowie 3, 6 und 12 Monaten. Nach Ablauf der Frist (siehe Gültigkeitsdauer in der Mitte des Tickets über der Flugstreckenangabe) ist keine Verlängerung mehr möglich, das Ticket verfällt dann.

Änderung des Flugtermins

Innerhalb der Geltungsdauer des Tickets kann der Flugtermin **theoretisch beliebig oft** verschoben werden, wofür aber fast immer Gebühren erhoben werden. Selbst wenn man zu einem Flugtermin nicht erscheint – sei es, weil man den Flug verpasst hat oder aus anderen Gründen – verfällt das Ticket dadurch nicht. Gerade preiswerte Airlines sind aber oft auf Wochen ausgebucht, also Vorsicht! Die Änderungsmöglichkeit gilt nicht für Billigtickets, die einen **fixen Termin** beinhalten.

Warteliste

Ist ein Flugtermin bereits ausgebucht, kann man sich auf die Warteliste *(waiting list)* setzen lassen, d.h., man kann noch einen Platz bekommen, wenn andere Passagiere ihre Buchung zurückziehen oder zum Abflug einfach nicht erscheinen.

Allerdings müssen die auf der Warteliste Stehenden nicht unbedingt am Flugplatz warten, ob denn tatsächlich ein Platz frei wird. Die besseren Airlines geben ihren Warteliste-Kandidaten **Wartenummern,** anhand derer man ablesen kann, wie viele potenzielle Passagiere noch vor einem auf der Liste stehen. Bei Airlines, die diese Nummern nicht ausgeben, ist zu vermuten, dass in der Reihenfolge der Kandidaten gemauschelt werden kann.

Bei Wartelisten-Tickets, die lange vor dem anvisierten Flugtermin gekauft werden, ist die **Chance recht gut,** doch noch einen Platz zu bekommen.

Zum Flughafen

• **Rail-and-Fly-Tickets:** Bei einigen Fluggesellschaften ist die Bahnfahrt vom Wohnort in Deutschland bis zum Flughafen im Flugpreis enthalten, während bei anderen die Bahnfahrt deutlich günstiger gleich mit dem Flug gebucht werden kann, als dies an einem Schalter der Deutschen Bahn AG möglich wäre. Als Fahrkarte für die Zugfahrten zum Flughafen und vom Flughafen zurück zum Wohnort gilt dann je ein Coupon aus dem Flugticket.

• **Fly & Drive:** Hierbei ist eine Fahrt vom und zum Flughafen mit einem Mietwagen im Ticketpreis inbegriffen.

• **Zubringerflüge:** Flüge einiger Airlines kosten das gleiche, egal, wo man in Europa einsteigt. Man erspart sich also die Anreise per Zug.

Ankunft

Sie landen auf dem **Flughafen Wien-Schwechat** und befinden sich damit im Bundesland Niederösterreich, 15 Kilometer südöstlich von Wien. Von hier aus haben Sie gute **Busverbindungen** zum Südbahnhof, zum Westbahnhof und zum Hotel Hilton (U-Bahn-Station Landstraße), eine Fahrt kostet 5,80 € und dauert 25-30 Minuten. Eine **Taxifahrt** kostet etwa 27 €. Mit dem **Zug** kommt man voraussichtlich erst wieder ab Ende 2002 in die City, da die Strecke wegen Bauarbeiten gesperrt ist.

Verlust des Tickets

Geht ein Ticket verloren, das schon rückbestätigt wurde (siehe unten), hat man gute Chancen, einen **Ersatz** dafür zu erhalten. Einige Airlines kassieren aber eine Gebühr von 50-100 € für die Ausstellung eines Ersatztickets, und bei manchen läuft gar nichts mehr. Wer auf Nummer Sicher gehen will, kann die Rückflugtickets im Büro der Fluggesellschaft (gegen Quittung) deponieren und sie dann kurz vor dem Abflug abholen. In jedem Fall sollten **Fotokopien** des Tickets vorhanden sein, auf denen Ticket-Nummer, Buchungscode, Name, Flugroute und -datum deutlich zu erkennen sind. Die Neuausstellung eines Tickets ist mit diesen Kopien in der Regel kein Problem mehr.

Rückbestätigung und Rückflug

Kauft man ein Ticket mit schon festgesetzten Terminen, muss der Rückflug dennoch am Zielort bis **mindestens 72 Stunden vor dem Abflug** rückbestätigt werden. Man muss sich also mit der betreffenden Airline in Verbindung setzen – Telefonanruf genügt –, um noch einmal zu bestätigen, dass man wirklich zu dem gebuchten Termin fliegen will. Vergisst man diese Rückbestätigung (reconfirmation), kann man im Computer der Airline gestrichen werden, und der Flugtermin ist dahin. Das Ticket verfällt dadurch aber nicht, es sei denn, die Gültigkeitsdauer wird überschritten. Bei der Rückbestätigung erfährt man auch, ob das Flugzeug wirklich wie geplant abfliegt.

Bei den meisten internationalen Flügen ist **zwei Stunden vor dem Abflug** am Schalter der Airline einzuchecken (check in).

Für den Sparsamen

Mitfahrzentralen gibt es in den meisten großen deutschen Städten.

Die Preise nach Wien betragen etwa:

- Von Hamburg: 50 €
- Von Berlin via Prag: 40 €
- Von Zürich: 35 €
- Von München: 25 €

Die Fahrten können ab etwa drei Wochen vor dem Reisetermin gebucht werden.

¶Information

Vor der Reise

Auskünfte, Prospekte, Hotelverzeichnisse und andere Informationen erhalten Sie in den Büros der **Österreich-Werbung:**

- **In Deutschland:**
Postfach 701580, 81315 München,
Tel. 089/66670100, Fax 66670200,
E-Mail: info@oewmuc.de,
Mo–Fr 9.30–17.30 Uhr.
- **In der Schweiz:**
Postfach, 8036 Zürich,
Tel. 01/4511551, Fax 4511180,
E-Mail: info@oewzrh.ch,
Mo–Fr 8.00–12.00, 13.00–16.00 Uhr.

Da Wien ja nicht in einer völlig fremden Welt liegt, genügt es aber, die meisten Informationen an Ort und Stelle einzuholen.

Sollten Sie schon vor der Reise eine **Zimmerreservierung** beabsichtigen, lassen Sie sich von einer der obigen Adressen das Hotelverzeichnis zusenden und bestellen Sie ein Quartier (siehe auch Kap. „Unterkunft"). Außer bei einigen Engpässen (z.B. Ostersonntag) müsste es gelingen, sich an Ort und Stelle Quartier und weitere Informationen zu besorgen. Der Monat mit den höchsten Nächtigungszahlen in Wien ist übrigens traditionellerweise der August.

Die **Vorwahl** für Österreich lautet 0043, die Vorwahl für Wien 1.

Informationsstellen und Zimmervermittlung in Wien

Für Autoreisende

- Offizielle Tourist-Information an der Autobahn A 1 (Westautobahn), Autobahnstation Wien-Auhof, ganzjährig, von April bis Oktober: 8.00–22.00 Uhr, von November bis März: 10.00–18.00 Uhr.
- Offizielle Tourist-Information an der Autobahn A 2 (Südautobahn), Abfahrt Zentrum, von April bis Juni und von Oktober bis März: täglich 10.00–18.00 Uhr, von Juli bis September: täglich 8.00– 22.00 Uhr.

Für Flugreisende

- Offizielle Tourist-Information in der Ankunftshalle des Flughafens, täglich 9.00–22.00 Uhr, von Juni bis September täglich bis 23.00 Uhr.

Für Schiffsreisende

●Im Schifffahrtszentrum neben der Reichsbrücke (gleichzeitig Schiffanlegestelle) befindet sich neben einem Restaurant auch ein Auskunftsschalter (7.30–20.00 Uhr).

Für Bahnreisende

●In bzw. bei West- und Südbahnhof befinden sich Reisebüros, die eine kleine Auswahl von Hotels vermitteln.

Im Zentrum

●Offizielle Tourist-Information, Kärntner Straße 38 (Staatsoper), Tel. 5138892, tägl. 9.00–19.00 Uhr.

In den Info-Zentren gibt es kostenlose Stadtpläne im Maßstab 1:25.000. Linienpläne der öffentlichen Verkehrsmittel sind an den Vorverkaufsschaltern der größeren U-Bahn-Stationen erhältlich.

Stadtinformation

Im Rathaus bietet „Die Stadtinformation" ihre Dienste an (Eingang am Friedrich-Schmidt-Platz, hinter dem Rathaus, Tel. 52500). Dort erhalten Sie die aktuellen Programme sowie Informationen über alle städtischen und auch privaten Einrichtungen.

Sollten Sie Interesse an den kompletten Service-Einrichtungen und Sozialdiensten von öffentlicher und von privater Seite haben, können Sie in der Stadtinformation kostenlos den **Stadtatlas** abholen. Er ist gegliedert in: Freizeit, Sport, Wohnen, Umwelt, Konsu-

mentenschutz, Familien, Gesundheit, Soziales, Kultur, Energie, Sicherheit, Tierschutz und Bildung. Sie können entweder den gesamten Stadtatlas oder nur Teile davon auch telefonisch bestellen unter Tel. 400081881.

Fremdenführer, Stadtführungen

●Sollten Sie professionelle **Fremdenführer** engagieren wollen (zusätzlich zu Deutsch auch auf Englisch, Französisch und Italienisch), so erkundigen Sie sich am besten beim Verband der konzessionierten Fremdenführer: Tel. 51450243. Es werden Standard-Touren und Spezialführungen angeboten.

●**Stadtrundfahrten im Bus** werden organisiert von „Vienna Sightseeing Tours", Tel. 7124683, und von „Citytouring Vienna", Tel. 8941417.

●Die „Stattwerkstatt im Reisebuchladen", 1090 Wien, Kolingasse 6, Tel. 3173384, bietet **kritische Stadtrundfahrten** an, auch zu Themen, die sonst nicht gerne vorgezeigt werden. Bei entsprechender Vorbereitungszeit werden auch Themenwünsche von Reisegruppen realisiert.

●Es besteht auch die Möglichkeit, an **Fahrradführungen** teilzunehmen. „Pedal Power OEG" organisiert im Sommer eine dreistündige Tour durch die Stadt. Zudem kann man Räder für einen halben oder auch einen ganzen Tag mieten. Erkundigen Sie sich bei Tel. 7297234.

●**Stadtrundgänge** vermitteln Tourist- und Stadtinformation unter dem Titel

„Wiener Spaziergänge" zu allen möglichen Spezialthemen. Informationen unter Tel. 8945363.

¶Internet

Informationen

●Aktuellste Infos und Tipps zur Ergänzung dieser Auflage sowie weiterführende Links finden sich auf der **Verlags-Homepage** unter den Stichwörtern „Latest News" und „Travellinks". Diesen Service bieten wir zu allen Reiseführern von REISE KNOW-HOW: **www.reise-know-how.de**
●Weiterhin können Sie sich von zu Hause aus über die Homepage des österreichischen Tourismusverbandes informieren: **http://austria-tourism.at.**
 E-Mails schicken Sie an die „Österreich Werbung" unter der Adresse: **oeinfo@oewwien.via.at.**
●Der Wiener Tourismusverband ist zu erreichen unter: **http://info.wien.at.**
 Angeboten werden zudem die zwei folgenden E-Mail-Adressen, unter denen man auch Zimmer bestellen kann: **inquiries@info.wien.at** und **rooms@info.wien.at.**
●**http://info.wien.at** informiert viersprachig über Sehenswürdigkeiten, Veranstaltungen, Übernächtigungen.
●**www.vienna.at** bietet viele Links zu Veranstaltungen, Kinos, Chats und Infos.
●**www.servus-in-wien.at** bringt viele Freizeittipps, die in markigem Werbedeutsch angeboten werden.
●Unter **www.magwien.gv.at** findet man rathausinterne Infos über Hotels, Museen und öffentliche Verkehrsmittel, weiterhin viele Stadtpläne.
●**www.wienguide.at**, Führungen zu Fuß.
●**Literaturtipp:** Hinweise rund um den Themenkomplex „Internet und Reisen" gibt auch der im REISE KNOW-HOW VERLAG in der Reihe Praxis erschienene Band „Internet für die Reise" von *Günter Schramm.*

Internet-Café

Für alle, die sich vor Ort im Netz informieren möchten, E-Mails verschicken oder einfach nur im World Wide Web surfen möchten:

●**BIGnet Café,** Hoher Markt 8–9, Wien 1, E-Mail: office@bignet.at, Tel. 4786868, Fax: 4786869.
 Neueröffnetes Internet-Café mit 18 Computerarbeitsplätzen, Designereinrichtung, Getränken und Snacks.

¶Wien für Kinder

Als eine Art Anwalt für Kinder kann das Wiener **Kindertelefon** gelten: Tel. 3196666.

Für Jugendliche zwischen 13 und 25 gibt es außerdem ein **Freizeittelefon,** das über Veranstaltungen informiert: Tel. 400084393.

Zudem gibt es ein eigenes **Youth Information Centre** (Jugend-Info) in der Passage U-Bahnstation Volkstheater, Tel. 1799.

Holzkarussell mit Pferden

Der böhmische Prater

Ein **modernes Märchen** gibt es wirklich. Es liegt hinter der Ankerbrot-Fabrik im Südosten der Stadt, heißt Böhmischer Prater und ist besonders für Kinder ein wunderbares Ausflugsziel.

Fahren Sie mit dem Sechser bis zur Absberggasse. Sie müssen nur mehr die Wirklichkeit in Form der Südost-Tangente unterqueren. Das ist die meistbefahrene Straße von Österreich, und folgerichtig ist sie beidseitig von einem hundert Meter breiten Band von Dreck und Halde abgedichtet. Doch hinter diesem Band sind die Straßen auf einmal nicht mehr verstopft, die Wiesen sind keine Halden

mehr und die Gänseblümchen riechen tatsächlich nach Gänseblümchen.

Wir befinden uns auf dem „Monte Laa", dem **Laaer Berg,** und mitten auf dem Monte Laa ist der Böhmische Prater. Die selbstgebastelten Bahnen werden von Goofy und Micky-Maus bewacht, die Kinder auf den Schaukeln werden von Mama und Papa angeschubst, hinter dem Knusperhäuschen steht Dagobert Duck und riecht nach Zuckerwatte und Türkischem Honig.

Auf der linken Seite werden Sie ein echtes **Kindertheater,** ein „Kasperltheater" vorfinden, bald dahinter steht ebenfalls auf der linken Seite ein neuneckiges **Holzkarussell** mit einem Zeltdach aus Pappe und Teer. Drinnen drehen sich selbstgeschnitzte Pferde;

sie unterscheiden sich daher ein bisschen im Aussehen voneinander und tragen nicht nur Kinder, sondern auch die Alt-Wiener Namen „Karli", „Herbert" und „Elfi". „Die Ornamentik an Satteln und Zaumzeug der Pferde entspricht der Phase des Romantischen Historizismus um 1860" – soweit ein Gutachter des Bundesdenkmalamtes. Das Karussell selbst ist um 1840 gezimmert worden und steht als ältestes Karussell Mitteleuropas seit 1985 unter Denkmalschutz.

Orchestrion

Etwa hundert Meter weiter wartet auf der linken Seite die **Süße Tram** mit der Endstation „Monte Laa", ein ausgedienter Straßenbahnwagen, in dem man allerlei Schleckzeug kaufen kann. Auf der rechten Seite steht die **Raupe,** eine sanft geschwungene Berg-und-Talbahn, errichtet vom Onkel des jetzigen Besitzers. Daneben leiern in einem überdimensionalen **Orchestrion** ein paar Walzertakte, vor der Fassade marschieren zwei Tambours im Takt, ein kleiner Igel sammelt eventuelle Spenden ein. Die Fassade versteckt das Geheimnis des Orchestrions: seine 187 Pfeifen, die von einem Riesenbalg mittels Elektromotor zum Klingen gebracht werden, sowie eine große und eine kleine Trommel. Herr Geiss-

ler, seines Zeichens Sammler von Orchestrien, sammelt in einem nahe gelegenen Lagerraum auch noch andere mechanische Musikinstrumente. Im August organisiert er alljährlich ein mitteleuropäisches Treffen von Drehorgelspielern.

Igel, geschnitzte Pferde und Micky Maus: All diese Intarsien eines längst geborstenen Kindheitstraumes stehen auf historischem Boden, der mit den Annehmlichkeiten eines Märchens so wenig zu tun hat wie Dagobert Duck mit den Errungenschaften der Sozialdemokratie. Hier standen die alten **Ringöfen,** in denen die böhmischen Ziegelschupfer *(schupfen* = zuwerfen) aus dem trockenen Lehmboden die Ziegel für die halbe Donaumonarchie brannten. Die Ringöfen waren ihre Wohnstätte, die Schubkarren ihre Betten und die Ziegelsteine ihre Kopfkissen. An sie erinnert heute nur mehr der Name: Böhmischer Prater.

Am oberen Ende des Böhmischen Praters genießen Sie einen herrlichen **Rundblick** auf Simmering und die Donauauen.

Halten Sie sich rechts auf dem ersten Weg und biegen Sie noch vor dem Parkplatz ab. Nach etwa 100 Metern gehen Sie durch ein Tor und be-

Sich drehende Kaffeetassen als Ringelspiel

finden sich nunmehr im Aufforstungs-gebiet **Laaer Wald.** Dieser ist ein ein-gezäuntes Naturschutzgebiet. Wan-derwege, Wiesen, Lehrpfade und Kin-derspielplätze gibt es genug. Mitten im Naturschutzgebiet finden Sie den **Butterteich** sowie eine Plattform, die über dem Teich errichtet ist. Von hier aus sind Schwäne und andere Vögel gut zu beobachten, die Fische fressen fast aus der Hand.

Beim Rückweg durch den Böhmi-schen Prater laden die **Gasthäuser** zu einer Pause ein; und wenn nicht die Gasthäuser, dann zumindest jene Lä-den mit den knofeligen Langos (frit-tiertes Hefegebäck mit Knoblauch).

Lainzer Tiergarten

Ob mit oder ohne Kind, zu empfehlen ist ein Spaziergang im Lainzer Tiergar-ten. Fahren Sie mit der U4 bis zur End-station nach Hütteldorf-Hacking. Überqueren Sie den Fluss. (Nicht la-chen: Dieses schmuddelige Etwas heißt Wienfluss.) Der Auhofstraße fol-gen Sie ein Stück stadtauswärts, bis Sie das Schild „Nikolaitor" erkennen.

Wildschweine im Lainzer Tiergarten

Nun orientieren Sie sich am Plan und wählen eine Ihrer Lust und Laune entsprechende Route. Die verschiedenen im Lainzer Tiergarten befindlichen Wirtshäuser sind ebenfalls eingezeichnet.

Der Lainzer Tiergarten war bis 1918 kaiserliches Jagdrevier, dann ging er ins Eigentum der Gemeinde Wien über und ist heute ein **Wildpark** mit frei umherlaufenden Wildschweinen und Rehen.

Die **Wildschweine,** die Sie sehen, sind keineswegs gefährlich. Ärgerlich sind nur die Schmutzreste auf Kleidern, die durch den Kontakt mit den Wildschweinen entstehen. Da ist es mit den **Rehen** schon einfacher: Die kommen nicht auf die Idee, sich an ihr Polo-Hemd anzulehnen.

Sie können sich an den Schmutzfinken rächen und in einem der Wirtshäuser ein Wildschwein-Gulasch bestellen.

Medizinische Versorgung

Bei Fragen (Impfen, Vorbeugen) wenden Sie sich an das **Gesundheitstelefon:** Tel. 3332828.

In den Zeitungen erfahren Sie die Adressen und Telefonnummern der **ärztlichen Notdienste.** Sie können auch die Telefonnummer 330 kontaktieren („wer hilft mir wann und wo?"). Der Ärztenotdienst hat die Nummer 141, das Servicetelefon der Ärztekammer lautet 1771.

Ebenso erfahren Sie die **Apotheken mit Nachtdienst,** wenn Sie den Apothekendienst anrufen: Tel. 1550.

Bei **Vergiftungen** rufen Sie die Vergiftungszentrale: Tel. 4064343. Sie brauchen keine Angst zu haben, trotz des abstoßenden Namens will man Sie dort nicht vergiften, sondern gegebenenfalls das Gegenteil bewirken.

Bei **psychischen Erkrankungen** wenden Sie sich in dringenden Fällen an den Sozialpsychiatrischen Notdienst, Fuchsthallergasse 18, 1090 Wien, Tel. 3108779 oder 3108780.

Bei aktuellen Problemen mit **Drogen** wenden Sie sich entweder an die Zentralstelle für Suchtkranke, Borschkegasse 1, 1090 Wien. Eine zweite Möglichkeit ist der „Ganslwirt", ein adaptiertes Restaurant. Dort stehen rund um die Uhr ärztliche Betreuung sowie Sozialberatung zur Verfügung. Die Adresse: Ganslwirt, Gumpendorferstraße 64, 1060 Wien, Tel. 5860438.

Das Frauenheim für **misshandelte und bedrohte Frauen** ist zu erreichen unter Tel.: 4083880. Zudem gibt es das Zentrum „Frauen beraten Frauen", Tel. 5876750. Folgender Frauen-Notruf ist rund um die Uhr besetzt: Tel. 71719.

Folgende Nummern dienen als Erstkontakt beim Auftreten gröberer **Probleme jeder Art** (siehe auch „Notrufnummern" im Kap. „Post, Telefon"):

- **Telefonseelsorge:** Tel. 1770 ·
- **Ö-3-Kummernummer:** Tel. 5873587
- **Ärztezentrale:** Tel. 531160

Wien bei Nacht und Szene

Die In & Out-Plätze wechseln einander in einer raschen Folge ab, so dass hier nur bereits über Jahre erprobte Szene-Lokale aufgeführt werden. Die meisten davon befinden sich logischerweise im ersten Bezirk.

Eine genau abgegrenzte Region im ersten Bezirk heißt **Bermuda-Dreieck,** etwa zwischen Seitenstettengasse, Ruprechtskirche und Rabensteig. Das Bermuda-Dreieck war und ist Inbegriff für Vernissagen, Live-Musik und kulturelle Veranstaltungen bei lockerer Atmosphäre. Durch die in den Achtzigerjahren aus dem Boden geschossenen Beisln wurde verhindert, dass im ersten Bezirk eine Gettoisierung der City erfolgte: nur Büros und Dienstleistungsbetriebe, dazu ein paar Luxuswohnungen.

Das Konzept „Neues Leben in die alte City" führte jedoch auch zu Gegenbewegungen – so macht ab und zu eine **Bürgerinitiative** von sich reden, die gegen den Gestank der Lokale und den Lärm der Besoffenen mobilisiert.

In der Zwischenzeit treffen Sie dort **viele Touristen** sowie Wien-Besucher aus den Bundesländern. Trotzdem können Sie manchmal an lauschigen Sommerabenden ein nettes Plätzchen ergattern. Aber nur bis 23.00 Uhr, denn dann müssen die im Freien aufgestellten Tische weggeräumt werden.

In den letzten Jahren hat sich ein **eigener Beisl-Bar-Typus** mit einigen Gemeinsamkeiten entwickelt: räumliche Enge, daher schneller Kontakt zu anderen Gästen; nur Drinks, keine Speisen oder nur Happen (Snacks); spürbares Styling, etwa durch Lichtinstallationen und Spiegel.

Es ist üblich, in solchen Lokalen nicht länger als für ein oder zwei Getränke zu bleiben; der fehlende Alkoholgehalt kann durch das **Abklappern von** fünf bis sieben anderen **Lokalen** spielend wettgemacht werden. Die Beine werden bei einer solchen Wanderung sicher nicht überfordert; oft erreicht man mit dem berühmten Purzelbaum von einem Lokal das nächste.

Übrigens: Die **Polizisten** in der Seitenstettengasse sollen nicht die Besoffenen nach Hause führen. Sie beschützen die Wiener Synagoge, seit vor ca. zehn Jahren ein Attentat auf die Besucher verübt wurde.

Bei der **Auswahl von Lokalitäten** ist getrost auf jene verzichtet worden, die etwa in der Zeitgeist-Gazette „News" folgendermaßen angeboten werden: „Kybernetica, Das Techno Spektakel: Auf gigantischen Video-Walls werden Filme von New-Yorker Clubbings gezeigt". Na, das wär doch was: Sehen Sie doch der Wiener Szene zu, wie die zusieht, wie sich die New-Yorker Szene in Szene setzt!

Szene-Lokale im ersten Bezirk

● **Reiss-Bar,** Marco-d'Aviano Gasse 1, 1010 Wien, Tel. 5127198, geöffnet 10.00–3.00 Uhr. Die Einrichtung stammt vom berühmten Architektenduo Coop Himmelblau; dessen ungeachtet ist die Reiss-Bar der typische Champagner-Treff mit entsprechenden Preisen und Publikum.

WIEN BEI NACHT UND SZENE

●**Roter Engel,** Rabensteig 5, 1010 Wien, Tel. 5354105. Problemlos zu erreichen von der U-Bahn-Station Schwedenplatz, geöffnet 15.00–2.00 Uhr, am Wochenende bis 4.00 Uhr. Mitten im Bermuda-Dreieck, die Einrichtungszeit ebenfalls vom Duo Coop Himmelblau. Viele Veranstaltungen, beliebt bei Studenten sowie Ewig-Studenten. Im ersten Stock stehen einige Billardtische.

●**Café Alt-Wien,** Bäckerstraße 9, 1010 Wien, Tel. 5125222. Rappelvoll, Gehsteig und parkende Autos werden in die Lokalzone miteinbezogen. Zwar sind Bestellungen mitunter schwierig, aus bisher unbekannten Gründen kommen aber in relativ kurzer Zeit die bestellten Getränke. Wird gerne von Künstlern besucht. Oft Ausgangspunkt für weitere Touren.

●**Wunderbar,** Schönlaterngasse 8, 1010 Wien, Tel. 5127989. Zu erreichen am schnellsten von der U-Bahn-Station Schwedenplatz, geöffnet 16.00–2.00 Uhr nachts. Architekt *Hermann Czech* wurde durch den Umbau dieses alten Kellergewölbes in eine Bar bekannt. Ironische Bauzitate, etwa aus

der Gotik, ermöglichen eine Gliederung des Raumes. Hat dadurch einen sehr intimen Charakter.

●**Krah-Krah,** Rabensteig 8, 1010 Wien, Tel. 5338193. Ganz leicht von der U-Bahn-Station Schwedenplatz zu erreichen, geöffnet 17.00–2.00 Uhr. Der Name des Lokals leitet sich vom Namen der Gasse ab, „Rabensteig". Hier gibt es alle möglichen und unmöglichen Biersorten, dazu riesige Schwarzbrottoasts. Da der einzige freie Platz an der Bar ist, ist die Bar auch dementsprechend lang.

●**Kleines Café,** Franziskanerplatz 3, 1010 Wien. Zu erreichen von der U-Bahn-Station Stephansplatz, geöffnet 10.00–2.00 Uhr. War das erste Lokal in der Reihe der umgebauten Keller, Architekt ebenfalls *Herman Czech*. Trotz der Begrenztheit des Lokals wird eine gewisse Größe im wahrsten Sinn des Wortes „vorgespiegelt". Hat intimen Charakter, vornehmlich Treffpunkt von Alt-Achtundsechzigern und anderen Hobbyphilosophen.

●**Oswald&Kalb,** Bäckerstraße 14, 1010 Wien, Tel. 5121371. Zu erreichen mit der U1 bis Stubentor, geöffnet 18.00–2.00 Uhr. Hier treffen Sie Promis aus Kunst und verwandten Berufen. Tischbestellungen sind notwendig.

●**Salzamt,** Ruprechtsplatz 1, 1010 Wien, Tel. 5335332. Zu erreichen über die U-Bahn-Station Schwedenplatz, geöffnet 18.00–4.00 Uhr. Der Name weist auf das legendäre Wiener Salzamt hin. Dort wurden jene hingeschickt, für die sich kein anderes Amt als zuständig erachtete.

Szenelokale mit Tanzmusik

●**AERA,** Gonzagagasse 11, Tel. 5335314, täglich 10.00–2.00, U-Bahn-Station Schottenring. Kräftige Rockmusik.

●**Classic Rock Cafe,** Donaukanalpromenade (U-Bahnstation Schwedenplatz), Abgang Marienbrücke Tel 5339367, 18.00–3.00 Uhr. Rock-Fans sollten auf diesem außer Dienst gestellten Schiff ihre Anker lichten.

●**Flex,** Donaukanal (U-Bahnstation Schottenring). Tel. 5337529; von 22.00 bis mindestens 4.00 Uhr früh. Gilt als bester Klub Europas und als Beweis für die Virilität der Wiener

04-4wi Foto: bb

Jugend-Kultur. Vielfältigster und lebhaftester Szene-Treff mit einbetonierten Basshörnern unter der Bühne und sorgsam ausgependelten Soundsystem, wodurch ein knalliger Sound entsteht. Wurde gleich nach seiner Eröffnung (1995) von der Haider-FPÖ wegen mutmaßlicher Drogenexzesse heftig bekämpft, hat ein nicht ganz konfliktfreies Verhältnis zur Polizei.

●**Chelsea**, Lerchenfelder Gürtel 29-31, im U-Bahnbogen, 1080 Wien, Tel. 4079309. Geöffnet 18.00–4.00 Uhr. Regelmäßige Live-Veranstaltungen, meist von (ehemaligen) Punk-Bands. Dementsprechend setzt sich das Publikum zusammen.

Frauentreffs

●**Frauencafé**, Lange Gasse 11, 1080 Wien, von Montag bis Samstag 19.00–1.00 Uhr geöffnet.
●Das **FZ-Beisl** in der Währinger Straße 59/6 auf dem Gelände des WUK (ein selbstverwaltetes Kulturzentrum, Eingang Ecke Prechtlgasse), 1080 Wien, hat Mittwoch, Freitag und Samstag 19.00–24.00 Uhr offen.

Lokale in den Außenbezirken

Natürlich gibt es auch Szene-Lokale in den Außenbezirken. Der Gast verhält sich hier weniger unstet als in den kleinen City-Beisln, es kann sogar vorkommen, dass er bis zu Schluss mit seinen Freunden im „Europa" oder im „Celeste" bleibt. Diese Lokale schließen offiziell um 4.00 Uhr. Danach gibt's nur noch eines: auf in eine der Gaststätten in der **Nähe des Naschmarktes,** die wiederum um 4.00 Uhr öffnen. Dort speist man dann ein warmes Gulasch und trinkt dazu Kaffee oder ein Seidl Bier.

Ähnlich dem innerstädtischen Bermuda-Dreieck hat sich auch im **Be-**reich Schleifmühlgasse – Margaretenstraße im vierten Bezirk ein enges Geflecht von „wie Schwammerln" (Pilze) aus dem Boden geschossenen Lokalen gebildet. Für den Besucher ist es nicht schwierig, hier durchzubummeln, die Entfernung der einzelnen Lokale voneinander ist minimal.

Schließlich gibt es auch im **Bereich Stiftgasse – Spittelberg – Gutenberggasse** im achten Bezirk eine Vielzahl von eng nebeneinander liegenden Lokalen, unter ihnen befinden sich im Gegensatz zum Bermuda-Dreieck auch Restaurants mit guter Küche und Pizzerias.

In der folgenden Aufzählung sind die **Lokale nach Bezirken** geordnet:

●**Schwarzes Cafe,** Bechardgasse 23, 1030 Wien, 17.00–2.00 Uhr, Tel. 7121508. Motto: Wir haben keine Chance. Also nutzen wir sie.
●**Armacord,** Rechte Wienzeile 15, 1040 Wien, Tel. 5874709. Zu erreichen von U-Bahn-Haltestelle Karlsplatz, das Kellerlokal befindet sich direkt gegenüber dem Naschmarkt. Offen 11.00–2.00 Uhr nachts. Eher alternatives Lokal mit dementsprechendem Publikum.
●**Roxy,** Operngasse 24, Faulmanngasse 4, 1040 Wien, Tel. 5872675. Zu erreichen von der U-Bahn-Station Karlsplatz, der Eingang befindet sich in der Faulmanngasse. Abwechslungsreiche Musik verbindet sich mit unkonventioneller Einrichtung.
●**Freihaus,** Margaretenstraße 11, 1040 Wien, Tel. 5871665. Zu erreichen mit Bus 59A, geöffnet 10.00–1.00 Uhr, Langschläferfrühstück bis 15 Uhr. Das Lokal besteht aus verschiedenen Teilen, irgendwo findet jeder ein gemütliches Platzerl, zur Not an der langen Bar. Von hier ausgehend können Sie eine Unzahl anderer Lokale besuchen, die wiederum nur den berühmten „Purzelbaum" vom Freihaus entfernt sind.
●**Trabant,** Schleifmühlgasse 13, 1040 Wien, Tel. 5875265, 18.00–2.00 Uhr. Ostdeutscher

Flair, ironisch zitiert, und dazu die große Video-Wall!

●**Celeste,** Hamburgerstraße 18, 1050 Wien. Zu erreichen von der U-Bahn-Station Kettenbrückengasse (U 4). Endlich ein Lokal nach Konzepten, die man in anderen europäischen Großstädten längst kennt: Betrieb auf drei Stockwerken, mit integriert ein als Galerie dienender langer Gang, ein „Keller" mit typischen Kellerveranstaltungen, ein Gastronomiebetrieb und ein herrlicher Gasthausgarten.

●**Café Drechsler,** Linke Wienzeile 22, 1060 Wien, Tel. 5878580. Zu erreichen über die U-Bahn-Station Kettenbrückengasse (U4), geöffnet 4.00–20.00 Uhr. Es ist mit diesen Öffnungszeiten bestens geeignet, die Nachtschwärmer mit Gebäck und Gulasch zu bedienen.

●**Rincón Andino,** Münzwardeingasse 2, 1060 Wien, Tel. 5876125 (U-Bahn-Station Pilgramgasse, U4). Typisches Szenebeisl mit Vorliebe für Südamerika. Im Sommer findet man in dem wunderschönen Innengarten kaum einen Platz.

●**Nachtasyl,** Stumpergasse 53, 1060 Wien, 20.00–4.00 Uhr, Tel. 5969977. Wer sich fern hält von der trendigen Szene, sollte hier seine Nächte verbringen. Vormals Treffpunkt der tschechischen Exilszene.

●**Amerling-Beisl,** Stiftgasse 8, 1070 Wien, Tel. 5261660. Stark frequentiertes, ehemals alternatives Treffbeisl. Im geräumigen Innenhof findet man oft auch im Sommer noch Platz. Dieser Hof liegt wunderschön in einem alten Biedermeierhaus. Ausgangspunkt für viele Lokale in der umliegenden Gegend.

●**Europa,** Zollergasse 8, 1070 Wien, Tel. 5263383. Zu erreichen von der U-Bahn-Station Kirchengasse (U3), geöffnet 11.00–4.00 Uhr, Langschläferfrühstück am Wochenende bis 14.00 Uhr. Mit dem anlässlich der EU-Debatten oft gehörten Ruf „Auf nach Europa" wird ab einer bestimmten Stunde der Besuch dieses Lokals gemeint. Knallig bunte Farben sorgen für dementsprechende Stimmung. Treffpunkt für alle, denen das Bett zu fad ist. Die Küche ist bis 3.30 Uhr in Betrieb.

●**Café Stein,** Währinger Straße 6-8, 1090 Wien, Tel. 31972410. Zu erreichen von der U-Bahn-Station Schottentor (Jonasreindl),

geöffnet 7.00–1.00 Uhr. Bietet das „Ultra-Langschläferfrühstück" bis 20 Uhr!!! Das Leben spielt sich auf drei verschiedenen Ebenen ab. Allen Ebenen gemeinsam ist die New-Wave-Atmosphäre in coolen Rot,- Rosaund Türkistönen.

●**Lux,** Spittelberggasse 3, 1070 Wien, 10.00–2.00 Uhr, Tel. 5269491, ein typisches Lokal der sich entwickelnden Szene auf dem Spittelberg, gehört dem ehemaligen Spitzenpolitiker der Grünen *Pius Strobl.*

●**Blue Box,** Richtergasse 8, 1070 Wien, Tel. 5232682, 10.00–2.00 Uhr. Bietet ein Langschläferfrühstück (bis 17 Uhr!!!), ideal für Nachtschwärmer in den westlichen Bezirken.

Wer schwingt das Bein? – Wiener Diskotheken

Wer tanzen will, kann unter folgenden Diskos wählen:

●**P1,** Rotgasse 9, 1010 Wien, Tel. 5359995. Zu erreichen von der U-Bahn-Station Schwedenplatz, geöffnet 21.00–4.00 Uhr. Großraumdiskothek. Horden von Halbwüchsigen turnen zu einfachen Rhythmen.

●**Montevideo,** Annagasse 3, 1010 Wien, Tel. 5129906. Zu erreichen von U-Bahn-Station Karlsplatz. Trend Music und Dance Floor.

●**Jack Daniels,** Krugerstraße 6, 1010 Wien, Tel. 524396. Zu erreichen von U-Bahn-Station Karlsplatz, geöffnet 21.00–4.00 Uhr. Entspricht eher einer Disko mit Clubbing-Atmosphäre, seriöse Besucher um 30 suchen einen gediegenen Abend.

●**Queen Ann,** Johannesgasse 12, 1010 Wien, Tel. 5120203. Zu erreichen von U-Bahn-Station Karlsplatz, geöffnet 21.00–5.30 Uhr. Nobeldisko der Wiener City, höhere Töchter & Söhne und jene, die derengleichen suchen.

●**Why Not,** Tiefer Graben 22, 1010 Wien, Tel. 3102582, geöffnet 21.00–4.00 Uhr. Homosexuelles Klientel, exzellente Tanzmusik.

●**Atrium,** Schwindgasse 4, 1040 Wien, Tel. 5053594. Zu erreichen mit der Ringlinie, Station Schwarzenbergplatz, geöffnet 20.00–4.00 Uhr. Unkonventionelle Szene-Disko, eher junges Publikum, Mittelschüler und Studenten.

●**U 4**, Schönbrunner Straße 222-228, 1120 Wien, Tel. 8158307. Liegt direkt an der U-Bahn-Station Meidling (U4), geöffnet 22.00–4.00 Uhr. Die typische, weit über Wiens Grenzen hinaus bekannte Disko. Nach einem Brand anno Silvester 1989 neu instandgesetzt. Für alle Altersgruppen und Stilrichtungen. Schwarz ist Trumpf, auch das etwas schräge Flair ist geblieben. Die gepflegten Musikrichtungen sind Hip-hop, Rock, Underground und alte Hits. Jeder Tag steht unter einem anderen Motto, Dienstag und Mittwoch Konzerte. In einem Seitenraum gibt es Kleinigkeiten zu essen.

Post und Telefon

Die meisten **Postämter** haben Mo–Fr 8.00–18.00 Uhr geöffnet (Geldverkehr nur bis 17.00 Uhr). Nur die Hauptpost, Fleischmarkt 19, 1010 Wien, hat rund um die Uhr geöffnet; die Postämter am Westbahnhof und am Südbahnhof schließen um 23.00 Uhr.

Kuverts erhalten Sie in jeder Tabak-Trafik (die Bezeichnung *Trafik* kommt übrigens aus dem Arabischen), **Briefmarken** hingegen bei der Post. Die Gebühr eines einfachen Briefes oder einer Postkarte nach Euroland kostet 0,51 €. In der Regel befindet sich der **gelbe Postkasten** vor der Tabak-Trafik bzw. vor der Post.

Das **Postleitzahlensystem** ist einfach: Betrachten wir die Postleitzahl 1050. Die erste Ziffer kennzeichnet das Bundesland (1 = Wien). Die zweite und die dritte Ziffer kennzeichnen den Wiener Gemeindebezirk (05 = 5. Bezirk). Die vierte Ziffer steht für das Verteilerpostamt im Bezirk (in der Regel 0).

Öffentliche Fernsprecher gibt es überall im Stadtgebiet sowie in den Postämtern. In Österreich wird das Telefonsystem von der Post organisiert. Ein Ortsgespräch kostet 0,04 €/Min., ein Dreiminutengespräch im öffentlichen Telefonnetz nach Deutschland kostet zwischen 2 und 3 €, in die Schweiz 2 €. Am Wochenende und ab 18.00 Uhr sind Telefongespräche billiger. Die Vorwahl für Deutschland ist die 0049, für die Schweiz die 0041.

Diese Nummern sind auch mit dem **Mobil-Telefon** zu wählen. Über das Roaming-System gibt es keine Probleme, die gängigen Netze zu erreichen.

Die **Telegrammgebühr** in beide Länder beträgt 0,55 € pro Wort bei einer Mindestgebühr für sieben Worte.

Ein Lob verdient die Post für die vom Architekten *Liugi Blau* konstruierten

Notrufnummern

Feuerwehr	122
Polizei	133
Rettung (Notarzt)	144
Ärztenotdienst	141
Vergiftungsnotruf	434343
Gasunfälle	128
Gesundheit	311
Zahnärztlicher Nachtdienst	5122078
Apotheken- bereitschaftsdienst	1550
Pannendienst (ÖVP)	120
Pannendienst (SPÖ)	123

Weitere wichtige Telefonnummern finden sich im Kap. „Medizinische Versorgung".

neuen Telefonzellen, die mit ihrem geschwungenen Design einen eleganten Blickfang im oft öden Mobiliar des öffentlichen Raumes darstellen.

Reisezeit und Klima

Für den Aufenthalt in Wien eignen sich der Herbst und der Winter eher als der doch heiße Sommer. Im Sommer haben zudem die großen Theater geschlossen. Auf der anderen Seite ist es abseits der Besucherströme gerade im Juli und August manchmal gemütlicher, weil viele Wiener auf Urlaub sind. Urteilen Sie selbst angesichts der nebenstehenden Klimatabelle.

Mit Rollstuhl oder Kinderwagen

Ein **Stadtplan** für bewegungsbehinderte Personen und ein Verzeichnis **behindertenfreundlicher Hotels** können über die Servicestelle des Wiener Fremdenverkehrsverbandes bestellt werden: Kärntner Straße 38, 1010 Wien, Tel. 211140.

Ein paar Tipps bei der Benutzung der **öffentlichen Verkehrsmittel:**

Vorsicht! Nicht in allen Stationen der **U-Bahn** sind Lifte eingebaut! Am U-Bahn-Knotenpunkt Karlsplatz beispielsweise werden Sie sich mit einem Rollstuhl recht schwer tun. Haben Sie dennoch den Weg in die U-Bahn ge-

Reisetipps A–Z

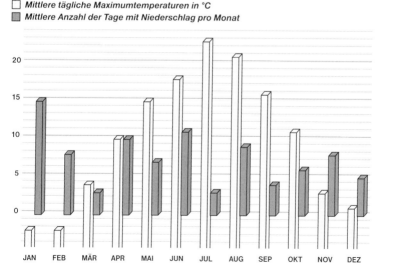

☐ *Mittlere tägliche Maximumtemperaturen in °C*
▨ *Mittlere Anzahl der Tage mit Niederschlag pro Monat*

JAN FEB MÄR APR MAI JUN JUL AUG SEP OKT NOV DEZ

schafft, dann beachten Sie bitte: Pro Einstiegsraum (das ist der Freiraum hinter der Tür) dürfen zwei Rollstühle oder Kinderwagen befördert werden. In unmittelbarer Nähe der Türe sind besonders gekennzeichnete Plätze für Behinderte oder Frauen mit Kleinkindern.

Bei **Straßenbahnen** und **Autobussen** sollten Rollstuhlfahrer, Behinderte sowie Eltern mit Kinderwagen immer die erste Tür beim Fahrer benutzen. Diese Tür ist mit einem Kinderwagensymbol auf einer blauen Scheibe gekennzeichnet.

Die Züge der U6 und die Autobusse verfügen über eine **Kinderwagentaste.** Sollten Sie aus irgendwelchen Gründen eine längere Öffnungszeit der Einstiegstür benötigen, dann drücken Sie auf diese Taste. Pro Bus bzw. Straßenbahn darf nur ein Rollstuhl oder Kinderwagen mitgeführt werden. Bei der Planung Ihrer Route sollten Sie daher eher den U-Bahnen den Vorzug geben.

Sport und Erholung

Der Wiener neigt eher dazu, die Sportarten passiv zu betreiben: Im Kaffeehaus verfolgt er die Fußballspiele im Fernseher, und wandern kann man auch im Bermuda-Dreieck (siehe „Nacht und Szene").

Trotzdem bietet Wien – nicht zuletzt durch den dichten Grüngürtel rund um die Stadt – eine Menge von Möglichkeiten für Freizeitsportler.

Baden

Im Sommer ist die Hälfte der Wiener auf Urlaub, die andere Hälfte steckt in einem der zahlreichen Bäder.

Das Erreichen von Freibädern sollte kein Problem sein. Die gesamte **Donauinsel** steht Ihnen zur Verfügung. Sie sollten jedoch wegen der geringen Parkkapazitäten den öffentlichen Verkehr benutzen.

Die Donauinsel **erreichen** Sie entweder mit der U1 (Station Donauinsel) oder mit den Linien 31 bzw. 32 (Abfahrt am Schottenring, Station der U4 und der U2, Aussteigen auf der Floridsdorfer Brücke).

Bevorzugen Sie nach wie vor den MIV (motorisierten Individualverkehr), so können Sie den neben der Floridsdorfer Brücke angelegten Parkplatz ansteuern – auf der gesamten Donauinsel ist **generelles Fahrverbot.** Da dieser Parkplatz garantiert überfüllt ist, ist es ratsam, via Südost-Tangente (oder Reichsbrücke) die Donau zu überqueren und dann sofort rechts in die Raffineriestraße (oder auf den Hubertusdamm) abzubiegen. Irgendwo in den tiefen Wäldern der Lobau werden Sie sicher einen Platz finden.

Beachten Sie bitte die Topografie der Donauinsel:

Das Zentrum ist die Gegend **rund um die Reichsbrücke,** hier gibt es auf beiden Seiten Massen von Jugendlichen, die jedes Fleckerl Erde in Beschlag nehmen. Abends setzt sich das Treiben in den zahlreichen In-Lokalen auf beiden Ufern der Neuen Donau bis in die späten Nachtstunden fort.

Wer dröhnende Bässe sowie Wiens erlauchte und sonnengebräunte Yuppie-Szene schätzt, sollte hier die Nacht verbringen.

Je mehr Sie sich von der Reichsbrücke entfernen, desto angenehmer wird der Aufenthalt auf der Insel. Die Landschaft wird naturnaher, die Möglichkeit, sich der Freizeitindustrie zu entziehen, wird größer. Es sollte Ihnen bei einem längeren Fußmarsch gelingen, ein herrliches **ruhiges Platzerl** zu finden.

Da die Donauinsel auf ihrer Gesamtlänge von 21,1 km eine frei zu benutzende Fläche ist, sind die **sanitären Einrichtungen** eher spärlich. Sie müssen zum nächsten WC, zu den nächsten Duschen oder zum nächsten Erfrischungskiosk ein bisschen zu Fuß gehen.

Weitere Bäder sind vor allem an der **Alten Donau** angesiedelt. Um die Verwirrung zu komplettieren: Selbstverständlich gibt es in Wien – zusätzlich zur Donau sowie zur Neuen Donau – die Alte Donau. In historischen Zeiten war dieser ehemalige Donauarm der Hauptarm des damals noch wild fließenden Flusses. Seit der extremen Regulierung, dem linearen Donaudurchstich von 1871–1875, blieb dieser Altarm, durch einen Damm getrennt von der nun gerade dahin fließenden Donau, übrig.

Er gilt durch gute Windverhältnisse vor allem den **Seglern und Surfern** als Paradies. Die Wiener jammern jedoch, dass an ihren Ufern „Kärntner Verhältnisse" herrschen: Die meisten Ufergrundstücke sind verpachtet.

Bäder an der Alten Donau

- **Angelibad,** An der Oberen Alten Donau, 1210 Wien, Tel. 381271. Erreichbar mit der Schnellbahn, Station Strandbäder.
- **Strandbad Alte Donau,** Arbeiterstrandbadstraße 91, 1220 Wien, Tel. 2635302. Dieses Strandbad erreichen Sie mit der U1, Station Alte Donau.

Lassen Sie sich den Namen des Bades sowie seine Adresse auf der Zunge zergehen. Hat neben dem eigentlichen „Strandbad" noch drei beheizbare Becken und Sonnenbäder. Im Gegensatz zu den anderen Bädern ist oben ohne nicht gestattet.

- **Gänsehäufel,** Moissigasse 21, 1220 Wien, Tel. 2035392. Zu erreichen mit der U1 bis Kaisermühlen-Vienna Int. Centre, dann mit den Bussen 90A, 91A oder 92A.

Das Gänsehäufel ist das älteste Wiener Bad, um dessen Eröffnung im Jahre 1900 sich der „erste Hippie" Wiens *Florian Berndl* verdient gemacht hat. Es war das bekannteste Bad Wiens, bevor die Donauinsel erschlossen wurde. *Reinhard Fendrich* machte es im deutschen Sprachraum bekannt: „Auf Italien pfeif i, I fahr ins Gänsehäufi!" Das Bad bietet einen 1,2 km langen Strand, dazu kommen beheizte Becken, Wellenbad, Wasserrutsche und Sonnenbäder.

Hallenbäder

Sollten Sie in der kalten Saison kommen, haben Sie die Wahl zwischen verschiedenen Hallenbädern, die mit Sauna, Massage etc. kombiniert werden können:

- **Amalienbad,** Reumannplatz 23, 1100 Wien, Tel. 6074747. Architektur aus der Zwischenkriegszeit, wurde vor einiger Zeit renoviert; empfehlenswerte Sauna.
- **Theresienbad,** Hufelandgasse 3, 1120 Wien, Tel. 8134435. Das älteste Wiener Bad – hier wird schon seit den 20er-Jahren des 19. Jahrhunderts gebadet.
- **Ottakringer Bad,** Johann-Staud-Straße 11, 1160 Wien, Tel. 948106. Während der Sommermonate ist das angeschlossene Sommerbad geöffnet.

●**Stadthallenbad,** Vogelweidplatz 13, 1150 Wien, Tel. 981000. Dieses Bad bietet ein großes Becken, in dem auch internationale Wettkämpfe abgehalten werden. Dazu kommt ein Zehnmeter-Sprungturm.

●**Thermalbad Oberlaa,** Kurbadstraße 14, 1100 Wien, Tel. 8161149. Durch die schwefelhaltigen Quellen dient es auch zu therapeutischen Zwecken. Umfasst Solarium, Helarium und Eukalyptusräume.

Fußball

Ähnlich wie mit der Sprache – wichtiger als eine klare Aussage ist ein toll klingendes Wortspiel, ein geistvoller Schmäh – hält es der Wiener auch mit dem Ball: Wichtiger ist das „Geigen", das **ballverliebte Dribbeln;** nur primitive Handwerker drängen auf den Torschuss.

Bei einem exzellenten Trickser sagt man daher auch: Er hält zwei Gegner am Schmäh (= er lässt zwei Gegner durch ein paar Tricks aussteigen).

Wie eng Kunst und Sport in Wien zusammenhängen, zeigen die Ausflüge des großen Torschützen **Hans Krankl** ins Showbusiness: Wenn er seine „Engel mit rostige Fliagln" singt, stellt er – anders als sangesfreudige Kicker, die idiotische Schlachtenchoräle trällern – sogar Profis in den Schatten seiner nach wie vor noch nicht rostigen Flügel. Zudem moderierte *Hans Krankl* recht erfolgreich den „Nachtfalken" in der gleichnamigen Sendung auf Radio Wien (Sonntag, 22.00 Uhr).

In Wien herrscht seit alters her der kickerische Dualismus: Hier **Austria,** dort **Rapid,** hier violett, dort grün-weiß.

Immer schon gab es auch eine soziale Zuordnung der beiden Vereine:

Rapid war der **proletarische Verein,** der auffallend viele Tschechen in seinen Reihen hatte und dessen spielerische Qualitäten mit Kampfkraft und Rapid-Viertelstunde umschrieben wurden. Als Paradebeispiel gilt der im Dezember 2001 in Prag verstorbene *Pepi Bican,* der noch vor nicht allzu langer Zeit in London einen Pokal mit der Aufschrift *the best scorer of the century* erhalten hatte. Heute spielt Rapid übrigens hinten und vorne böhmisch und in der Mitte wienerisch. Der Tormann heißt *Maier* und kommt aus Brünn, ebenso wie der Goalgetter *Wagner.* Beachten Sie die interessanten Details der Namensgebung.

Austria hingegen war der **bürgerliche Verein,** der zudem viele Juden in seinen Reihen hatte. Im Unterschied zu Rapid wurden die Spieler eher mit „Kaffeehauskultur" in Verbindung gebracht, der Spielstil eher mit vollendeter Technik denn mit Siegeswille. Als Paradeaustrianer der Dreißigerjahre gilt *Matthias Schindelar* (siehe Kap. „Bewohner/Der echte Wiener"), der in seinem Heimatbezirk Favoriten ein Kaffeehaus gepachtet hatte, in dem er 1939 Selbstmord beging.

Im Zuge der fortlaufenden **Durchmischung** der sozialen Gruppen geht auch bei den Kickern die soziale Zuordnung verloren. So ist der Ballkünstler bei Austria aus den letzten Jahrzehnten, *Schneckerl Prohaska,* ein waschechtes Arbeiterkind, ebenso wie der Ex-Stürmerstar von Rapid, *Hans Krankl.*

Typisch für die Galionsfiguren der beiden Vereine ist auch ihre ungebrochende **Bindung an die Vereine.** Immer wieder betonen sie, obwohl schon längst in anderen Funktionen tätig, ihr Herz schlage nur für grünweiß bzw. violett.

Jeder beliebte Fußballer hat einen **Spitznamen,** oder er ist eben kein beliebter. *„Schneckerl" Prohaska* deutet nicht auf die Gangart einer Schnecke hin, sondern auf das gewellte (geschneckerlte) Haupthaar des violetten Fußballkünstlers. Der wohl berühmteste Fußballer der Fünfzigerjahre und noch berühmtere Paradetrainer der Achzigerjahre, der neulich verstorbene *Ernst Happel* hieß *„Aschyl".* Selbstverständlich leitet sich der *Aschyl* vom griechischen Held Achilles ab; pflegte doch der *Aschyl* in faden Partien zur Unterhaltung des Publikums und zum Ärger seines Tormannes ab und zu Bälle ganz lässig auf das eigene Tor zu „ferseln".

Sollte das **Wiener Derby** ausgetragen werden, dann dürfen Sie es als Soziologe, Psychologe, Krawallforscher oder einfach als Fußballfreund nicht versäumen.

●**Auskünfte** über aktuelle Spiele und **Kartenvorverkauf** erhalten Sie beim Wiener Fußballverband, Fischhofg. 12, 1100 Wien, Tel. 6015118 (Horr-Stadion).

Die wichtigsten Stadien
●**Rapid-Wien,** Keißlergasse 6, 1140 Wien (Hanappistadion, der Ortsteil heißt Hütteldorf, deswegen werden die grün-weißen Rapidler auch als die „Hütteldorfer" bezeichnet).
●**Austria-Wien,** Fischhofgasse 12, 1010 Wien (Horr-Stadion).
●**Vienna,** Hohe Warte, 1190 Wien (eigentlich First Vienna FC, die Vienna ist der älteste Verein in Österreich und wurde schon 1894 von englischen Gärtnern gegründet, die *Baron Rothschild* für seine Gartengestaltung von der Insel holen ließ).

Jogging

Ein Joggingparadies ist der **Prater** und hier wiederum die Hauptallee. Sie ist 4,2 km lang und führt vom Praterstern schnurstracks bis zum Lusthaus. (Der Prater war früher Privatbesitz des jeweiligen Kaisers, und kaiserliche Anfahrtswege wurden stets linear angelegt, um Seiner Majestät unnötige Kurven zu ersparen.) Früher traf man beim Joggen auf die Wiener Lauflegende *Dolfi Gruber,* der stets eine 20-köpfige oder 40-füßige Schar zum Laufen antrieb. Obwohl kriegsversehrt, gewann *Dolfi Gruber* alle österreichischen Marathonläufe zwischen 1945 und 1968, um stolz im Fernsehen zu verkünden: „Ich hab das Joggen schon damals erfunden!"

Radfahren

Siehe unter **„Verkehrsmittel".**

Rudern

Boote können Sie sowohl an der **Neuen Donau** (oberhalb der Steinspornbrücke) als auch an der **Alten Donau** mieten.

Skifahren

Auch das ist in Wien möglich und soll der Vollständigkeit halber erwähnt werden, da Sie sicher mit Ihren Abfahrtsskiern im Gepäck die Reise nach Wien antreten.

In diesem Fall fahren Sie sofort nach Hadersdorf im Westen von Wien (Linzerstraße, dann Hauptstraße und Mauerbachstraße). Auf der Hohen-Wand-Wiese können Sie bei Kunstschnee sowie Flutlicht ihre Künste zeigen. Selbstverständlich gibt es einen Skilift.

Hier fand am 6. Januar 1986 ein **Weltcup-Rennen** statt (Parallelslalom). Seither zählt Wien mit Oslo zu den einzigen Großstädten, die innerhalb des Gemeindegebietes Weltcup-Rennen veranstalten können.

● **Informationen über die Schneelage** erhalten Sie bei: Hohe-Wand-Wiese, Mauerbachstraße 172, 1140 Wien, Tel. 971157.

Squash

Über die zahlreichen Möglichkeiten in verschiedenen Freizeiteinrichtungen, Sport-Zentren und Gesundheitsfarmen erkundigen Sie sich beim **Wiener Squash Rackets-Verband,** Brodschekhof 5, 1220 Wien, Tel. 2309393.

Wandern

Wien hat einen breiten Grüngürtel, den **Wienerwald.** Insgesamt zehn gutbeschilderte Weitwanderwege stehen Ihnen dort zur Verfügung. Sie sind mit öffentlichen Verkehrsmitteln erreichbar. Entlang der Strecken finden Sie Lagerwiesen, Spiel- und Rastplätze sowie Erfrischungsstände. Sie können diese Wege benutzen, Sie können sie aber auch verlassen und auf eigenen Routen gehen. Sollten Sie sich für die zehn vorgegebenen Routen interessieren, holen Sie sich den Wiener Stadtatlas, Sparte „Freizeit", in der Stadtinformation.

Sportverbände

Für sonstige Informationen sowie Fragen aller Art wenden Sie sich an die beiden Sport-Fachverbände:

● **ASKÖ,** Landesverband Wien, Bacherplatz 14, 1050 Wien, Tel. 8653885.
● **Union,** Landesverband Wien, Dominikanerbastei 6, 1010 Wien, Tel. 5127463 oder 5127891.

Der Unterschied zwischen den beiden Sportverbänden ist ihre jeweilige **Parteizugehörigkeit** (ASKÖ gehört zur SPÖ, Union zur ÖVP). Regel eins für den des Proporzes Unkundigen: In Österreich sind alle Bereiche des öffentlichen und halb-öffentlichen Lebens vom Parteiendualismus durchdrungen. Überall gibt es einen roten (SPÖ) sowie einen schwarzen (ÖVP) Dachverband, so bei den Autofahrern, bei den Wanderern, bei den Männergesangsvereinen und so weiter.

Erholung

Im Prater, da blühen die Bäume

Der Prater ist Wiens traditionsreichstes Erholungs- und Vergnügungsgebiet. Er ist leicht zu erreichen: entweder mit der Schnellbahn oder mit der U1 bis Praterstern.

Ursprünglich war der Prater ein geschlossenes **Donauau-Gebiet,** doch durch die Donau-Regulierung von 1871-1885 ging der ursprüngliche Charakter der Aulandschaft verloren. Nur mehr der südöstliche Teil des Praters erinnert mit mehreren Altarmen und Tümpeln an die ehemalige Donaulandschaft.

Heute ist die Anlage des Praters dreigeteilt: Erstens befindet sich auf seiner Fläche der eigentliche Prater, der Wiener Volksprater oder der **Wurschtelprater,** wie er allgemein bezeichnet wird.

Den zweiten Teil bedeckt das **Messegelände,** dort finden in über 30 Ausstellungshallen verschiedene Messen statt.

Und drittens befinden sich im Prater die großen **Sporthallen** der Stadt, so das Praterstadion, das seit 1993 „Happelstadion" heißt, das „Dusika-Stadion" (Radrennen), die „Kriau" (Trabrennbahn), die „Freudenau" (Galopprennbahn) und der traditionsreichste Golfplatz des Landes.

Wurschtelprater

Von der Station Praterstern kommen Sie durch eine Unterführung bequem zum Wurschtelprater. Der „Wurschtel" hat nichts mit einer Wurst zu tun, sondern war ein aus dem Volke kommender derber Spaßmacher, ein Hanswurst.

Längst bekannt ist natürlich das **Riesenrad.** Es ist 64,75 Meter hoch, 430 Tonnen schwer und dreht sich genau in Nord-Süd-Richtung. Konstruiert wurde es 1897 von *Sir Walter Basset,* der auf der Welt drei Riesenräder aufstellte. Die beiden anderen sind längst zerstört, das in Wien steht als Einziges noch. Dabei war es als Provisorium für die Feiern „50 Jahre *Kaiser Franz Joseph I.*" gedacht und sollte nach der Sommersaison wieder demontiert werden.

Auch die **Entstehungsgeschichte** des Riesenrades ist kurios: Die Nabe und die Speichen wurden in einer Maschinenfabrik in Glasgow gegossen, mit einem Pferdegespann ließ sie *Walter Basset* nach Wien bringen. Infolge der Größe der Speichen war ein Weitertransport durch die engen Straßen Wiens unmöglich, über eine eigene Eisenbahntrasse wurden die einzelnen Bestandteile zum heutigen Standort gebracht und hier montiert. Die einzigen „österreichischen" Bestandteile sind die Wagons. Im zweiten Weltkrieg brannten sie ab und fielen herunter. Nach dem Krieg wurde aus Sicherheitsgründen nur mehr jede zweite Stelle mit den neuen Wagons behängt.

Eine **Fahrt** in einem der Wagerln ist speziell am Abend recht angenehm und ein bisschen kitschig dazu. Sie dauert genau zehn Minuten und kostet etwa 2,50 €. Im Sommer dauert der Betrieb bis 23.00 Uhr.

Gleich neben dem Riesenrad ist das **Planetarium** vor allem auch für Kinder interessant. Auf der Decke des Saales werden die Bewegungen der Himmelskörper in allen möglichen und unmöglichen Geschwindigkeiten simuliert.

Ebenfalls im Planetarium ist das **Pratermuseum.** Hier sehen Sie Originalobjekte des alten Praters – viele der Anlagen wurden im Zweiten Weltkrieg zerstört. Auch die Reste der Wachsfiguren sind ausgestellt. Als nach dem Krieg eine der Wachsfiguren an einem ganz anderen Ort gefunden wurde, gab es eine große Aufregung um die vermeintliche Leiche. Die Polizei rückte aus, die Rettung kam herbei samt dem Arzt, der verwundert konstatierte: Die Leiche ist eine Puppe.

Noch immer gibt es viele **Ringelspiele** (Karussels), **Schießbuden** und vor allem herrliche **Geisterbahnen** – eine Fahrt mit Letzterer konfrontiert Sie mit vielen Horrorgestalten und schließlich mit dem Tod höchstpersönlich.

Doch sind in letzter Zeit viele **Automatenhallen** aufgetaucht, da diese mehr Geld bringen als die witterungsabhängigen und teuer zu betreibenden Ringelspielattraktionen.

Bei einem Spaziergang durch den Wurschtelprater werden Ihnen sicher die **Watschenmänner** auffallen. Das sind Kraftmesserfiguren, eine Watsche ist nichts anderes als eine kräftige Ohrfeige. Die ersten Watschenmänner entsprachen im Aussehen einem Türken, den die Wiener nach den Türkenkriegen nach Lust und Laune abwatschten.

Auch eine Kabarettsendung im Radio hieß lange Zeit „Der Watschenmann".

Da nun der Spaziergang schon lange dauert, werden Ihnen die vielen **Gaststätten** nicht entgangen sein. Die meisten schenken Budweiser Bier aus, die getrunkenen Krügel dienen in Wien als Maß-Angabe für die jeweilige Temperatur. „Heut hats 25 Krügel im Schatten", deutet auf einen angenehm warmen Sommerabend hin.

Am anderen Ende der Hauptallee befindet sich das **Lusthaus.** Es wurde vom Erbauer des Narrenturms (siehe „Peripheres Wien") Isidor Carnevale in der heutigen Form umgebaut und dient als Café-Restaurant.

In gerader Richtung weitergehend, erreichen Sie den **Golfplatz;** hier parken normalerweise die zehn teuersten Rolls-Royce der Stadt.

Unterkunft

Die **Struktur der Wiener Beherbergungsbetriebe** wird von einer Vielzahl von Hotels bestimmt, denen wenige Pensionen und noch weniger Appartements gegenüberstehen. Vor einigen Jahren setzten einige Hotels auf den expandierenden Städtetourismus, doch wurden ihre Erwartungen in vielen Fällen nicht erfüllt.

Wie üblich sind die Hotels in 5 Klassen eingeteilt, diese **Einteilung** wird vom Wiener Tourismusverband vorgenommen. Sie reicht von der „Luxus-

Hotel Imperial

klasse" (5 Sterne) über „Erstklassig" (4 Sterne), „Bürgerlich" (3 Sterne) und „Einfach" (2 Sterne) bis zu „Bescheiden" (1 Stern).

In **Zweisternehotels** kann man Doppelzimmer zwischen 43 und 58 € haben, die Preise sind also relativ erschwinglich.

In **einsternigen Pensionen** kostet ein Doppelzimmer zwischen 23 und 43 €. Die eher persönlich geführten Pensionen haben den Nachteil, dass sie meist weit vom Zentrum entfernt liegen.

Wir haben die Übernachtungsbetriebe **in vier Gruppen eingeteilt:** Zur ersten Gruppe zählen die klassischen (teuren) Hotels, die mit wenigen Ausnahmen rund um die Ringstraße situiert sind. In der zweiten Gruppe wurden Hotels und Pensionen ausgesucht, die bei Zentrumsnähe zwischen 80 und 150 € für das Doppelzimmer verlangen. In der dritten Gruppe sind preiswerte Quartiere unter 100 €, in der vierten Gruppe Jugendherbergen und Sommerhotels aufgelistet. Dazu kommen noch Campingplätze und Mitwohnzentralen.

Die angegebenen Preise beziehen sich bei Hotels und Pensionen auf Zweibettzimmer.

Selbstverständlich beschränken wir uns auf eine kleine und zwangsläufig subjektive Auswahl, die wir als Anregung verstehen. Wer auf ein kostenloses ausführliches **Beherbergungsverzeichnis** Wert legt, wende sich an die Österreich-Werbung oder in Wien an die Tourist-Information (siehe „Information" in diesem Kapitel).

Klassische Hotels

●**Hotel Imperial,** Kärntner Ring 16, 1010 Wien, Tel. 501100; 470–600 €.

Einzig echtes k.u.k. Hotel, vom Kaiser höchstpersönlich 1873 eröffnet. Liegt logischerweise an der Ringstraße. Hat 162 Zimmer mit Gemälden alter Meister, Fresken und edlen Teppichen. Fürstliche, oder besser, kaiserliche Atmosphäre: Kronleuchter, Stiegenaufgänge, Luxus-Suiten mit Stuckdecken. Hier logieren ausländische Politiker, Ölscheichs und Filmdiven. Die billigsten Einzelzimmer kosten rund 407 €.

Im Gegensatz zu anderen Hotelanlagen, die meist in einen Häuserblock integriert sind, ist das Imperial ein Einzelbau, so können ausländische Politiker, die als Sicherheitsrisiko eingestuft werden, besser von der Polizei beschützt werden. Bei einem offiziellen Besuch eines Politikers weht am Dach die Flagge seines Landes.

●**Hotel Sacher**, Philharmonikerstraße 4, 1010 Wien, Tel. 514560; 300–680 €.

Im Marmorsaal werden Staatsbankette und Empfänge abgehalten. Bekannt durch eine Fernsehserie (mit Fritz Eckhart in der Hauptrolle des Portiers im Sacher) und das angebliche Geheimrezept für die Original-Sachertorte.

Das Stück Sacher-Torte, das jeder Gast in seinem Zimmer findet, gehört zum Stil des Hauses. Als auch der „Demel" eine Original-Sachertorte anbot, siegte das Sacher in einem aufsehenerregenden Copy-right-Prozess. Beim Demel – also beim Verlierer – wird die Torte mit heißer Marillenmarmelade bestrichen und mit Schokolade glasiert. Beim Sacher hingegen wird sie in der Mitte auseinander geschnitten, mit Marillenmarmelade bestrichen und glasiert. *Vive la différence!*

Vor einem Jahrhundert beeindruckte die Chefin *Anna Sacher* durch ihre Erscheinung – dicke Zigarren rauchend und stets mit zwei Möpsen unterwegs. Die von ihr nachgestickten Unterschriften prominenter Gäste hängen heute noch auf dem Gang.

Ein Sacher-Chef der letzten Jahre fiel durch seinen Geisteszustand sowie seine Heirat mit einer Beraterin des US-Präsidenten *Reagan* auf. Jetzt haben Sie einen Vorgeschmack auf das, was Sie in Wien erwartet.

●**Hotel Im Palais Schwarzenberg,** Schwarzenbergplatz 9, 1030 Wien, Tel. 7984515; 262–451 €. Ein Barockpalais, das nach den Plänen von *Lukas von Hildebrandt* durch die Schönbrunn-Erbauer *Johann Fischer von Erlach* und seinen Sohn *Josef Emanuel* errichtet wurde. Im „Schwarzenberggarten" können Sie umsonst promenieren; der Ausdruck *gehen* wäre für diese Tätigkeit doch etwas zu banal.

●**Vienna Marriott,** Parkring 12 a, 1010 Wien, Tel. 515180; 174–262 €. Luxushotel mit Schwimmbad und Whirlpool an der Ringstraße. Die Zimmer sind mit Stilmöbeln ausgestattet.

Zentrumsnahe Quartiere (80–150 €)

●**Hotel Nordbahn,** Praterstr. 72, 1020 Wien, Tel. 211300; 87–116 €. Günstige Lage durch U- und S-Bahn-Anschluss.

●**Hotel Roter Hahn,** Landstraßer Hauptstraße 40, 1030 Wien, Tel. 7132568; 96–121 €. Attraktive Wohngegend, in einer sehr belebten Einkaufsstraße, U- und S-Bahn-Anschluss.

●**Hotel Apollo,** Kaunitzgasse 4, 1060 Wien, Tel. 5870159; etwa 70–80 €. Eher modernes 107-Betten-Hotel mit neu eingerichteten

Zimmern; liegt neben einer Parkanlage, fünf Minuten zum Naschmarkt.

● **Carlton Opera,** Schikanedergasse 4, 1060 Wien, Tel. 5875302; 73–131 €. Liegt beim Theater a. d. Wien, in Naschmarktnähe, von hier ist alles zu Fuß gut zu erreichen.

● **Ibis Wien,** Mariahilfer Gürtel 22-24, 1060 Wien, Tel. 59998; 79–84 €. Mega-Hotel neben dem Westbahnhof (U-Bahn-Anschluss), moderne Zimmer, mehrere Bars, neben der gerade renovierten Mariahilfer Straße.

● **Pension Zipser,** Lange Gasse 49, 1080 Wien, Tel. 404540; 72–116 €. Zentrumsnah in ruhiger, bürgerlicher Wohngegend, trotz der Bezeichnung *Pension* mit 90 Betten ausgestattet.

● **Hotel Albatros,** Liechtensteinstraße 89, 1090 Wien, Tel. 3173508; 145 €. Mit Sauna und Solarium; liegt relativ nahe zur Innenstadt.

● **Austria Trend Hotel „Donauzentrum",** Wagramer Straße 83-85, Tel. 2035545; 147 €. Für alle, die moderne Hotelanlagen lieben. Liegt zusammen mit einem Einkaufszentrum an der Endstation der U1; im Sommer kommt man zu Fuß zur Donauinsel.

● **Schloßhotel Wilheminenberg,** Savoyenstraße 2, 1160 Wien, Tel. 48585030; 110–130 €. Liegt auf den Hügeln im Wienerwald, man genießt einen herrlichen Blick auf Wien, hat jedoch eher lange Fahrten ins Zentrum und wieder zurück. Spezieller Tipp für Wienbesucher mit PKW.

● **Pension Strodl,** Pelzgasse 6, 1150 Wien, Tel. 9851226; 80–90 €. Gleich neben dem Westbahnhof, mit U-Bahn-Anschluss.

Preiswerte Quartiere (unter 80 €)

Der Nachteil dieser Unterkünfte ist manchmal die Lage – oft sind sie in den Außenbezirken. Bei einigen Quartieren ist ein Auto durchaus zu empfehlen. Dafür liegen sie im Grüngürtel und bieten dementsprechende Lebensqualität.

● **Rosen Hotel Europahaus Wien,** Linzerstraße 429, 1140 Wien, Tel. 9792536; 40–50 €. Liegt bei der Endstation der Straßenbahn 49, kann also mit der letzten „Bim" auch ohne Auto erreicht werden.

● **Waldandacht,** Wurzbachtalgasse 23, 1140 Wien, Tel. 9791650; etwa 40 €. Nur für Naturbegeisterte, die einen Stadturlaub mit regelmäßigen Spaziergängen im Wald verbinden möchten. Nur mit eigenem PKW zu empfehlen.

● **Strandhotel Alte Donau,** Wagrame Straße 51, 1220 Wien, Tel. 2044094; 49,80–86,60 €. Im Sommer ideal durch Nähe zur Alten Donau, erreichbar mit U1 ab Endstation Kagran.

● **Pension Mozart,** Theobaldgasse 15, 1060 Wien, Tel. 5878505; 66–102 €. Angenehme zentrumsnahe Lage zwischen Naschmarkt und Mariahilferstraße.

● **Pension Wild,** Lange Gasse 10, 4065174; 58–87 €. Angenehme Lage in bürgerlicher Wohngegend, man kommt zu Fuß in die Innenstadt, mit Sauna, Solarium und Fitnessraum.

● **Pension Andreas,** Schlösselgasse 11, 1080 Wien, 4053488; 54–76 €. Ruhige Wohngegend, liegt relativ zentrumsnah.

● **Wildenauer,** Quellenstraße 120, 1100 Wien, Tel. 6042153; 62 €. Gutbürgerliches Restaurant mit Zimmern in der Vorstadtgegend, ideal für jene, die die Strukturen des proletarischen Wien studieren wollen.

Jugendherbergen und günstige Mehrbett-Unterkünfte

In den großen Herbergen herrscht besonders im Sommer ein Massenbetrieb. Telefonische Voranmeldung ist daher unbedingt anzuraten. Ausweis ist notwendig.

● **Jugendgästehaus Hütteldorf-Hacking,** Schloßberggasse 8, 1130 Wien, Tel. 8771501; etwa 10 €, mit Ausweis, schließt um 23.45 Uhr. Durch die Nähe zur Endstation der U4 (Hütteldorf/Hacking) gut zu erreichen. Ist ganzjährig geöffnet, in den Sommermonaten ist die Vorbestellung empfehlenswert. Wienerwaldnähe.

●**Jugendherberge Myrthengasse 7,** 1070 Wien, Tel. 5236316; 10–10,50 €, mit Ausweis, schließt um 1 Uhr. Liegt zentrumsnah, ist daher stets überfüllt: Man sollte unbedingt vorbestellen. Dafür hat man die Möglichkeit, zu Fuß nach Hause zu gehen sowie viele Jugendliche, vor allem aus den Ostländern, kennen zu lernen. Ist von der U-Bahn-Station Lerchenfelder-Straße (U2) bzw. Thaliastraße (U6) mit der Straßenbahn 46 zu erreichen (Aussteigen: Neubaugasse).

●**Jugendgästehaus Brigittenau,** Friedrich Engels-Platz 24, 1200 Wien, Tel. 33282940; 10–10,50 €, 334 Betten rund um die Uhr geöffnet; liegt nicht besonders günstig zur Innenstadt, ist aber im Sommer wegen der Nähe zur Donau interessant. Ist mit den Straßenbahnen 31 und 32 zu erreichen, Haltestelle Engels-Platz.

●**Schloßherberge Wilheminenberg,** Savoyenstraße 2, 1160 Wien, Tel. 4858503700, etwa 13 €, nur mit Jugendherbergsausweis. Hat Vierbettzimmer mit Dusche und WC. Man genießt einen herrlichen Blick auf Wien, hat jedoch eher lange Fahrten ins Zentrum und wieder zurück. Spezieller Tipp für Wienbesucher mit PKW.

●**Wombat's City Hostel,** Grangasse 6, 1150 Wien, Tel. 18972330, 13–18 €. Versucht das Image einer muffigen Jugendherberge abzulegen. Zwei Minuten vom Westbahnhof, mit Fahrrad- und Inlineskatesverleih, hat *Movie nights* sowie Billardtische und Darts.

●**Turmherberge Don Bosco,** Lechnerstraße 12, 1030 Wien, Tel. 7131494, von März bis November geöffnet; die Übernachtung ohne Frühstück kostet 5,80 €, schließt um 23.45 Uhr, zu erreichen mit der U3/Station Kardinal-Nagl-Platz .

●**Hostel Ruthensteiner,** Robert-Hamerling-Gasse 24, 1150 Wien, Tel. 8932796; Übernachtung etwa 15 €, Frühstück 2 €; ganzjährig rund um die Uhr geöffnet.

●**Hostel Zöhrer,** Skodagasse 26, 1080 Wien, Tel. 4060730, um 15 €, interessant wegen der Nähe zum Zentrum (City ist zu Fuß zu erreichen), mit 36 Betten eher klein und dementsprechend oft überfüllt. Nicht sehr kom-

fortabel. Ist mit der U6 bis Alserstraße zu erreichen, dann mit Linie 43 eine Haltestelle Richtung Schottentor.

●**Kolpingfamilie Meidling,** Bendlgasse 10-12, 1120 Wien, Tel. 8135487; unter 15 €, hat 185 Betten, Quartier sollte ebenfalls vorbestellt werden; ist mit der U-Bahn vom Westbahnhof (U6 bis Niederhofstraße) zu erreichen.

●**Pfeilheim** (nur in den Sommermonaten), Pfeilgasse 6, 1080 Wien, Tel. 4083445, ab 15 €, riesiges Studentenheim (244 Betten) in Zentrumsnähe. Zu erreichen von der U-Bahn-Station Lerchenfelderstraße (U4).

●Während des Sommers (vom 1. Juli bis 30. September) werden auch einige andere **Studentenheime** als Hotelbetriebe geführt. Informieren Sie sich bei der Österreichischen Hochschülerschaft, Tel. 3465180.

Campingplätze

Für Besucher, die von Westen kommen, sind besonders zwei Campingplätze anzuraten. Beide bestechen durch ihre angenehme Lage inmitten des Wienerwaldes und sind von der Westautobahn gut zu erreichen. Wer in die Stadt will, kann mit dem Auto oder Bus (152) vom Camping-Platz in ca. 5 Minuten zur U-Bahn-Endstation Hütteldorf-Hacking (U4) fahren und das Zentrum erreichen. Der Stellplatz kostet pro Nacht etwa 4,50 €, pro Person muss ebenfalls mit ca. 4,50 € gerechnet werden.

●**Camping Wien West I,** Hüttelbergstraße 40, 1140 Wien, Tel. 9141449; geöffnet nur Mitte Juli–August.

●**Camping Wien West II,** Hüttelbergstraße 80, 1140 Wien, Tel. 9142314; ganzjährig geöffnet. Im Winter, von April bis Oktober, kann man für ca. 30 € einen Bungalow (4 Betten) mieten.

Mitwohnzentrale

Hier werden Privatwohnungen und Privatzimmer für Kurzaufenthalte (ab 3 Tagen) vermittelt. Für Zimmer werden pro Tag ca. 18,50 €, für Wohnungen (mit Küchenbereich) ca. 45 € verrechnet, dazu kommt eine Vermittlungsgebühr, die sich nach der Aufenthaltsdauer richtet. Gebeten wird um eine Anmeldung etwa vier Wochen im Voraus.

● Laudongasse 7, 1080 Wien, Tel. 4026061.

Obdachlosigkeit

Sollten Sie aus irgendwelchen Gründen ohne Quartier dastehen oder bar jeden Euros eine halbe Stunde vor dem Verhungern sein, dann wenden Sie sich an eine der beiden **Bahnhofsseelsorgen:**

● Am Westbahnhof ist sie in der Felberstr.1/ Stiege 7, Tel. 8923389.
● Am Südbahnhof in der Ankunftshalle, Tel. 5046413.

℘Verhaltenshinweise

Näheres zum Piefke

Als Deutscher, speziell als typischer Norddeutscher, erfreut man sich in Wien nicht unbedingt größter Beliebtheit. Für den lautstark auftretenden, zackigen und rechthaberischen Deutschen hat der Wiener ein Schimpfwort bereit: „Das ist ein Piefke." Auch negativ ist der Piefke zu definieren: Er versteht keinen Schmäh, kennt keine Zwischentöne und weiß nicht, wie man lebt.

Das Verhältnis des Wieners zum Piefke wird natürlich auch durch die Aversion gegen den übermächtigen Wirtschaftspartner „von da oben" bestimmt, dem gegenüber man gewisse Grenzen wahren muss, sowie von der Abneigung gegen alles Preußisch-Militärische.

In Ihrem eigenen Interesse sollten Sie auch nach fünf Minuten nervigen Wartens nicht gleich losbrüllen: „Menschmann, wo bleibt denn hier die Bedienung!" Die Geringschätzung durch die anderen Gäste sowie die totale Missachtung durch den Kellner wären Ihnen sicher.

Die Witze über das Verhältnis des typischen Wieners zum typischen Piefke sind Legion. So sagt der Piefke: „Die Lage ist ernst, aber nicht hoffnungslos". Der Wiener hingegen sagt: „Die Lage ist hoffnungslos, aber nicht ernst".

Der Piefke sagt: „Uns kann keener". Der Wiener sagt: „Uns können alle (den Buckel hinunterrutschen)".

P. S.: Schweizer und Süddeutsche mögen sich nur teilweise angesprochen fühlen, doch auch sie sollten bedenken: Wiener sind anders.

Zehn Gebote für den Piefke
1. Lies „Die Entdeckung der Langsamkeit" von *Sten Nadolny* und verhalte dich danach.
2. Singe beim Heurigen nicht „Warum ist es am Rhein so schön". Der Kellner würde sonst kontern mit „Ach wärst

du doch in Düsseldorf geblieben, deutscher Bruder, du vertragst kan Wiener Wein!"

3. Betone niemals *Kaffee* auf *-a*. Die Folge dieser linguistischen Entgleisung kann nur heißen: Lokalverbot.

4. Sprich fremde Wienerinnen oder Wiener stets mit „Frau Doktor", „Herr Professor" oder „Frau und Herr Hofrat" an. Bei Reisen ins ländliche Umfeld Wiens solltest du wissen: Jeder zweite Bauer ist heutzutage ein *Ökonomierat*. (Die Verleihung dieses Titels hat nichts mit dem Studium der Wirtschaftswissenschaften, sondern vielmehr mit der Mitgliedschaft beim Bauernbund zu tun).

5. Sag zu Damen: „Küss die Hand". Küsse dabei aber nie die Hand, das verrät nur den kulturlosen Barbaren! Geküsst wird auch in Wien etwas anderes. In diesen Fällen wird vorher sprachlich nicht auf das Kommende hingewiesen, etwa durch: „Küss das Goscherl".

6. Spiele dich nicht als reicher Onkel aus Amerika auf. Solltest du deinem Wiener Freund eine Flasche Bier aus deiner Heimat mitbringen, leite die Übergabe auf keinen Fall mit den Worten ein: „Damit auch ihr mal was Gutes zu trinken habt!"

7. Solltest du mit Behörden in Kontakt kommen, so versuche keinesfalls, etwas Missverständliches wie „Logik" oder „Kausalschluss" ins Treffen zu führen. Gegen das „Vurschrift ist Vurschrift" ist auch hier zu Lande kein Kraut gewachsen.

8. Lass dich bei Debatten um die Vergangenheit nicht auf einen gewissen *Adolf Hitler* ein. Der gilt in Wien als typischer Deutscher, als Piefke eben.

9. Beziehe bei Projekten, die du mit Wienern durchführst, die Wiener Flexibilitätsspanne mit ein. Diese setzt sich aus halbstündigen Verspätungen, mehreren Kaffeetrinkpausen sowie unvermuteten Faulheitsanfällen zusammen. Solltest du in diesen Fällen auf die Fortsetzung des Projektes drängen, bist du ein typischer „Gschaftlhuber".

10. Bei einer anhaltenden Beschimpfung mit Piefke reagiere wie folgt: „Erstens hat jener *Johann Gottfried Piefke*, nach dem Sie mich zu bezeichnen pflegen, seinen berühmten Düppeler-Schanzen-Sturmmarsch zu Ehren des preußischen und des österreichischen Sieges über die Dänen 1864 komponiert, nicht wahr. Und zweitens stammt das strammste Werk der Musikgeschichte, die Militärsymphonie, von einem gewissen *Joseph Haydn,* und der ist doch allemal ein Österreicher".

Verkehrsmittel

Auto

Wien im eigenen Auto zu erkunden, ist einem Ortsfremden **nicht zu empfehlen,** öffentlicher Verkehr und die eigenen Beine sind eine durchaus brauchbare Alternative.

Eine Fahrt innerhalb der **Ringstraße** (von den Wienern als Ring bezeichnet) sollten Sie absolut vermeiden. Falls Sie es doch einmal riskieren, werden Sie sobald nicht wieder herausfin-

den. Parken innerhalb des Ringes ist zudem prinzipiell gebührenpflichtig.

Auch Fahrten in den **inneren Bezirken** sollten Sie nur bei Schwertransporten vornehmen.

Auch eine Lösung des Parkproblems

Derzeit gibt es in Wien 152 **Tempo-30-Zonen,** die größte ist die gesamte Innenstadt. Der neue Verkehrsstadtrat Svihalek hat jedoch viele Maßnahmen seines Vorgängers Swoboda rückgängig gemacht.

Von diesen Zonen abgesehen, gilt im gesamten Stadtgebiet die Höchstgeschwindigkeit **50 km/h.**

Beachten Sie die auf einigen Ausfallstraßen vorhandenen **Busspuren.** Sie sind zwar meistens leer, aber zu einem

Bus fehlt Ihrer Karosse dann doch noch einiges.

In den inneren Bezirken gibt es viele **Kurzparkzonen.** Diese sind mit einer Hinweistafel und blauen Bodenmarkierungen gekennzeichnet. Die dafür erforderlichen Parkscheine kann man in jeder Tabak-Trafik kaufen.

Selbstverständlich können Sie ihren vierrädrigen Liebling in einem der zahlreichen **Parkhäuser** abstellen. Die Parkgebühr beträgt pro Stunde meist 2,50 €, der Tagespreis liegt bei 30 €. Geöffnet sind sie rund um die Uhr:

- **Am Hof,** Am Hof, 1010 Wien, Tel. 5335571.
- **Franz-Josefs-Kai,** Morzinplatz 1, 1010 Wien, Tel. 5331521.
- **Freyung,** Herrengasse, 1010 Wien, Tel. 5350450.
- **Kärntner Straße,** Kärntnerstraße/Oper, 1010 Wien, Tel. 5871797.
- **Vienna Marriott,** Coburg Bastei 5, 1010 Wien, Tel. 711943068.

Ansonsten gelten die üblichen **internationalen Verkehrsregeln** (siehe auch unter „Hin- und Rückreise/Auto").

Mietwagen

Natürlich können Sie bei verschiedenen Firmen Autos mieten. Der Fahrer muss bereits ein Jahr einen Führerschein besitzen, sein Mindestalter beträgt je nach Wagentyp zwischen 19 und 25 Jahren.

- **Autoverleih Flott,** Mollardgasse 44, 1060 Wien, Tel. 5973402.
- **Mazur Mietautos,** Hasengasse 18, 1100 Wien, Tel. 6042233.
- **Avis Autovermietung,** Opernring 1 (in der Passage), 1010 Wien, Tel. 5873595.

Öffentlicher Verkehr oder die „Wiener Linien"

Die Linien verkehren im Allgemeinen zwischen 5.15 und etwa 23.00 Uhr. Die Hauptlinien, also U-Bahnen, Gürtellinien etc., haben gegen 0.30 Uhr Betriebsschluss.

Es gibt zwar **Nachtautobusse,** die mit „N" und einer Ziffernfolge be-

024wi Foto: ml

Karte im Umschlag vorn

zeichnet werden. Wegen ihrer ungünstigen Route und der Nicht-Gültigkeit der Netzkarten werden sie aber selten benutzt.

Fahrkarten erhält man an den Verkaufsstätten der Wiener Verkehrsbetriebe, in den größeren Bahnhöfen und in allen Tabak-Trafiken.

Sehr zu empfehlen ist die **Vienna Card** (Wien-Karte). Sie kostet 15,25 €, ist drei Tage gültig und erlaubt freie Fahrt auf allen „Wiener Linien". In viele Museen erhält man mit ihr Preisnachlässe – bitte an der Kasse vorweisen.

Nach weiteren **Ermäßigungen** fragen Sie beim Kauf entweder an den

Reisetipps A–Z

Kaiserliche Stadtbahnstation im Jugendstil von Architekt Otto Wagner

Infostellen der „Wiener Linien", in den großen Bahnhöfen oder in den großen Hotels.

Ein **Einzelfahrschein** kostet 1,60 €, man erhält ihn in dem oft kaputten Automaten hinter dem Fahrer. Billiger sind die **Vorverkaufsscheine,** sie kosten pro Stück 1,30 €; 10 Stück erhält man also für 13 €.

Wer **länger als 3 Tage** bleibt, kauft eben ein zweites Mal die Vienna Card oder die 8-Tageskarte mit dem schönen Namen **Umweltstreifenkarte** für 21,80 €.

Hier zeigt sich die Vorliebe der Behörden für ausgereifte Formulierungen. Handelt es sich dabei um eine Netzkarte, die aus Umweltstreifen besteht? Wenn ja, warum besteht die Umwelt aus Streifen? Oder gibt es in Wien ein Streifennetz, das ich mit einer Umweltkarte befahren kann? Vielleicht ist aber auch die Umwelt vernetzt, und die Karte besteht aus Streifen? Ersuchen Sie die Wiener Verkehrsbetriebe um eine korrekte Antwort.

Kinder bis zum 15. Lebensjahr können im Sommer (Juli, August) gratis mit den Wiener Linien fahren. Ein Schülerausweis ist aber als Nachweis erforderlich!

Das **Netz des Öffentlichen Verkehrs** (ÖV) ist in Wien noch immer recht **dicht.** Im 19. Jahrhundert galt es als das dichteste in Mitteleuropa. In den Fünfziger- und Sechzigerjahren opferte man wertvolle Linien dem Autoverkehr. Seit einigen Jahren ist aber, wie in anderen Großstädten Europas, ein Revival des ÖV zu konstatieren.

U-Bahn

Es gibt **fünf U-Bahnlinien,** von U1 bis U6, die U5 fehlt (siehe Liniennetzplan im Umschlag vorne).

Die Stationen der Pariser Metro heißen *Austerlitz, Solferino* oder auch *Birakeim,* und wenn sie nicht nach siegreichen Schlachten eines der beiden *Napoleons* benannt sind, dann heißen sie zumindest *Charles des Gaulle-Etoile* oder *Champs-Elysées-Clemenceau.*

Mit der Londoner Underground erreichen Sie etwa *Waterloo, Trafalgar-Square,* also Triumphstätten der Engländer über *Napoleon.*

Mit der Wiener U-Bahn fahren Sie nach *Ober St. Veit,* nach *Unter St. Veit* und zur *Rossauer Lände.* Und nicht einmal halbwegs ambitionierte Wiener werden wissen, dass die Rossauer Lände dereinst tatsächlich eine Pferdetränke war, genauso wie der *Heilige Veit* selbst den allerfrömmsten Christenmenschen nur ein hilfloses Achselzucken entringen kann.

Warum diese Flucht in die Bedeutungslosigkeit? Weil die Österreicher

---

Infostellen der Wiener Linien

Karlsplatz U
Stephansplatz U
Westbahnhof U
Praterstern U
Landstraße U
Volkstheater U
Philadelphiabrücke U

● **Geöffnet:** Mo–Fr, 6.30–18.30 Uhr
● **Info-Tel.:** 7909105

schon seit geraumer Zeit keinen Krieg mehr gewonnen haben und niemand am *Königgrätzplatz* (Niederlage gegen Preußen) oder auf der *Solferino-Lände* (Niederlage gegen Piemont) aussteigen will? Das Eingeständnis der fehlenden Größe? Der Hang zur Selbsterniedrigung? Oder schlicht und einfach Gleichgültigkeit?

Alser Straße, Schottentor, Schottenring. Die **Namen der Stationen** beziehen sich auf historische Verkehrsflächen, die nach den von ihnen durchquerten historischen Siedlungen benannt sind, oder sie beziehen sich auf historische Bauten, die es längst nicht mehr gibt (Stubentor, Schottentor). Nur mühsam wurde bei der Station Schottentor der Zusatz *Universität* und bei der Station Kaisermühlen der Zusatz *Vienna International Centre* akzeptiert: Wahrscheinlich ist es unverschämt und indiskret, auf etwas hinzuweisen, das es tatsächlich gibt. Die Wiener halten sich aber nicht an diese Indiskretion, da sich das *Schottentor* bei ihnen sowieso nicht durchgesetzt hat: Sie steigen nach wie vor im *Jonas-Reindl* (*Reindl* = Schüssel) aus und gedenken so des Bürgermeisters *Franz Jonas,* in dessen Amtszeit der Bau der schüsselförmigen U-Bahn-Station fällt.

U-Bahn vor der Uno-City

Andere Bezeichnungen, wie etwa *Wien Mitte* oder das frühere *Zentrum Kagran,* sind falsch und noch dazu irreführend. Es ist kein Wagnis, zu prophezeien, dass sich auch *Wien Mitte* nie und nimmer durchsetzen wird: Die Wiener steigen lieber an der *Landstraße* aus und überlassen *Wien Mitte* den Touristen, die dort verzweifelt den Stephansdom suchen.

Zur **Geschichte** der U-Bahn: Schon in der Kaiserzeit existieren genaue Pläne für den U-Bahn-Bau: So 1883 von der Firma Siemens & Halske. Jedoch erst 1966, also 83 Jahre nach den ersten Planungen, gibt es einen Grundsatzbeschluss des Gemeinderates für den Bau einer U-Bahn. Im dicht verbauten Gebiet sind die Arbeiten äußerst langwierig und dazu finanziell sehr aufwändig. Am 25.2.1979 ist es dann so weit: Das erste Teilstück der U-Bahn (zwischen Karlsplatz und Reumannplatz) wird eröffnet, die Wiener Gardebataillons spielen bei der Eröffnung „O du mein Österreich".

Seit Schulbeginn 1982 ist das Grundnetz mit einer Gesamtlänge von 27 km (bestehend aus U1, U2 und U4) fertig gestellt. 1989 folgt die Umstellung der ehemaligen Stadtbahn-Linie auf dem Gürtel auf U-Bahn-Betrieb. Sie heißt U6, fährt aber größtenteils über der Erde.

Die Schnellbahnen

Sie sind gekennzeichnet mit S sowie einer Ziffernfolge zwischen 1 und 80: Die blau-weißen Bahnen fahren auf Strecken der Bundesbahn (siehe Liniennetzplan im Umschlag vorne).

Die Busse

Zusätzlich zu den normalen Buslinien gibt es drei innerhalb des Rings, die mit 1A, 2A und 3A bezeichnet werden. Sie fahren jedoch nur, solange die Geschäfte geöffnet haben.

Die Straßenbahnen

Sie werden von den Einheimischen stets als *Bim* bezeichnet.

In den **Außenbezirken** können Sie sich am Wochenende oder in den Abendstunden auf eine lange Wartezeit gefasst machen. Noch dazu hat es sich noch nicht zu allen Fahrern durchgesprochen, dass sie auch auf eventuelle Umsteiger eines Anschlusszuges warten könnten. In einigen Außenbezirken sind die Zeitabstände zwischen den Bahnen so groß, dass man bei einer Streckenlänge von bis zu etwa drei Stationen getrost zu Fuß gehen kann.

Die **letzte Bim** fährt mit einem blauen Balken über dem Routenschild, deshalb wird sie als *Blaue* bezeichnet.

Für spezielle Bim-Fanatiker gibt es ein **Straßenbahnmuseum:** Es befindet sich in der Erdbergerstraße 109, 1030 Wien, und hat vom 8. Mai bis zum 3. Oktober an Samstagen, Sonn- und Feiertagen geöffnet.

Für noch speziellere Bim-Fanatiker fährt die **Oldtimer-Tram.** Informationen über ihre Abfahrtszeit erhalten Sie bei den Informationsstellen der Verkehrsbetriebe.

Zur **Nummerierung** der Wiener Straßenbahnlinien: C5, Z8, S18, chemische Formeln oder das Codesystem des Hütteldorfer Nachrichtendienstes? Weit gefehlt: Das waren Bezeichnun-

gen für Wiener Straßenbahnlinien. 1907 wurde folgendes neues System eingeführt:

Die Zahlen 1 bis 20 bezeichnen Rundlinien (heute etwa die Linien 1 und 5), die Zahlen von 21 bis 80 bezeichnen die radialen Ausfallslinien, Buchstaben bezeichnen Transversal- oder Durchmesserlinien (heute etwa die Linien D und O, bitte „O" und nicht „Null"). Buchstaben und Ziffern – siehe die obigen Beispiele – sind demnach die Verbindungen von Buchstabenlinien und Ziffernlinien.

Heute gibt es – zur Erleichterung der Besucher – nur noch Zahlen und die vier Buchstaben D, J, N und O.

In Wien sagt man übrigens **„der Einser"** und **„der Je",** ganz im Gegensatz zum bundesdeutschen „Die Eins" oder „Die Jot". Wobei der Unterschied zwischen einem legeren „Jeeh" und einem flotten „Jott" für die Wiener auch eine Frage der Lebenseinstellung ist.

Taxis

Am schnellsten erreichen Sie ein Taxi bei telefonischer Bestellung. In Lokalen ist es üblich, das Personal um eine Taxibestellung zu ersuchen.

Die wichtigsten Telefonnummern von Taxidiensten sind 31300, 40100,

60160 und 9101. Im Stadtgebiet gilt der Taxameterstand; für Nachtfahrten und Gepäcktransport werden zusätzliche Gebühren erhoben.

Fiaker

Die „Zeugln" (Fuhrwerke) sowie die Kutscher sind ein beliebtes Fotoobjekt bei Touristen. Manche wollen mit dem Fiaker auch eine Runde drehen. Sie können zwischen zwei Runden wählen: entweder eine kurze durch die Altstadt (rund 22 €, dauert 20 Minuten) oder eine lange durch die Altstadt (rund 37 €, dauert 30 Minuten). Ein Fiaker bietet vier bis fünf Personen Platz.

Standorte sind der Stephansplatz sowie der Heldenplatz.

Fahrrad

Das **Radwegenetz** betrug 2001 bereits über 500 km, nachdem in den Siebzigerjahren Radler fast gänzlich aus dem Stadtbild verschwunden waren.

Am **Ring** befindet sich ein Rundweg, der äußerst unfallträchtig ist (pro Jahr gibt es über 500 schwere Unfälle), da hier Fußgänger und Radfahrer miteinander kollidieren. Mehrere Radwege

Fiaker

führen radial ins Zentrum, also bis auf den Ring.

In der U-Bahn dürfen Sie Fahrräder zu bestimmten Zeiten transportieren (nicht aber in der U6): zwischen Mai und September Montag bis Freitag zwischen 9.00 und 15.00 Uhr sowie ab 18.30 Uhr, ebenso Samstag ab

9.00 Uhr sowie sonn- und feiertags ganztägig. Faustregel: Verboten ist der Radtransport zu den durch den Berufsverkehr bedingten Spitzenzeiten.

In den übrigen Monaten dürfen Sie am Samstag ab 14.00 Uhr und an Sonn- und Feiertagen ganztägig das Fahrrad mitnehmen.

Die längsten Radwege befinden sich jedoch im typischen „Freizeitbereich", wie auf der Donauinsel oder in der Lobau. Wien liegt zudem am großen **Donauradweg** von Passau nach Pressburg.

Bei einer der zahlreichen **Fahrradverleihstellen** im Donauraum können

Der ehemalige Bürgermeister Zilk lud zum Radeln ein

Sie stundenweise ein Rad mieten (ab 3,70 € pro Stunde):

- **Salztorbrücke,** 1010 Wien.
- **Praterstern,** neben Radweg, 1020 Wien.
- **Marias Box,** Schwarzenbergallee, Marswiese, 1170 Wien.
- **Nordbahnbrücke,** beim Islamischen Zentrum, 1210 Wien.
- **Floridsdorfer Brücke,** auf der Donauinsel, 1210 Wien.
- **Ostbahnbrücke,** S-Bahn-Station Lobau, 1220 Wien.
- **Schuh-Ski-Radverleih,** Donauinsel/Reichsbrücke, 1220 Wien.
- **Radverleih Skinautika 2000,** Kaisermühlendamm, beim Wasserskilift, 1220 Wien.

Leider hat sich das Angebot der **Österreichischen Bundesbahnen** für Radreisende in der letzten Zeit katastrophal verschlechtert. Sollten Sie ein Rad mit der Bahn befördern wollen, so müssen Sie dafür eine Tagesradkarte kaufen, die regional 2,91 €, bei Intercity-Zügen hingegen 7,27 € kostet.

Die **Interessenvertretung der Radler** (ARGUS, Frankenberggasse 11, 1040 Wien, Tel. 658435, hier erhalten Sie spezielle Stadtpläne für Radfahrer) hat eine bundesweite Umfrage unter Intensivnutzern durchgeführt. Ergebnis: Wien ist die „fahrradunfreundlichste Stadt" Österreichs. Testgewinner der Umfrage war übrigens Graz. Dort gibt es eine prinzipielle Tempo-30-Verordnung.

Die Gegenwart wird geprägt von Debatten um die Notwendigkeit von eigenen Radspuren; bei einer prinzipiellen Geschwindigkeitsbeschränkung auf 30 km/h könnten sich Radler und Autos die Straße teilen.

Schiff

Nach der Einstellung der traditionellen DDSG (Donaudampfschifffahrtsgesellschaft) blieb nur mehr ein von privaten Firmen betriebenes Rumpfprogramm übrig, das sich vor allem auf den **Raum Wien** und auf die **Wachau** (von Melk bis Krems) konzentriert. Informieren Sie sich über aktuelle Angebote bei „Blue Danube", Friedrichstraße 7, 1010 Wien, Tel. 588800 oder bei „Donauschifffahrt Pyringer-Zopper", Marxerstr. 19, 1030 Wien, Tel. 715152520. Die gängigsten Routen sind:

●**Klassische Route,** Schwedenplatz (Donaukanal) – Donau (Reichsbrücke) – Schwedenplatz, Dauer: 3 Stunden 20 Minuten, Kosten: 13,08 €.

●**Hundertwasserroute,** Schwedenplatz – KunstHausWien – Schwedenplatz, Dauer: 2 Stunden 30 Minuten, Kosten: 19,62 € (mit Eintritt in das von Hundertwasser gestaltete Museum seiner selbst).

●**Wachauroute,** Reichsbrücke – Dürnstein – Reichsbrücke, Abfahrt: 8.30 Uhr, Ankunft: 20.45 Uhr, nur an Sonntagen im Sommer, Kosten: 19,62 €

●**Schnellbootroute,** Reichsbrücke – Pressburg und Reichsbrücke – Budapest mit dem Tragflügelboot.

Budapest, Dauer: 5 Stunden 30 Minuten, Kosten für einfache Fahrt: 60,62 €, Rückfahrt: entweder mit dem Zug oder mit dem Schiff.

Pressburg, Dauer 1 Stunde 30 Minuten, Kosten für Hin- und Rückfahrt: 26,89 €, mit Stadtführung: 43,24 €.

Versicherung

Deutsche und Schweizer genießen in Wien die Leistungen ihrer Sozialversicherung, wenn Sie einen **Auslandskrankenschein** ihrer zuständigen Krankenkasse besitzen. Im Krankheitsfall wird dieser Berechtigungsschein gegen einen österreichischen Krankenschein umgetauscht. Die zuständige Stelle:

●**Wiener Gebietskrankenkasse** (Abteilung fremde Kassen), Wienerbergstraße 15–19, 1120 Wien.

Die Stadt und ihre Bewohner

101wi Foto: ml

102wi Foto: bb

Auf dem Naschmarkt

Edle Geschäfte, edle Menschen

Fiaker-Fahrer

Geschichte

Von den Anfängen bis zur Ostmark

Der **Name Wiens** leitet sich nicht, wie vielfach angenommen, vom lateinischen *Vindobona* ab, sondern vom keltischen *Vedunia* (=„Waldbach"). Dieser keltische Name wurde später slawisiert, die Tschechen sagen heute noch *Viden*. Von den Baiern wurde der slawische Name im frühen Mittelalter eingedeutscht und wandelte sich über *Wenia* zum mittelhochdeutschen *Wienne*.

In **römischer Zeit** befand sich hier das Militärlager Vindobona samt einer kleinen Zivilstadt. Das Lager wurde im ersten nachchristlichen Jahrhundert errichtet und erstreckte sich innerhalb des Gebietes Tiefer Graben, Naglergasse, Graben, Kramergasse, Salzgries. Stationiert war hier die X. Legion. Bei Bauarbeiten im Umkreis werden immer wieder römische Fundamente entdeckt, so neulich auf dem Michaelerplatz vor der Hofburg. Die Funde wurden von Architekt *Hans Hollein* zu einem „Freilichtmuseum" gestaltet.

Nach dem Einfall der Markomannen und Quaden zogen sich die Römer 395 n. Chr. aus der Stadt zurück, **nach 400** wurde Vindobona von den Westgoten zerstört. Über die folgenden 200 Jahre streiten die Historiker. Die einen meinen, die Gegend zwischen Wienfluss und Donau sei völlig unbesiedelt gewesen, die anderen hingegen behaupten eine kontinuierliche Siedlungstätigkeit durch germanische Stämme.

Gesichert ist die Landnahme durch die **Bajuwaren** nach 700, die von Melk aus Richtung Osten gezogen waren. Ebenfalls gesichert sind die wilden Attacken der Magyaren (Ungarn) und der Awaren. Zum Schutze gegen diese „Barbarei" gründete *Tassilo II.* 799 die **Pannonische Mark** mit Tulln als Grafensitz. 881 drangen jedoch die **Magyaren** tatsächlich bis weit über Wien vor, das sie fast bis zur Jahrtausendwende beherrschten. Der damalige Name *Bécs* (=„Stadt am Steilrand") ist heute noch die ungarische Bezeichnung für Wien.

Von der Ostmark bis zu den Habsburgern

Im Jahr 955 besiegte *Kaiser Otto I.* die Magyaren in der berühmten Schlacht auf dem Lechfeld und stellte kurz darauf die **Ostmark** wieder her. 976 wurden die Babenberger zu Markgrafen der Ostmark erhoben. *Markgraf Leopold II.* verlegte 1106 die Residenz von Tulln auf den Wiener Leopoldsberg, ein paar Jahre später zog *Heinrich II.* „Jasomirgott" nach Wien, wo er „am Hof" seine erste Pfalz errichtete. Auf dem Reichstag zu Regensburg wurde die Ostmark 1156 durch das *Privilegium Minus* zum Herzogtum erhoben.

Die nächsten Jahrzehnte waren durch einen wirtschaftlichen Aufschwung gekennzeichnet: In den ersten drei **Kreuzzügen** war Wien Sammelpunkt und Rüstungszentrum der Kreuzheere; die Handelswege führten einerseits nach Böhmen und nach Flandern (Tücher, Salz), andererseits nach Venedig und von dort in den Orient.

Selbstbewusst gelang es der Stadt, während eines Konfliktes zwischen dem Babenberger *Herzog Friedrich II.* und dem deutschen Kaiser die Babenberger abzuschütteln, und Wien wurde damit 1237 zur reichsunmittelbaren **Freien Reichsstadt.** Dieser Status wurde auch während des Interregnums und des segensreichen Wirkens des *Böhmenkönigs Ottokar II.* beibehalten. *Rudolf von Habsburg* besiegte den Böhmenkönig 1278 in der Schlacht auf dem Marchfeld und belehnte seine Söhne mit Österreich und der Steiermark. Damit begann die bis 1918 dauernde Herrschaft der Habsburger.

Pest und Türkeneinfälle

1358 lässt *Rudolf IV.* das **Privilegium Majus** fälschen, in dem große Vorrechte des Hauses Habsburg seit ältester Zeit, ja seit Christi Geburt, beurkundet sind. Darauf gestützt beansprucht *Rudolf* den Titel Erzherzog und beabsichtigt, Wien als Konkurrenz zum prächtigen Prag *Kaiser Karls IV.* zu etablieren. *Rudolfs* Zeitgenosse *Petrarca* enthüllt dieses Dokument dann als plumpe Fälschung. Trotzdem erreicht *Rudolf* sein Ziel, und seit damals ist Habsburgs Macht und Herrlichkeit auf Lug und Trug gegründet.

1438 wird der österreichische *Herzog Albrecht V.* deutscher König, Wien

bleibt bis 1806 **Residenzstadt** des Heiligen Römischen Reiches Deutscher Nation. Doch die folgenden Habsburger haben ein gestörtes Verhältnis zur Stadt: Von ihnen gehen kaum Impulse aus; im Gegenteil wird sogar 1526 die städtische Verwaltung durch *Ferdinand I.* abgesetzt und durch den landesfürstlichen Absolutismus abgelöst.

Zudem wird Wien 1529 zum ersten Mal von den **Türken** belagert, erst der einsetzende Winter vertreibt die Türken.

Unter der damaligen Freiheit der **Religion** bekennen sich sieben Achtel der Wiener Bevölkerung zu Luther, nur mehr ein Achtel ist katholisch. Ab

Kara Mustafa

1576 regiert *Kaiser Rudolf II.* mit eiserner Faust: Mit Gewalt und Pomp wird Wien rekatholisiert, standhafte Protestanten müssen auswandern, bis 1650 ist Wien wieder „umgedreht".

Im 17. Jahrhundert wird Wien von verschiedenen Seiten bedrängt. Während des **Dreißigjährigen Krieges** (1618–1648) scheitern erst die böhmischen Protestanten und später die Schweden an den Mauern Wiens. Durch den 1648 geschlossenen Westfälischen Frieden entwickeln sich die habsburgischen Erblande vom Ständestaat zum absolutistischen Staat. Adel, Hofbeamte und die hohe Geistlichkeit drängen das ökonomisch geschwächte und politisch entmachtete Bürgertum in den Hintergrund.

1679 sterben innerhalb weniger Monate etwa 75.000 Wiener an der **Pest.** Damals soll der legendäre Volkssänger *Augustin* betrunken in eine Pestgrube gefallen sein. Am nächsten Morgen kroch er quietschlebendig und verkatert wieder heraus. Seither weiß man in Wien, wie man Krisenzeiten bewältigt.

1683 bewährt sich Wien zum zweiten Mal als „Bollwerk der Christenheit". Das türkische Heer unter dem *Großwesir Kara Mustafa* lässt sich vom französischen König zu einer **Belagerung Wiens** überreden, obwohl es nur für eine offene Schlacht und nicht für

eine langwierige Belagerung ausgerüstet ist. Vom 14. Juli bis zum 12. September halten die Belagerten dem etwa 100.000 Mann zählenden Heer der Türken stand, die praktisch alle Vorstädte und Vororte niederbrennen. Die Mineure der Türken schaffen es, Teile der Mauern zu sprengen, die Stimmung in der belagerten Stadt ist angespannt. Durch interne Streitereien zwischen den Feldherren versäumen es die Türken jedoch, für Rückendeckung zu sorgen. So kann sich das „Entsatzheer" unter dem *Polenkönig Johann Sobieski* unbemerkt auf dem Kahlenberg versammeln. Die ca. 80.000 Mann starke Streitmacht überrascht die Türken, die Hals über Kopf gen Osten fliehen. Für diese Niederlage erhält der Feldherr *Kara Mustafa* von seinem Sultan die „seidene Schnur", um standesgemäß Selbstmord zu begehen.

Am nächsten Tag zieht das schon anlässlich der ersten Kunde von den sich nähernden Türken geflüchtete Kaiserpaar mit dem gesamten Hofstaat in Wien ein, um sich huldvoll von den Wienern feiern zu lassen. Der Polenkönig *Johann Sobieski* verlässt hingegen frustriert die Stadt, da man seine Leute nicht einmal mit Speis und Trank versorgt — so weit zum sprichwörtlichen Dank des Hauses Habsburg.

Durch *Prinz Eugen* werden die Türken weit auf den Balkan zurückgetrieben, in einer Reihe von Kriegen werden Ungarn und Siebenbürgen erobert. Zudem fallen auf Grund von Erbfolgeverträgen nach der Schlacht

Stadt und Bewohner

Prinz-Eugen-Denkmal vor der Nationalbibliothek

von Mohacs 1687 die Kronen von Böhmen und Ungarn an die Habsburger. Wien ist damit von einer abseits gelegenen Grenzstadt zur **Hauptstadt einer Großmacht** geworden.

Maria Theresia und Joseph II.

Das folgende **barocke Jahrhundert** ist geprägt von der Hochstimmung und der Lebensfreude nach dem Triumph über die Türken. Getragen wird diese Hurra-Stimmung vom Hof, vom Adel und der Geistlichkeit. Der Hochadel lässt in den von den Türken niedergebrannten Vororten prächtige Barockpalais errichten – eines der schönsten ist das Palais des *Prinzen Eugen*, das von *Lukas von Hildebrandt* als *Belvedere* („schöne Aussicht") erbaut wird. Da darf die Kaiserfamilie nicht zurückstehen: Vom Palaisspezialisten *Fischer von Erlach* lässt sie die dem Vorbild Versailles nachempfundene Sommerresidenz in Schönbrunn errichten. Im Jahr 1740 zählt man in Wien insgesamt 400 adlige Lustschlösser und Gartenpalais.

Unter *Maria Theresia* (1740–1780) und ihrem *Sohn Joseph II.* (1765–1790) erfolgen wichtige Veränderungen im sozialen, wirtschaftlichen und politischen Leben Österreichs. Ganz im Sinne des **aufgeklärten Absolutismus** stehen zwei Grundwerte im Mittelpunkt ihrer Handlungen: die Überzeugung von der Wichtigkeit des Staates und der Staatsdienste auf der einen Seite sowie die Betonung von individuellen Menschenrechten auf der anderen Seite.

Das Reformwerk *Josephs II.* ist so gewaltig, dass man von einer „Revolution von oben" sprechen kann. Auf jeden Fall bewahrt er Wien vor einer „Revolution von unten" wie in Paris. Nach seinem Tod werden allerdings viele seiner Reformen, die zudem vom Volk kaum geschätzt werden, wieder rückgängig gemacht.

Die wichtigsten Reformen Josephs II.

● Aufhebung der „beschaulichen" Klöster; der Papst fährt sofort nach Wien, um den Kaiser zur Rücknahme der Aufhebung zu bewegen. Er bleibt zwar damit erfolglos, wird aber wegen seiner operettenhaften Auftritte vom Volk mehr umjubelt als der nüchterne und dem Spektakel abholde Monarch.
● Aufhebung der Leibeigenschaft 1781.
● Toleranzedikt 1781: Die Religionsausübung für nichtkatholische Christen wird gestattet.
● Schaffung eines einheitlichen Beamtenheeres (Staatsdiener), um eine für alle Teile der Monarchie geltende, straffe, den Ständen entzogene Verwaltung zu organisieren.
● Staatliche Förderung von Manufakturen und Großhandel.

Bezeichnend für *Joseph II.* ist folgende Episode: Als er den Prater für die Öffentlichkeit freigibt, murren die bisher dort lustwandelnden Adligen: „Jetzt können wir nicht mehr unter unsergleichen sein." Lakonische Antwort des Kaisers: „Wenn ich unter meinesgleichen sein will, kann ich gleich in die Kapuzinergruft gehen." – Dort sind die Gebeine der Habsburger bestattet, allerdings ohne Herz (in der Augustinerkirche) und ohne Eingeweide (Stephanskirche). Um einen Kaiser in seiner organischen Totalität zu betrachten, brauchen Sie also ein bisschen Kondition.

Im schönen Biedermeier

Die erste Zeit nach der Jahrhundertwende wird von **Napoleon I.** bestimmt. Er besetzt zweimal (1805 und 1809) Wien und residiert im Schloss Schönbrunn. Die vielen Kriege gegen Napoleon sowie die Kosten für die Besatzung (40.000 Franzosen und 10.000 Pferde) führen zum Staatsbankrott.

Kaiser Franz II. legt unter dem Druck *Napoleons* 1806 die Deutsche Kaiserkrone nieder und nimmt als *Franz I.* den Titel „Kaiser von Österreich" an. Österreich verzichtet nunmehr auf das Konzept „Alle deutschen Länder unter Habsburgs Krone" und setzt auf eine **„Donaumonarchie"**, in der aber 13 Nationen leben, die 17 Sprachen verwenden.

Nach dem Fall *Napoleons* tagt der **Wiener Kongress** 1814 und bestimmt die staatliche Ordnung Europas bis zum 1. Weltkrieg. Wien beherbergt zahlreiche Könige, Fürsten und Gesandte, insgesamt etwa 10.000 Fremde. „Der Kongress tanzt" ist eine heute

Stephanskirche und Stock-im-Eisen-Platz um 1805

noch verwendete Formel für die Tätigkeit am politischen Bankett.

Wirtschaftlich erholt sich Wien nach dem Kongress in kurzer Zeit, doch Staatskanzler *Metternich* unterdrückt jede freiheitliche Regung. Die Epoche der **Restauration** beginnt. Das Land wird nach außen hin abgeschottet, Polizei und Zensur garantieren das strikte Beibehalten des Status quo. Das an seiner wirtschaftlichen und politischen Entfaltung gehinderte Bürgertum entwickelt eine eigenartige, typisch wienerische Kultur: das Biedermeier.

Der zweiköpfige Adler
vor der Nationalbibliothek

„Stilles Heim, Glück allein", Beschaulichkeit und Idylle, ein Barock ohne glänzende Wirkung, dafür mit Romantik. In diesen Zeiten wirken in Wien die Musiker *Schubert, Beethoven, Johann Strauß* (Vater) und *Joseph Lanner* sowie die Maler *Rudolf Alt* und *Ferdinand Waldmüller*.

Im **März 1848** kommt es in Wien zu einer **Revolution** gegen das Regime des Staatskanzlers *Metternich*. Die Wiener Bevölkerung will nach französischem Vorbild Rechte und Freiheiten erringen. Als die Regierungstruppen auf die demonstrierende Bevölkerung schießen, gibt es 15 Tote, die „Märzgefallenen". Doch die Demonstranten bewaffnen sich und geben zu verstehen, dass sie einem Putsch nicht abgeneigt seien. Für kurze Zeit übernehmen die Aufständischen, zusammengesetzt aus Studenten, Bürgern und Proletariern, die Macht und bilden einen konstitutionellen Reichstag.

Wie immer bei Gefahr flieht der Kaiserhof mitsamt dem „Familiensilber", diesmal nach Tirol, wo die monarchistische Welt noch in Ordnung ist. Auch die Adligen verlassen Wien, solange die Aufständischen die Stadt kontrollieren.

Die kaiserlichen Truppen unter *Fürst Windischgraetz* beginnen Ende Oktober, Wien zu belagern. *Windischgraetz* lässt die Stadt bombardieren, heftiger, als es Napoleon je getan hatte. Am 31.10.1848 fällt die Stadt, und die Führer der Aufständischen werden hingerichtet. Am 2. Dezember dankt der geistig zurückgebliebene *Kaiser Ferdinand* ab, der 18-jährige *Franz Joseph* wird gekrönt.

Von Franz Joseph I. bis zu Habsburgs Ende

Der niedergeschlagenen Revolution folgt die Reaktion. Fast alle Errungenschaften des Jahres 48 werden rückgängig gemacht. Als Bauten der **Gegenrevolution** werden drei große Kasernen errichtet, um das Volk sicher im Griff zu haben. (Zwei davon stehen heute noch: das Arsenal und die Rossauer-Kaserne.)

Die Niederlagen von 1859 gegen Italien und 1866 gegen Preußen zwingen das Regime zu einer Öffnung. 1861 wird ein **kommunales Wahlrecht** eingeführt. Gewählt werden drei

Kurien zu je 40 Abgeordneten. Grundlage dieses reinen Männerwahlrechtes bilden Vermögen und Steuerleistung. Insgesamt sind 3,3 % der Bevölkerung wahlberechtigt. Im neuen Gemeinderat halten die Liberalen die Mehrheit. Sie rekrutieren sich aus dem Großbürgertum, das auf einem eher laizistischen, großdeutschen Kurs segelt.

1857 beschließt der Kaiser die **Schleifung der Stadtmauern.** Die neu errichtete Ringstraße mit den Regierungsbauten und Ringstraßenpalais wird zur Repräsentationsstraße der Donaumetropole.

1867 erfolgt der „Ausgleich" mit Ungarn. Seither breitet der zweiköpfige Adler seine Flügel über die **Doppelmonarchie:** Der Kaiser von Österreich ist gleichzeitig der König von Ungarn. Er kann es sich aussuchen, ob er in einer k.k., in einer k.u.k. oder nur in einer k. Angelegenheit entscheidet (österreichisch, österreichisch-ungarisch oder ungarisch). Die Ungarn wiederum trotzen den Habsburgern eine Art „Mitbestimmung" ab. Doch sie denken keineswegs daran, die errungenen Rechte auch nur in abgeschwächter Form an die in Ungarn lebenden Minderheiten weiterzugeben.

Unter Bürgermeister *Lueger,* der der christlich-sozialen Partei angehört, erfolgt ein **Modernisierungsschub.** *Lueger* denkt als Konservativer, handelt jedoch als Sozialist: Er kommunalisiert die Stromversorgung und den öffentlichen Verkehr und lässt neue Wasserleitungen errichten.

Mit der Ermordung des österreichischen Thronfolgers *Franz Ferdinand* im

Allerhöchst genehmigter Plan
der Stadterweiterung

Juni 1914 beginnt der **Erste Weltkrieg,** der für Österreich mit dem Zusammenbruch der Monarchie endet.

Die erste Republik

Nach dem Ersten Weltkrieg zerbricht der Vielvölkerstaat, das neue Gebilde „Republik Österreich" wird von vielen Bürgern, aber auch vielen Politikern nicht als ihr Staat akzeptiert. So verfolgt der erste Staatskanzler *Renner* strikt **großdeutsche Konzepte,** da er sich als Sozialist bessere Möglichkeiten in einem „Deutschösterreich" erhofft.

In einem von den Christlich-Sozialen regierten Österreich entwickelt sich das Rote Wien in der **Zwischenkriegszeit** zu einer Art Insel der Sozialisten. Die Sozialisten setzen auf Wohnungsbau und Fürsorge; sie können fast alle Architekten und Wissenschaftler dafür gewinnen, zumindest ein Stück des Weges mit ihnen zu ziehen.

Der Untergang des Landes, das keiner will, kommt rasch und konsequent. Erst schaltet Bundeskanzler *Engelbert Dollfuß* am 4.3.1933 das Parlament aus und regiert autoritär im Sinne eines **Austrofaschismus.** Die sozialdemokratischen Organisationen werden verboten. Die Einheiten des Staates schlagen einen Aufstand der Arbeiter, die sich am 12./13. Februar 1934 vor allem in den Wiener Gemeindebauten verschanzen, mit Waffengewalt nieder.

Dann marschieren am 13. März 1938 die Nationalsozialisten in Österreich ein, und der **Anschluss an das Dritte Reich** wird – auch in Wien – von vielen Bürgern begeistert bejubelt. Wien wird nun Grenzfestung des Großdeutschen Reiches, eine „Perle, der ich erst die notwendige Fassung schenken werde" (Originalton *Adolf Hitler).* Nach 1945 können sich die meisten an nichts mehr erinnern oder sie haben, wie der ehemalige Präsident *Kurt Waldheim,* „nur ihre Pflicht getan".

Die zweite Republik

Nach dem Zweiten Weltkrieg, an dem Österreich auf deutscher Seite teilnimmt, bleibt das Land bis 1955 **von** den vier **Siegermächten „besetzt",** Wien selbst wird in vier Zonen aufgeteilt. Im Bestreben, die Befreier zu vertreiben, bildet sich ein neuösterreichisches Identitätsgefühl und Nationalbewusstsein. Durch einen genialen Trick gelingt es, die Alliierten davon zu überzeugen, dass Österreich das erste Opfer der Nazis und nicht kriegsschuldiger Täter gewesen ist. Die Siegermächte ziehen 1955 ab, als Gegenleistung erklärt Österreich in einem Bundesverfassungsgesetz freiwillig die **„immerwährende Neutralität".**

Ähnlich wie in westdeutschen Städten dominiert in Wien in den nächsten Jahren der stetige **Wiederaufbau,** der erst in den Achtzigerjahren von den entstehenden ökologischen Bewegungen in eine neue Qualität transferiert wird.

Dazu kommt eine unter den beiden großen Parteien grassierende **Kungelei** (Proporz), wodurch alle wichtigen Posten zwischen SPÖ und ÖVP gleichmäßig aufgeteilt werden. Die Bürger reagieren zunehmend mit Politikverdrossenheit, aber auch mit einer Anfälligkeit für radikale Parteien.

Nach den Wahlen am 3.10.1999 gelingt **Wolfgang Schüssel** ein Überra-

Die österreichische Neutralität

Am 26. Oktober 1955 verabschiedete der Nationalrat folgendes **Bundesverfassungsgesetz:**

„Artikel I.

(1) Zum Zwecke der dauernden Behauptung seiner Unabhängigkeit nach außen und der Unverletzlichkeit seines Gebietes erklärt Österreich aus freien Stücken seine immerwährende Neutralität. Österreich wird diese mit allen ihm zu Gebote stehenden Mitteln aufrechterhalten und verteidigen.

(2) Österreich wird zur Sicherung dieser Zwecke in aller Zukunft keinen militärischen Bündnissen beitreten und die Errichtung militärischer Stützpunkte fremder Staaten auf seinem Gebiet nicht zulassen."

Stadt und Bewohner

DObwi Foto: ml

("Klub der Freunde Haiders"). Mit Blitzeile werden alte Strukturen zerstört, neue geschaffen, die dafür notwendigen Gesetze überfallsartig beschlossen – und auf einmal sitzt z. B. im obersten Gremium des ORF (Österreichischen Rundfunks), im Stiftungsrat, eine satte blau-schwarze Mehrheit, die sich natürlich ihre Kandidaten wählt.

Als ihre größte Leistung erwähnt die schwarz-blaue Regierung stets die Durchsetzung des **Nulldefizites.** Kritiker werfen ihr vor, dass sie die **Sozialpartnerschaft,** die bisher der Garant für den sozialen Frieden in Österreich war, auf strukturellem Wege beseitigen will.

Architektur, Wohnen

Baugeschichte

Aus der Zeit **vor dem Barock** ist außerhalb der City kaum Bausubstanz vorhanden: Zum einen wurde von den Türken 1683 fast alles niedergebrannt, zum anderen wurde im Zuge des katholischen Revival alles Übrige barockisiert. Betreten Sie eine der gotischen Kirchen in Wien: Das Innere ist stets barock ausgestaltet.

Die City wurde im 18. Jh. geprägt vom Ausbau des Hofstaates und dem Etablieren des Adels, der sich auch in den damals noch grünen Vorstädten seine **Barockpalais** als Sommerresidenzen errichten ließ (so etwa der *Prinz Eugen* das Belvedere). In die Vor-

schungscoup. Als Kandidat der drittstärksten Partei, der ÖVP, bildet er mit der bis dato wegen extremer Rechtslastigkeit verpönten FPÖ eine Koalition und lässt sich zum Regierungschef wählen. Seine Taktik, durch die Mitbeteiligung an der Macht die Extremen in der blauen Riege zu zähmen, geht im Fall *Jörg Haider* sicher nicht auf.

Innenpolitisch setzt die Regierung starke Akzente. Bei allen **staatsnahen Organisationen** (Dachverband der Versicherungen, ehemalige verstaatlichte Industrie, ORF) werden die Roten hinausgeschmissen und durch blau-schwarze Vertrauensleute ersetzt orte zurückweichen musste das **barocke Vorstadthaus.** Dem Grundtypus nach entspricht es dem bäuerlichen Gehöft: Straßentrakt mit etwa sechs Fensterachsen, Eingangstor in der Mitte; dahinter der Innenhof, links und rechts gesäumt von Werkstätten und Kleinstwohnungen.

Die Weiterentwicklung dieses Grundtypus ist das **Biedermeierhaus** oder „Haus mit dem doppelten Hinterflügel". Doch auch diese Hausform musste fast vollständig weichen, als nach dem Schleifen der Basteien in der liberalen Ära der nächste Kahlschlag auf Wien zukam.

Aufgebaut wurden auf dem in Rasterform erschlossenen Terrain die **Zinskasernen,** die „Bassenabauten" der Vorstädte (siehe „Peripheres Wien"), die in ihrer öden Trostlosigkeit bis in die Gegenwart das Stadtbild in manchen Vierteln prägen. Heute werden diese Häuser, die von keinem Qualitätsschub erreicht wurden, vor allem von Ausländern bewohnt.

Bei der Volkszählung 1910 hatte Wien mit über 2 Millionen die höchste Einwohnerzahl in der gesamten Geschichte, obwohl die Stadt damals weniger Fläche aufwies als heute: 1910 gab es 2.083.497 Wiener, heute etwa 1.800.000.

Die sich dadurch einstellenden Wohnungsprobleme versuchten die seit 1918 in Wien regierenden Sozialisten durch gezielte **Wohnbauprogramme** in den Griff zu bekommen. Nach einigen Debatten entschloss man sich gegen die Gartenstadt nach englischem Vorbild, aber auch gegen kleine Reihensiedlungen, die etwa von *Adolf Loos* bevorzugt wurden. Bei den zahlreichen vor allem längs des Gürtels („Ringstraße des Proletariats") errichteten Hofanlagen schwankte das Gesamtkonzept zwischen zwei Extremen: Auf der einen Seite neigten manche Architekten zum Monumentalismus („Paläste für Arbeiter"), der sich auch dem Bombastischen nicht verschloss und deshalb von den Nationalsozialisten leicht übernommen werden konnte. Auf der anderen Seite bevorzugten manche die Verspieltheit im Detail, die auch die Aufnahme folkloristischer Motive nicht scheute.

Stadt und Bewohner

Sämann-Statue vor dem Karl-Marx-Hof

Im Zweiten Weltkrieg wurden große Teile Wiens zerstört. Die erste Phase nach dem Krieg war vom **Wiederaufbau** bestimmt. Ästhetische und formale Überlegungen mussten zurückstehen, es ging vor allem darum, mit neuen Bauformen (Plattenbauweise) möglichst schnell Wohnraum zu schaffen.

Diese Prinzipien wurden beibehalten, als die Sechzigerjahre das Zeitalter der Superlative einleiteten. Am Stadtrand entstanden riesige **Satellitenstädte** (die Rennbahnsiedlung und die Großfeldsiedlung im 22. Bezirk, die Per-Albin-Hansson-Siedlung im zehnten Bezirk). Sie haben bis heute wenig von ihrem Schrecken verloren und fördern Jugendkriminalität, Ausländerhass, Grüne-Witwen-Existenzen und das Ansteigen der Selbstmordrate. Als typisches Projekt dieser Zeit gilt das neue AKH (Allgemeine Krankenhaus) mit seinen 30.000 Brandmeldern und 48.000 Sprinkleranlagen.

In den Achtzigerjahren setzte bei den verantwortlichen Politikern ein Umdenkprozess ein. Es hieß überall: *soft* und *light*. Statt maßloser Stadter-

weiterung nun **geplante Stadterneuerung,** statt einer Großbaustelle nun tausend Kleinbaustellen. Es ging um Innenhofbegrünung, Innenhoferweiterung, Wohnungszusammenlegung, Hebung des Wohnungsstandards durch den Einbau sanitärer Einrichtungen, Entkernung von Innenhöfen. Zu diesem Zweck wurden „Gebietsbetreuungslokale" errichtet und gezielte Förderungsprogramme gestartet.

Auch diese Phase der sanften Stadterneuerung ist vorbei. Seit dem Ende der Achtzigerjahre steigt die Einwohnerzahl und erfordert **andere Prioritäten** in der Stadtpolitik (Schaffung neuer Arbeitsplätze und neuer Wohnungen). Durch die Öffnung nach Osten und den verstärkten Zuzug von Ausländern sieht sich die Stadtverwaltung heute mit anderen Problemen konfrontiert als 1980.

Im **Wettstreit der Metropolen** ist Wien nun bemüht, sich mit Berlin, München, aber auch mit Prag und Budapest zu messen. Da aber manche Parteien und vor allem die Gewerkschaften die Ostöffnung eher als Gefahr denn als Chance betrachten, besteht die Gefahr, dass Wien von der Wirtschaftsdynamik nicht erfasst und daher von Budapest und Prag überholt wird.

Wohnen in Wien

Insgesamt gibt es in Wien etwa 840.000 Wohnungen. Die Hälfte ist vor 1919 errichtet worden und daher meist renovierungsbedürftig. Die Stadt Wien selbst besitzt und verwal-

---

Stadterneuerung

● Bei der **Blocksanierung** ist das Ziel die gemeinsame Sanierung von Gebäuden in einem Häuserblock. Dabei werden die Häuserblöcke durch den Abbruch alter Gebäudeteile entkernt und Grünflächen zur Verbesserung des Lebens- und Wohnqualität geschaffen.

● **Sockelsanierung** ist die durch Sanierung erfolgte Standardanhebung eines ganzen Hauses, wobei die Hausmieter während der gesamten Bautätigkeit ihren Wohnbereich beibehalten.

Altes Bassenahaus

tet etwa 220.000 Wohnungen, die gemeinnützigen Bauvereinigungen noch einmal so viele.

Dem allseits festgestellten Rückzug ins neue Biedermeier steht in Wien nicht nur die Größe, bessergesagt die **Enge,** einer durchschnittlichen Wohnung entgegen. Unter Freunden trifft man sich stets im Kaffeehaus bzw. im Wirtshaus. Auch Privatfeiern größeren Ausmaßes werden gerne ins Hinterstüberl eines Wirtshauses verlegt, sofern da nicht gerade die Betriebsfeier eines Bestattungsinstitutes oder die Pressekonferenz des Seniorenverbandes stattfindet.

Die **Miete** wird in Wien als Zins bezeichnet. Diesen mussten früher die Mietparteien am Ersten des jeweiligen Monats dem Hausherrn oder seinem Vertreter persönlich überreichen.

Der Vertreter war früher der **Hausmeister,** der mit eiserner Hand über Haus und Hof wachte und so eine Art Blockwart-Funktion übernahm. Heute wird der Beruf des Hausmeisters meist von Ausländern ausgeübt, welche die anfallenden Putz- und Pflegearbeiten verrichten (einmal wöchentlich Stiegenhaus waschen, Schnee schaufeln). Dafür können sie kostenlos wohnen. Manchmal – vor allem in den Gemeindebauten – gibt es aber noch den klassischen omnipotenten Hausmeister, der vor allem für spielende Kinder das Feindbild Nummer eins darstellt.

Bei Neuvermietungen ist eine **Ablöse** zu bezahlen (illegale Abstandszahlung). Diese typisch wienerische Form der Aufwandsentschädigungsrückvergütung ist einem Ortsunkundigen nur schwer oder gar nicht zu erklären. Sie ergibt sich aus dem Zusammenfallen von drei scheinbar widersprüchlichen Faktoren:

1. Ohne Ablöse kommt man zu keiner Wohnung.

2. Die Ablöse ist absolut ungesetzlich.

3. Jeder weiß es, und keiner tut etwas dagegen. Sollte der Gesetzgeber sich dennoch zu einem halbherzigen Versuch aufraffen, das Ablöse-Unwesen in den Griff zu bekommen, bewirkt das nur eines: das Ansteigen der Ablösepreise.

Sollte nach dem Zahlen der Ablöse noch Geld vorhanden sein, dann kauft der Wiener sich folgende **Einrichtung:** ein paar Sessel (Stühle), einen Kasten (Schrank), eine Kredenz (Küchenschrank), viele Heferl (jede Form von Becher), viele Reindl (jede Form von Schüssel), ein bisschen Klumpert (Krimskrams) und einen behaglichen Fauteuil (sprich Fotöö, einen Lehnsessel).

Das Stadtbild

Auf der südwestlichen Seite der Donau liegt der historische Teil der Stadt, deren in konzentrischen Kreisen erfolgtes Wachstum heute noch deutlich

zu erkennen ist. Der erste, innere Kreis ist die **Ringstraße** oder einfach der **Ring,** der nach dem Schleifen der alten Stadtmauern auf dem frei gewordenen Gelände errichtet wurde.

Der zweite Kreis, der sich um die Stadt schließt, ist der **Gürtel,** der an Stelle eines gegen die Türken erbauten Walles entstand.

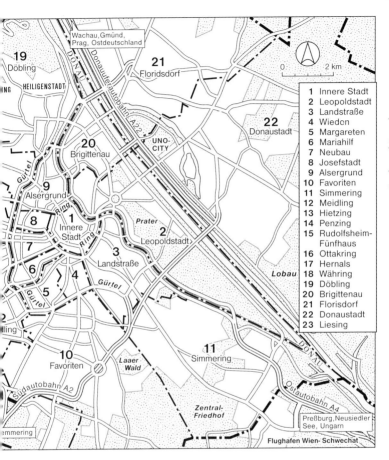

Vom Ring hinaus bis in die Vorstädte verläuft ein Netz von radialen **Ausfallstraßen,** die meist nach den von ihnen durchschnittenen Vorstädten benannt sind: Alserstraße, Wiedner Hauptstraße, Mariahilferstraße.

Dieses System unterstützt die **Orientierung** Ortsfremder und auch Einheimischer, da man selbst im Falle einer heillosen Verirrung immer entweder auf eine radiale Ausfallstraße oder einen konzentrischen Kreis stößt.

Innerhalb des Ringes liegt die **City,** identisch mit dem ersten Bezirk.

Zwischen dem Ring und dem Gürtel befinden sich die **Vorstädte** (Alsergrund, Wieden, Mariahilf), an den

Gürtel schließen sich die **Vororte** an (Meidling, Favoriten, Ottakring).

Diese topografische Gliederung entspricht natürlich größtenteils auch einer **sozialen Gliederung:** Wie in allen Großstädten gibt es ein Sozialgefälle vom Zentrum in die Außenbezirke. In der City sind fast alle Verwaltungseinrichtungen der Stadt Wien und des Landes Österreich untergebracht. Der Ring ist die Repräsentationsstraße. In den Vorstädten, den „bürgerlichen"

Bezirken, siedelten ursprünglich die Beamten und die Handwerker, in den Vororten rund um die Fabriken die Arbeiter. Doch diese harten Grenzen sind längst aufgeweicht. So gibt es längs des Gürtels den Streifen mit der höchsten Verslumung (desolate Wohnverhältnisse, hoher Ausländeranteil, keine Grünflächen etc.), in den proletarischen Bezirken sieht man dafür die Reihenhäuser der zu Kleinbürgern mutierten Arbeiter.

Aber vergessen Sie nicht: Wien ist bipolar. Es gibt noch die andere Seite Wiens, das „Moderne Wien". Wachstumspotenziale liegen auf der anderen Seite der Donau, wo neben der UNO-City und dem Austria-Center das

Blick vom Turm des Stephansdoms

Wien des 3. Jahrtausends aufgebaut werden soll. Dorthin führt Sie unser Spaziergang „Modernes Wien".

Fläche und Bevölkerung

Die Gemeinde Wien hat eine **Fläche** von 41.495 Hektar, davon sind 20.679 Hektar, also fast genau die Hälfte, Grünflächen, 13.438 Hektar Bauflächen, 5.606 Hektar Verkehrsflächen und 1.774 Hektar Gewässer.

Die Größe der Grünflächen ergibt sich aus dem die Stadt fast einschließenden Grüngürtel **Wienerwald,** der jedoch kein „Wald" ist, sondern die Bezeichnung für das Sandstein-Flysch-Bergland am östlichsten Ausläufer der Alpen.

Zu Beginn der 90er-Jahre zählte Wien knapp 1,6 Mio. **Einwohner** (davon etwa 15 % Ausländer). Dies ist insofern beachtenswert, als die Stadt im Jahre 1910 über 2 Millionen Einwohner bei kleinerer Gesamtfläche hatte. Diese Zahl ging kontinuierlich zurück. Erst in den letzten Jahren erfolgte eine Tendenzwende. Inzwischen steigt die Einwohnerzahl wieder an, zurzeit gibt es etwa 1,8 Millionen Wiener.

Rathaus

Politik

Stadtregierung und Bürgermeister

Die **Gemeinderatswahlen** von 2001 sowie von 1996 brachten folgende Resultate:

Politische Partei	Stimmen 2001 (1996)	Mandate 2001 (1996)
SPÖ	46,9 % (39,1 %)	52 (43)
ÖVP	16,4 % (15,3 %)	16 (15)
FPÖ	20,2 % (28,0 %)	21 (29)
Grüne	12,5 % (8,0 %)	11 (7)
Liberale	3,4 % (8,0 %)	– (6)

Laut Verfassung ist Wien nicht nur Gemeinde, sondern auch **Bundesland.** Der Bürgermeister ist daher gleichzeitig Landeshauptmann, der Gemeinderat entspricht dem Landtag in anderen Bundesländern.

Aus dem Mandatsverhältnis ergibt sich die politische Zusammensetzung des **Stadtsenates** (=Landesregierung). Er besteht aus acht „Amtsführenden Stadträten".

Bürgermeister war bis Ende 1994 der äußerst populäre Quereinsteiger **Helmut Zilk**. Dank seines donnernden Organs (als eine Abgeordnete der Opposition ihm andeutete, sie höre ihn nicht, brüllte *Zilk* zurück: „Sie san in Wien die anzige, die mi auf 50 Meter net versteht"), seines Wiener Schmähs sowie seines Mutes, auch ab

und zu gegen die Bundespartei Stellung zu beziehen, wurde er weit über die Grenzen seiner Partei hinaus geschätzt.

Mit seinem Konzept „Wien als letzte Bastion gegen die rechtsautoritäre Regierung" gelang dem neuen Bürgermeister **Michael Häupl** 2001 mit seinen Sozialdemokraten ein überragender Wahlsieg über die dümpelnde FPÖ (Slogan: „Wien darf nicht Chicago werden"). Die SPÖ legte gegenüber den vorhergehenden Wahlen um 7 % oder neun Mandate zu – ein in Europa wohl einmaliges Ereignis für eine sozialdemokratische Partei – und stellt nun wieder die absolute Mehrheit im Wiener Rathaus, nachdem sie die vorhergehende Legislaturperiode eine Koalition mit der ÖVP eingegangen war. Nicht umsonst plakatiert die SPÖ: „Wien ist anders".

Der Parteiführer der „Freiheitlichen", **Hilmar Kabas,** hatte in der für die Freiheitlichen üblichen Art den Bundespräsidenten *Thomas Klestil* öffentlich als „Lump" beschimpft. Auf die Nachfrage von Journalisten antwortete *Hilmar Kabas,* er könne sich nicht mehr erinnern, möglicherweise habe er „Dump" oder „Hump" gesagt. Seither gilt er bei den denkenden Wählern als Humpi-Dumpi-Witzfigur.

Ein Problem für die Stadtregierung ist die Tatsache, dass der Bund nach der autoritären Wende die Stadt finanziell dort aushungern will, wo er die Kompetenzen hat, etwa in der Bereitstellung der notwendigen Mittel für die Infrastruktur, in der Arbeitsmarktpolitik und in der Ausländerpolitik.

Stadt und Bewohner

Die Parteien

Ära des Klassenkampfes

Die Parteienlandschaft wurde seit der Gründung der Republik vom **Dualismus ÖVP – SPÖ** bestimmt, also von der Konfrontation der Bürgerlichen mit den Sozialdemokraten. In der ersten Republik (1918–1933) standen sich die beiden Lager unversöhnlich und feindlich gegenüber.

Die dominierende Figur bei den Bürgerlichen war **Engelbert Dollfuß,** den *Bert Brecht* im „Aufhaltsamen Aufstieg des Arturo Ui" als „Ignatius Dullfeet, ein Mann, nicht größer als ein Knabe" verewigte. *Dollfuß* schaltete 1933

Der Spitzelskandal der Haider-Partei

1. Stufe: Die Enthüllung

Im Herbst 2000 packte der ehemalige FPÖ-Polizeigewerkschafter *Josef Kleindienst* aus: Hochrangige FPÖ-Politiker haben über Jahre hinweg ihnen nahe stehende Polizisten bezahlt, um geheime Daten aus dem Polizeicomputer zu erhalten. Ziel: Das Sammeln von belastendem Material über die politischen Gegner. *Josef Kleindienst* zeigte sich selber an und nannte seine Auftraggeber.

2. Stufe: Die Ermittlung

Die Wirtschaftspolizei begann mit einer Sonderkommission zu ermitteln. Die Wege der Daten vom Polizeicomputer bis zur Veröffentlichung durch FPÖ-Politiker konnten nachvollzogen werden. Eigentlich kein Problem, da sich *Jörg Haider* im Parlament ja öffentlich auf sie bezogen und auch sein Freund und Anwalt, der nunmehrige Justizminister *Dieter Böhmdorfer,* sie bei seinen Parteiprozessen verwendet hatte. Insgesamt füllten die ermittelnden Behörden an die 30.000 Aktenseiten.

3. Stufe: Die Bedrohung

Jörg Haider gab die Linie vor: Der Skandal existiere nur in den Hirnen von kranken Journalisten. Sein Anwalt, Justizminister *Dieter Böhmdorfer,* zog den Schluss: *Haider* sei über jeden Verdacht erhaben. Nun begann die Maschinerie der Haider-Partei auf Hochtouren zu laufen. Der Kronzeuge *Josef Kleindienst* wurde mit 27 Anzeigen eingedeckt. Gegen den Polizeichef *Erik Buxbaum* wurden Disziplinaranzeigen eingebracht. Die ermittelnden Behörden und recherchierende Journalisten wurden mit Drohgebärden eingeschüchtert. Justizminister *Böhmdorfer* ließ Journalisten, die aus den Voruntersuchungen zitieren, mit Haftstrafen zu rechnen hätten. Der Beauftragte der OSZE für Medienfreiheit, *Freimut Duve:* „Das ist eine Einschränkung der journalistischen Freiheit und der offenen Demokratie."

4. Stufe: Die Einstellung

Senile Gutachter wurden eingesetzt, kritische Richter versetzt oder nicht ausreichend mit Informationen versorgt, Zeugen wurden nicht vernommen. Die 30.000 Aktenseiten liefen eine Zeit lang im Kreis. Im Herbst verkündete die Staatsanwaltschaft, dass praktisch alle Verfahren aus formalen Gründen eingestellt werden. Der größte Justizskandal der Republik wurde völlig legal im Rahmen des Rechtsstaates auf administrativem Weg beseitigt.

5. Die Moral

Justizminister *Böhmdorfer* ist auf seinen blauen Augen blind.

durch einen verfassungsrechtlich bedenklichen Schritt das Parlament aus und regierte von nun an autoritär im „Ständestaat", der seinen Namen von der an das faschistische Italien angelehnten Verfassung mit einer berufsständischen Ordnung herleitete.

Sein Gegner auf Seite der Sozialdemokraten, **Otto Bauer,** einer der großen Theoretiker des „Austromarxismus", verband geschickt einen klassenkämpferischen Stil, mit der er die Linken an die Partei band, mit einer pragmatischen Politik der kleinen Schritte.

1934 eskalierte der Kampf der Klassen in einem zwei Tage dauernden **Aufstand,** der nicht als Widerstand der werktätigen Massen, sondern als verzweifelter Schlag der ohnehin schon verbotenen Sozialdemokraten gilt. Der Aufstand wurde von den Austrofaschisten brutal niedergeschlagen, die Führer der Sozialdemokratie mussten fliehen, *Otto Bauer* suchte in der demokratischen Tschechoslowakei um Asyl nach.

Ära der Partnerschaft

Der Kampf gegen die Nationalsozialisten sowie der gemeinsame Aufenthalt in deren Lagern veranlasste die Nachkriegspolitiker, näher zusammenzurücken: Nach der antagonistischen Phase entstand die partnerschaftliche Phase, die **„Sozialpartnerschaft".** *Bruno Kreisky,* der letzte im Austromarxismus geschulte Theoretiker, bezeichnete sie als „sublimierten Klassenkampf", als „Klassenkampf am grünen Tisch" .

In Wirklichkeit ergab diese Verfilzung von Parteien, Gewerkschaft und Industriellenvereinigung eine außerparlamentarische und durch keinerlei Wahlen legitimierte Struktur, die praktisch in allen Angelegenheiten des öffentlichen Lebens und in vielen des nicht-öffentlichen Lebens Entscheidungen beeinflusste. Und der Staatsbürger erhielt den Eindruck: **Eine Hand wäscht die andere,** so bleibt keine rein.

Den letzten Höhepunkt erreichten die Sozialdemokraten unter **Bruno Kreisky,** der dreimal seiner Partei die absolute Mehrheit sichern konnte. Von *Kreisky* geprägte Schlagworte, wie „Demokratisierung aller Lebensbereiche", „Umschlagen von Quantität in Qualität", klingen einem heutigen Sozialdemokraten wie Märchenparolen von einem weit entfernten Stern. Dank seiner Visionen konnte *Kreisky* auch Intellektuelle und Künstler in seine Arbeit einbinden.

Die Parteien

In den letzten zwölf Jahren wurde die lohnende Interessensverfilzung der beiden Volksparteien durch das Entstehen neuer Parteien in Frage gestellt. Heute gibt es:

●**Die Grünen** (GA). Im Gegensatz zu Deutschland zersplittern sie sich nicht im Kampf der Fundis gegen die Realos; Letztere haben sich unter *Peter Pilz* und *Madeleine Petrovic* mit ihrem pragmatischen Kurs durchgesetzt.

Die Grünen haben den Parlamentarismus in Österreich neu belebt, wie

Stadt und Bewohner

die von ihnen ventilierte Sexismus-Debatte oder die Enthüllung verschiedener Bauskandale bewies. Sie haben aber ihre Schwierigkeiten, in Zeiten des Sparpaketes mit ökologischen Themen beim Wähler zu punkten. Nach den sich abzeichnenden Abstürzen einer totalen Nein-Sager-Partei mit sich abnützenden Betroffenheitsparolen suchen die Grünen unter ihrem Vorsitzenden, dem Wirtschaftsprofessor *Alexander von Bellen,* neue Wege der Zusammenarbeit und votieren vorsichtig für eine Koalition mit den Sozialdemokraten.

●**Freiheitliche Partei** (FPÖ). *Jörg Haiders* schaffte mit seiner FPÖ den Aufstieg von einer rechtsliberalen Splitterpartei zur zweitstärksten Partei Österreichs, indem er gekonnt Attribute der yuppiehaften Fun-Kultur mit rechtsextremen nationalistischen Elementen verband. Er ersetzt meisterhaft Inhalte durch Bilder, Ideologie durch Emotionen und Programme durch „Ausländer-raus". Dadurch schafft er es, komplexe Sachverhalte durch einfache Schuldzuweisungen zu erklären. Seinen aggressiven, beleidigenden und keine Kritik duldenden Auftritten konnten seine Gegner, die sich um so fade Werte wie Wahrheit oder Anständigkeit bemühten, nichts entgegensetzen.

Im Oktober 1999 erreichte die FPÖ bei den Wahlen zum Nationalrat 27 % aller Stimmen und absolute Mehrheiten in den proletarischen Vierteln. Nach der Regierungsbeteiligung seiner Freiheitlichen zog *Haider* sich als Landeshauptmann nach Kärnten zurück, bestimmt aber weiter Stil und Methoden seiner Partei. Kritiker werden mit einer Flut von Klagen eingedeckt, die die finanziellen Möglichkeiten von Privatpersonen übersteigen. Sie werden öffentlich diskriminiert und als Österreich-Beschimpfer denunziert.

Die Bevölkerung reagiert auf *Haider* dreigeteilt. Die plumpen Bierzelttrinker und Hurrapatrioten – etwa ein Drittel der Bevölkerung – bilden seinen unverwüstlichen und unerschütterlichen Fanklub. Die restlichen zwei Drittel lehnen ihn ab. Die einen nehmen seine Auftritte nicht mehr ernst und können über die Rumpelstilziaden des Karawankenkobolds nur mehr lachen. Die anderen sind in großer Sorge über die autoritäre Wende, die *Haider* innenpolitisch verursacht, sowie über die Isolation Österreichs, die er außenpolitisch bewirkt.

●**Sozialdemokratische Partei** (SPÖ). Nach *Viktor Klima,* der bis zu den Oktoberwahlen 1999 Bundeskanzler und Parteivorsitzender war, zuletzt aber keine Initiativen mehr zeigte, hat nun der junge *Alfred Gusenbauer (Jörg Haider* nennt ihn stets *Gruselbauer)* die Parteiführung übernommen. Er hat es nicht leicht, sich gegen die saturierten Apparatschiks in der Partei durchzusetzen und die SPÖ, die über 30 Jahre an den Machthebeln saß, auf einen Oppositionskurs einzuschwören. In den Bereichen „Soziales" und „Bildung" sollte er wegen der strikten Sparpolitik der schwarz-blauen Regierung („soziale Kälte") bei der Bevölkerung Erfolg haben können.

•**Volkspartei** (ÖVP). Der liberal-konservative Bundeskanzler *Wolfgang Schüssel* bildet mit den national-konservativen Ministern der FPÖ die neue Bundesregierung. Als brillanter Taktierer schweigt er die innenpolitischen Konflikte mit den Kern- und Karawankenschichten der Blauen aus und verweist auf seine Erfolge: Nulldefizit und Kindergeld. Außenpolitisch gelang es ihm, die Isolation in Europa während der ersten sechs Monate der Regierung weitgehend zu durchbrechen und dabei zusammen mit seinen Regierungspartnern einen neuen Österreich-Patriotismus zu schüren.

Viele Lustgefühle gibt es seit der letzten Wahl für die Österreichische Volkspartei

Die Ausländerfrage

Bei der Unterschriftensammlung der FPÖ für ihr **Ausländer-raus-Volksbegehren** wurde das von *Haider* angepeilte Ziel bei weitem nicht erreicht. Dennoch fanden seine einfachen Schuldzuweisungen bei den als Modernisierungsverlierern geltenden Schichten der Unqualifizierten großen Anklang.

Bei der **Zuwanderungspolitik** scheint sich *Haiders* Kurs in der Bundesregierung durchzusetzen: De facto ist die Zuwanderung auf null gesunken. Die schon im Land lebenden Ausländer will die FPÖ durch das **„Integrationspaket"** mit Zuckerbrot und Peitsche behandeln. Wer assimilierbar ist (Kleidung, Religion etc.) darf blei-

ben; wer auf eigene ethnische Profile besteht, der wird es schwierig haben, in diesem Land zu bestehen.

Der Wasserkopf Wien

Bundesweit gibt es des Öfteren eine **Frontstellung der Bundesländer gegen die „Zentrale",** das heißt gegen Wien. Lokale Parteiführer sammeln Punkte in ihren Heimatdörfern, wenn sie gegen „die Wiener Bazis" schimpfen, die Wiener wiederum bezeichnen die meist aus ländlichen Gegenden kommenden Besucher der übrigen Bundesländer abfällig als „Gscherte" (die Leibeigenen des Mittelalters wurden geschoren, die Gscherten sind also dumme, bauernhafte Tölpel).

Dieser Konflikt beruht sicher zum Teil auf der Frontstellung der Zwischenkriegszeit: Hier **sozialdemokratisches** Wien, dort **christliches** Bauerntum.

Auf der anderen Seite lässt sich dieser Konflikt auch durch Zahlen belegen. Nach dem Entstehen jenes Gebildes namens Österreich (1918/19) lag die ehemalige Hauptstadt einer Großmacht in einem entfernten Winkel des kleinen neuen Landes. In ihrer Dimension war die Stadt auf die Verwaltung der Monarchie zugeschnitten, nun wurde sie mit über **2 Millionen Einwohnern** die Hauptstadt in einem Land mit nur 7 Millionen Einwohnern.

Durch die Verstädterung vieler Gebiete rund um Wien sowie durch das zunehmende Verschwinden der starren Lagerblöcke verlor in den letzten Jahren der Konflikt Bundesländer con-

tra Wien deutlich an Schärfe. Sollte aber einem Provinzpolitiker die Munition ausgehen, dann nimmt er noch immer Wien ins Visier – der Applaus im Bierzelt ist ihm sicher.

Kultur

Theater, Oper

Dem Theater wie auch der Oper wird in Wien eine **Bedeutung** beigemessen, die weit über den kulturellen Aspekt hinausragt. So gab es – und gibt es – um den jeweiligen Leiter des Burgtheaters und der Staatsoper mit wilder Entschlossenheit geführte Kämpfe; ebenso erbittert wird über die Qualitäten bekannter Schauspieler sowie über die laufenden Inszenierungen gestritten.

Als vor einigen Jahren *Thomas Bernhards* „Heldenplatz" am **Wiener Burgtheater** uraufgeführt wurde, standen sich die beiden Lager frontal gegenüber.

(Am Heldenplatz haben im März 1938 70.000 Österreicher einem brüllenden Mann mit Schnurrbart zugejubelt, der dafür eine Vollzugsmeldung an die Geschichte abgab.)

Von Gegnern des Stückes wurden Ladungen von Mist vor dem Theater aufgeschaufelt, da *Thomas Bernhard* in ihren Augen das Ansehen Österreichs besudle und beschmutze. Gegendemonstrationen und Gegengegendemonstrationen waren die Folge.

Lange Zeit erfüllte **Claus Peymann** als Leiter des Burgtheaters die Rolle

des Buhmanns mit großem Geschick. Originalzitat von *Claus Peymann:* „Das Burgtheater ist ein Oppositionsplatz ... ein Forum für Unbotmäßige". An seiner Person (und seinem Konzept) entzündeten sich die **Debatten.** In diesem Debattierklub stehen die „Erneuerer" gegen die „Bewahrer", die „Fortschrittlichen" gegen die „Reaktionären".

Überlappt wird dieser kulturpolitische Konflikt von der uralten wienerischen Frontstellung „Wiener" gegen „Piefke". Als *Claus Peymann* kurz nach seinem Amtsantritt die „Chance" wie „Changse" aussprach, reagierte der vergreiste Kritikerpapst *Hans Weigel* überschäumend: Mit so einer Aussprache könne man nicht Direktor des Wiener Burgtheaters sein.

Diese Ebenen werden noch von einer dritten überlagert: Auf der bilden sich Intrigen, klettern Seilschaften und werden Verbindungen geknüpft. Es spielen mit: Journalisten, Politiker, Prominente aus der Halb- und Ganzwelt, Adabeis (= Leute, die „auch dazugehören" wollen) und professionelle Intrigenbilder.

Trotz Unterschätzung dieser dritten Ebene hielt sich *Claus Peymann* – dank der Rückendeckung durch die jeweiligen sozialdemokratischen Kulturmini-

Burgtheater

ster – erstaunlich lange als Burgtheaterdirektor.

Sein Nachfolger **Klaus Bachler** setzt auf ein breiteres Spektrum und greift auch auf die unter *Peyman* verpönten „Charakterkomödien" zurück.

●**Achtung:** Während der zwei Sommermonate haben vor allem die großen Theaterhäuser geschlossen; zudem wird an Montagen auch „während der Saison" nicht gespielt.

Die Staatstheater

●**Burgtheater,** Dr. Karl-Lueger-Ring 2, 1010 Wien, Tel. 514442959, Internet: www.burgtheater.at.

Karten kosten zwischen 5 und 44 €. Stehplätze sind recht billig, sie sind schon für 1,50 € zu haben. Eine halbe Stunde vor Vorstellungsbeginn kann man verbilligte Restplätze abholen. Vorverkaufsbeginn ist am 20. des Vormonats.

Das Burgtheater wurde **1888 eröffnet,** die Architekten stritten bis ins Detail: *Gottfried Semper* bevorzugte funktionale Lösungen, *Karl v. Hasenauer* das schmückende Dekor. *Hasenauer* setzte sich durch, und *Semper* reiste wütend ab.

Und so schaut es auch aus, das Burgtheater. Ein **riesiger Repräsentationsbau** mit 80 Logen für „die vornehme Gesellschaft"; aufwändige Stiegenhäuser, die man als „Theatermuseum mit Treppe" bezeichnen könnte (Deckengemälde der beiden *Klimt*-Brüder sowie von *Franz Matsch);* ein Bühnenraum, der größer ist als der Zuschauerraum: Ein zwölfstöckiges Haus

hätte darin Platz. Fast alle großen Wiener haben über das Burgtheater geschimpft: Laut *Alfred Polgar* ist der Bau „plump und protzig", *Egon Friedell* nannte ihn „groß und abscheulich (...) ein Monument österreichischen Schwachsinns".

Steht man vor dem Hauptportal auf der Ringstraße, sieht man die Inschrift: **„k.k. Hofburgtheater."** mit einem Punkt am Schluss. Dieser Punkt ließ *Karl Kraus* nicht ruhen: „Ich habe den Schlusspunkt der Burgtheaterherrlichkeit entdeckt. Den toten Punkt, über den kein Burgtheaterdirektor hinauskommt ... Und es wird einmal eine Sage sein, dass ein Fluch auf dem Hause gelastet hat, an dem nicht die Akustik, sondern die Interpunktion schuld war". Jetzt wissen Sie, worüber in Wien gestritten wird.

●**Akademietheater,** Lisztstraße 1, 1030 Wien, Tel. 514442959.

Im „kleinen Haus" der Burg wird noch ein bisschen mehr experimentiert als im Stammhaus. Für Karten siehe unter „Burgtheater".

●**Staatsoper,** Opernring 2, 1010 Wien, Tel. 514442959, im Internet unter: www.wiener-staatsoper.at.

Die berühmtesten Sänger, die bedeutendsten Dirigenten, das aufwändigste Bühnenbild, das beste Opernorchester, die teuersten Preise der Welt, – Herz, was begehrst du mehr.

Karten gibt es von 5 bis 254 €. Eine halbe Stunde vor Spielbeginn kann man verbilligte Restkarten erstehen. Stehplätze kosten 5 €. Mit einer lan

gen Schlange muss man immer rechnen. Vorverkaufsbeginn ist am 20. des Vormonats.

●**Volksoper,** Währinger Straße 78, 1090 Wien, Tel. 514442959, Internet: www.volksoper.at.

Der Spielplan umfasst die leichtere Oper und Operette. Für Karten gelten dieselben Bedingungen wie für die Staatsoper.

Die „privaten" Theater
●**Theater an der Wien,** Linke Wienzeile 6, 1060 Wien, Tel. 5870550

Wurde unter Intendant *Peter Weck* zu einer Hochburg des Musicals. Hier lief jahrelang „Cats", natürlich „Das Phantom der Oper" und inzwischen –

wir sind schließlich in Wien – die „Elisabeth".

Die Karten kosten zwischen 7,30 und 73 €. Stehplätze gibt es für 2,50 € eineinhalb Stunden vor Vorstellungsbeginn an der Abendkasse. Restkarten können Sie am jeweiligen Spieltag bei der Ticket-Corner (Ecke Kärntner Straße/Oper) beziehen. Der Vorverkauf beginnt zwei Monate im Voraus.

●**Raimundtheater,** Wallgasse 18-20, 1060 Wien, Tel. 599770.

Das zweite Standbein des Musical-Imperiums von *Rudi Klausnitzer*. Für

Staatsoper

Karten gelten dieselben Bedingungen wie für das Theater an der Wien.

●**Ronacher,** Seilerstätte 9,1010 Wien, Tel. 51385655.

Nach langen Umbauten wurde die traditionelle Wiener Varietébühne wieder eröffnet. Sie ist Spielort für gemischte Spielformen und Musicals.

●**Volkstheater,** Neustiftgasse 1, 1070 Wien, Tel. 5247263.

Zweitgrößtes Sprechtheaterhaus in Wien. Jahrelange Spielstätte von *Nestroy* und *Raimund*. Unter der Leiterin *Emmy Werner* werden brandheiße Gegenwartsstücke gespielt.

Die Karten kosten zwischen 7,30 und 30 €, Ermäßigungen gibt es für Schüler und Studenten sowie über die Gewerkschaft (Das Theater gehört der Gewerkschaft). Der Vorverkauf beginnt sieben Tage im Voraus.

●**Ensembletheater,** Petersplatz 1, 1010 Wien, Tel. 5332039.

Leiter *Dieter Haspel* macht seit den 68ern spannendes und interessantes Theater. Die Karten kosten etwa 15 € bei freier Platzwahl, Sie sollten also nicht eine halbe Stunde nach dem offiziellen Vorstellungsbeginn kommen. Der Vorverkauf beginnt ca. einen Monat im Voraus.

●**Theater Gruppe 80,** Gumpendorfer Straße 67, 1060 Wien, Tel. 5865222.

Diese noch relativ junge Gruppe hat sich spezialisiert auf „Wiener Klassiker", also *Raimund, Horvath* und andere, die völlig gegen den Strich gebür-

stet werden. Die Stücke bieten damit die Möglichkeit zur psychoanalytischen Interpretation.

●**Theater in der Josefstadt,** Josefstädter Straße 26, 1080 Wien, Tel. 427000.

Stätte des bürgerlichen Konversationsstückes und des gepflegten Boulevards. In fast jeder Szene wird auf der Bühne Kaffee getrunken – den die Zuschauer bräuchten, um durchzuhalten.

Unter dem Leiter *Hans Gratzer* versucht das Theater, auch Gegenwartsstücke zu spielen. Die „Josefstadt" hat eine Experimentierbühne im „Rabenhof": Rabengasse 3, 1030 Wien, Tel. 427000.

●**Schauspielhaus,** Porzellangasse 19, 1090 Wien, Tel. 34010118.

Die Leitung fährt einen Kurs zwischen yuppiehafter Selbstgefälligkeit und ästhetischen Ansprüchen. Die Karten kosten zwischen 11 und 20 €, der Vorverkauf beginnt sieben Tage im Voraus.

●Ebenso gibt es in Wien die **„Off-Szene":** freie Gruppen, Kellertheater und Experimentierbühnen. Doch die Grenzen – hier große tragende Staatskunst, dort experimentelles Theater – gibt es vor allem seit *Peymanns* Agieren in Wien nicht mehr. Dadurch schlittern ehemals stramm fortschrittliche Gruppen in ein Identifikationsvakuum: Sollen sie als Protest gegen das Burgtheater nur mehr brave Klassiker spielen?

Stadt und Bewohner

Kabarett

Unberührt von solchen Zweifeln blieben das Kabarett und seine Protagonisten. Das **„Brettl",** wie das Kabarett hier zu Lande genannt wird, war immer schon *en vogue,* über Witze der Stars lacht die ganze Stadt.

Als **Johann Nestroy** – wie jeder gute Komiker schrieb er seine Glanzrollen für sich selbst – als also besagter *Nestroy* wieder einmal ins Gefängnis musste, weil er den Bäckermeister XY wegen seiner kleinen Semmeln verspottet hatte, wartete man auf sein erstes Auftreten „in der Freiheit". In einer seiner zahlreichen Improvisationen erzählte er dann, dass es ihm im Gefängnis recht gut gegangen sei. Man habe ihm die Semmeln des Bäckers XY durchs Schlüsselloch gesteckt.

Als der Unterrichtsminister *Hurdes* in den Fünfzigerjahren die „Schmutz- und Schundliteratur" verbieten wollte, holte **Helmut Qualtinger** mit seinen Freunden in der Nacht die Buchstaben „U" von den Anschriften so mancher Geschäfte der Innenstadt. Dann empfahl er in einem offenen Brief an den Minister, den Buchstaben „U" zu verbieten, „da, Herr Minister *Hurdes,* man das U ausrotten muss, um jeden Schmutz und Schund erfolgreich zu bekämpfen."

Das Wiener Kabarett hat eine **lange Tradition** – in Wien wurden eigene Kabarett-Formen kreiert, etwa die Doppel-Conference – und sicher auch eine blühende Zukunft.

Es gibt in Wien bevorzugte Spielstätten für Kabarettisten. Sie sind meist in den Außenbezirken, oft bieten sie zum Kulturbetrieb auch Speis und Trank. Bei einem Besuch müssen Sie unbedingt die **Karten vorbestellen,** die Kabarettvorstellungen sind chronisch ausverkauft. Die Programme erfahren Sie in den Tageszeitungen.

Spielstätten

●**Kulisse,** Rosensteingasse 39, 1170 Wien, Tel. 4853870.

Besonders beliebt wegen seiner Wirtshausatmosphäre, der Theatersaal ist ein adaptiertes Vorstadtwirtshaus. Warme Küche gibt es bis 24 Uhr, das Lokal hat bis 1 Uhr geöffnet, das Programm startet um 20 Uhr. Der Besucher hat tatsächlich das Gefühl, vor ihm agiere jemand auf dem „Brettl". Es gibt unterschiedliche Einheitspreise bei freier Platzwahl, daher ist es dem Zuschauer nicht anzuraten, die in Wien sonst übliche Verspätung von ca. 15 Minuten einzuhalten.

●**Metropol,** Hernalser Hauptstraße 55, 1170 Wien, Tel. 40777407.

Ursprünglich schwarzes (ÖVP) Gegenstück zur roten (SPÖ) Kulisse. Besteht aus drei getrennten Häusern: dem großen Saal (550 Sitzplätze), dem „Hernalser Stadttheater" (99 Sitzplätze) und dem auf Kinderprogramme zugeschnittenen „Metropolino" (100 Sitzplätze). Auch hier können Sie typische „Brettl-Atmosphäre" genießen.

●**Spektakel,** Hamburgerstraße 14, 1050 Wien, Tel. 5870653.

Eines der ersten Kabarettlokale. Hat neben dem Theatersaal ein Restaurant und gehört zum Komplex des benachbarten Szenelokales „Celeste".

●**Kabarett Niedermair,** Lenaugasse 1a, 1080 Wien, Tel. 4084492.

Die Karten kosten je nach Programm zwischen 5 und 20 €.

●**Vindobona,** Wallensteinplatz 6, 1200 Wien, Tel. 3324231.

Unterschiedliche Preise, Lokal getrennt vom Kabarettbetrieb.

●**Kabarett Simpl,** Wollzeile 36, 1010 Wien, Tel. 5124742.

Bürgerliches Unterhaltungskabarett mit langer und erfolgreicher Tradition. Im Simpl spielte *Karl Farkas* mit seinem Partner *Ernst Waldbrunn* die großartigen Doppelconferencen. Die Preise betragen Mo–Fr 8,70–37,80 €. Am Wochenende sind sie 2,90 € teurer.

Kabarettisten

Unter den vielen **Kabarettisten** gibt es einige, die – trotz mancher Sprachbarrieren – auch in Deutschland an Bedeutung gewonnen haben:

Lukas Resetarits ist der Altstar unter den Wiener Kabarettisten, für einen „Piefke" oft nur mit Simultandolmetscher verständlich. Seine Schwäche ist gleichzeitig seine Stärke: Er schafft es großartig, sich den Text nicht zu merken. Gerade aus dem Herumimprovisieren gelingen ihm dann die besten Pointen. Er spielt das alte Nummern-Kabarett, wobei die Conference-Texte zwischen den Nummern immer umfangreicher werden, bis sie schließlich eigene „Nummern" werden. Als Inspektor „Kottan" (Einwienerung von *Jerry Cotton*) ist Resetarits österreichweit im Fernsehen erfolgreich.

Erwin Steinhauer pflegt einen vollkommen kontroversen Stil; eher ein Schauspieler denn ein improvisierender Kabarettist, sitzt jede Pointe „wie eingelernt"; für Piefkes auf Grund der abgerundeten Aussprache kein Problem.

Josef Hader hat das Kabarett vor der Erstarrung in einzelnen Nummern gerettet, er bezieht sich und das Publikum in die Nummer mit ein, spielt oft gegen das Publikum, um zu testen, wie weit er die Irritation treiben kann. Er schreibt und spielt zusammen mit *Alfred Dorfer* die tragisch-komische Farce „Indien", eine der besten Theaterproduktionen der letzten Jahre.

Für **Die Hektiker** ist „Kabarett" reine Publikumsunterhaltung, daher sind sie eigentlich keine Kabarettisten, bestenfalls Humoristen. Ihre Witze bewegen sich auf unterem Mittelschülerniveau, deswegen sind sie wohl so beliebt.

Andreas Vitasek kommt ursprünglich von der Pantomime; er bevorzugt jetzt ein Stilgemisch aus Clownerie, Slapstick und Kabarett.

Richard Weiß wurschtelt sich als neue Verkörperung des altwiener „Hanswursts" als Kabarettist und Musiker durch. Er spielt Gitarre, Dobro, Maultrommel, Mund- und Knöpferlharmonika und schreibt dazu schräge Texte im Stil des „Wiener Blues".

Konzerte

Täglich gibt es **klassische Konzerte** in zwei renommierten Häusern:

Stadt und Bewohner

Kino

Das Programm der Kinos entnehmen Sie ebenfalls den Tageszeitungen. Zusätzlich zum normalen Angebot gibt es in Wien einige Programmkinos, die hier kurz vorgestellt werden sollen:

●**Österreichisches Filmmuseum,** Augustinerstr. 1, 1010 Wien, Tel. 5337054. Bringt Filmklassiker von den *Marx-Brothers* bis *Erich Stroheim.*

●**Urania,** Uraniastraße 1, 1010 Wien, Tel. 7158206. Das „klassische" Wiener Kino.

●**Stadtkino,** Schwarzenbergplatz, 1030 Wien, Tel. 7126276. Delikate Auswahl für Cineasten, bevorzugt Filme außerhalb der Firma Hollywood & Co, speziell Lateinamerika und Russland.

●**Filmhaus Stöbergasse,** Stöbergasse 11-15, 1050 Wien, Tel. 5466630. Filme für Cineasten.

●**Bellaria-Kino,** Museumstraße 3, 1070 Wien, Tel. 5237591. Zeigt Filme aus den Vierziger- und Fünfzigerjahren, also die „Wiener Klassiker": *Hans Moser, Paul Hörbiger* und *Paula Wessely* unlimited. Aussehen des Kinos und Alter der Besucher passen zu den gezeigten Filmen.

●**Votiv-Kino,** Währinger Straße 12, 1090 Wien, Tel. 3173571. Zeitkritische Filme fernab der gängigen Vertriebs-

●**Konzerthaus,** Lothringerstraße 20, 1030 Wien, Tel. 7121211. Hat mehrere Säle (Mozartsaal, Großer Saal), bietet oft E-Musik der Gegenwart. Im November und Dezember findet das von *Claudio Abbado* gegründete Festival „Wien Modern" statt. Meist sind die Komponisten anwesend.

●**Musikverein,** Karlsplatz 6, 1010 Wien, Tel. 5058190. Weltbekannt durch seine Akustik sowie durch das in alle Welt übertragene Konzert am Neujahrstag. Veranstaltungen parallel im Brahmssaal sowie im Großen Saal.

●**Weitere** konzertante Aufführungen, Orgelkonzerte, Liederabende, aber auch Pop-Konzerte entnehmen Sie am besten den Tageszeitungen.

Mozartdenkmal

netze, bietet sonntags ein beliebtes Kinofrühstück.

Openair

Während der **Sommermonate** gibt es zusätzliche Angebote, die warmen Abende im Freien mit **Kultur und Kulinarik** und vielen **Gelsen** (Stechmücken) ausklingen zu lassen. Termine und Fakten wechseln von Jahr zu Jahr. Sollten Sie vor Ort sein, so ist es möglich, dass manche Angaben nicht mehr stimmen. Informieren Sie sich in Tageszeitungen oder Programmheften des Tourismusverbandes!

● **Musikfilm-Festival,** Rathausplatz, Filme ab Einbruch der Dunkelheit.

Auf einer Großleinwand werden **Operninszenierungen** mit Dirigenten wie *Karajan* und *Bernstein* gezeigt. Freier Eintritt und freie Platzwahl, als Zugabe gibt es an die 50 **Standerln** (Imbissbuden) mit Spezialitäten aus aller Welt.

● **Summer Stage,** Direkt auf dem der City zugewandten Ufer des Donaukanals, am ehesten zu erreichen von der U-4 Station Rossauer-Lände.

Mischung aus **verschiedenen Restaurants und** noch mehr verschiedenen **Musikrichtungen,** dahinter der plätschernde Donaukanal, dazwischen die Trampolinspringer und die Beach-Volleyballer. Von etwa 15.00 bis 1.00 Uhr morgens. An der Rampe zum Donaukanal gibt es zudem eine Reihe von **Lokalen,** so etwa das „Flex", das von Insidern als der „tollste Klub von Europa" bezeichnet wird.

Siehe unter „A–Z/Nachtleben/Szene-Lokale"!

● **Kino unter Sternen,** Im Augarten (zu erreichen mit Tram 31 ab U-Bahn-Station Schottenring, Aussteigen bei Gaußplatz) werden auf einer Großleinwand **Filmklassiker** gezeigt. Und wer will nicht sehen, wie der *Bergmann* in Ricks's Bar die Träne in Originalgröße über die Wange kullert? Die Filme sind in der Regel in der Originalversion. Dazu gibt es viele **Standerln** mit Spezialitäten aus aller Welt. In der Regel beginnen die Filme um 21.30 Uhr.

● **Donauinsel,** Die Adresse für Nachtschwärmer unter freiem Himmel, wenn sich in den Sommermonaten die Szene vom stickigen 1. Bezirk zur kühleren Donau verlagert. **Dancing** und ein **Sprung in die lauen Fluten.** Bis Mitternacht kann man mit der U-1 (Station Donauinsel) zurück in die City fahren.

Im Juni (kalendermäßig variabel) gibt es ein drei Tage dauerndes „**Donauinselfestival",** wo in Zelten auf einer Länge von mehreren Kilometern heimische und ausländische Stars auftreten.

Museen

In Wien **wimmelt es von Museen** aller Art. Der Wiener findet nicht immer Zugang zu seinen Museen, vielleicht auch deswegen, weil laut dem Autor *Hermann Broch* Wien selbst ein einziges Museum ist und kleine Spezialmuseen für das Lebensheil gar nicht benötigt werden.

Stadt und Bewohner

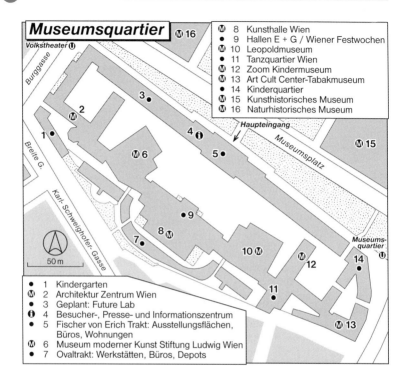

Museumsquartier

Volkstheater Ⓤ

- Ⓜ 16
- Ⓜ 8 Kunsthalle Wien
- ● 9 Hallen E + G / Wiener Festwochen
- Ⓜ 10 Leopoldmuseum
- ● 11 Tanzquartier Wien
- Ⓜ 12 Zoom Kindermuseum
- Ⓜ 13 Art Cult Center-Tabakmuseum
- ● 14 Kinderquartier
- Ⓜ 15 Kunsthistorisches Museum
- Ⓜ 16 Naturhistorisches Museum

Burggasse

Breite G.

Karl-Schweighofer-Gasse

Haupteingang

Museumsplatz

Ⓜ 15

Museumsquartier Ⓤ

50 m

- ● 1 Kindergarten
- Ⓜ 2 Architektur Zentrum Wien
- ● 3 Geplant: Future Lab
- ⓘ 4 Besucher-, Presse- und Informationszentrum
- ● 5 Fischer von Erich Trakt: Ausstellungsflächen, Büros, Wohnungen
- Ⓜ 6 Museum moderner Kunst Stiftung Ludwig Wien
- ● 7 Ovaltrakt: Werkstätten, Büros, Depots

Es gibt ein derart **reiches Angebot** an Museen in Wien, dass man ungefähr drei Jahre brauchen würde, um allen Museen einen genauen Besuch abzustatten. Die Palette reicht von Victor-Adler-Gedenkstätte bis zum Zweiradmuseum, weiter gibt es das Schubert-Geburtshaus ebenso wie das Schubert-Sterbehaus, und manchmal können Sie nach den Gesetzen der angewandten Synergie auch einen Duplizitätseffekt genießen: So befindet sich im Haydn-Wohnhaus gleichzeitig eine Brahms-Gedenkstätte!

Andere Musiker, wie **Beethoven,** haben es zu Lebzeiten den Museumserrichtern leicht gemacht, da er in 24 verschiedenen Wohnungen gehaust hat. Einige davon kann man besichtigen (siehe nachstehende Übersicht).

Trotz der vielen Museen werden Sie kaum etwas finden, was der Tate Gallery in London oder der Guggenheim-Stiftung in Venedig entspricht. Häuser, in denen etwas gezeigt wird, was mit so etwas Eigenartigem wie der **Kunst der Gegenwart** zu tun hat, lassen sich an den Fingern einer Hand aufzählen.

Das ist aber gar nicht so erstaunlich, wenn man sich *Hermann Brochs* Charakterisierung vor Augen hält: „In Erfüllung seiner Traditionspflicht wurde Wien zum Museum seiner selbst." Eine herausragende Position nimmt allerdings das Museumsquartier (kurz MQ, sprich: „Muqua") ein.

Museumsquartier

Museumsplatz 1, 1070 Wien, Tel: 5235881.

Im Juni 2001 wurde das MQ als großräumiges Zentrum für moderne Kunst eröffnet und gilt als eines der größten **Kulturviertel** der Welt. Erreichbar ist es sowohl von den U-Bahn-Stationen „Volkstheater" als auch „Museumsquartier". Das gesamte Areal ist rund um die Uhr frei zugänglich, für manche Gebäude muss jedoch Eintritt bezahlt werden. Infos im Internet unter: www.mqw.at (mq).

Auf dem Gelände gibt es sieben Restaurationsbetriebe, so das „Cafe Leopold" (mit dem Versuch, die Kaffeehaustradition in die Designersprache des 21. Jahrhunderts zu übertragen) oder das altbekannte „Glacisbeisl". Jährlich werden 1,1 Millionen Besucher erwartet, 250.000 davon alleine im „Leopold-Museum".

Der Gebäudekomplex wurde ab 1713 von *Fischer von Erlach* (Vater und Sohn) errichtet; er diente damals als Hofstallgebäude. Nach dem Ersten Weltkrieg wurde er unter der Bezeichnung „Messepalast" als Ausstellungsareal genutzt. Seit 1980 gab es Debatten über eine Neuadaptierung als Museumsquartier. Proteste der Kronen-Zeitung haben eine großzügigere Lösung verhindert. Im Juni 2001 wurden die meisten Teile des MQs eröffnet.

Die wichtigsten Einzelbauten sind:

- **Leopold-Museum,** weltgrößte Sammlung von Werken *Egon Schieles* sowie der zu Beginn des 20. Jahrhunderts entstandenen „Moderne" mit *Klimt*, *Kokoschka* etc. Geöffnet: Mo, Mi, Do 11.00–19.00, Fr 11.00–21.00, Sa, So 10.00–19.00 Uhr, Eintritt: 9,10 €.
- **MUMOK,** Museum moderner Kunst Stiftung Ludwig Wien, Europas größte Sammlung von moderner und zeitgenössischer Kunst. Geöffnet: Di–So 10.00–18.00, Mo geschlossen, Eintritt: 6,50 €.
- **Kunsthalle Wien,** Ausstellungshalle für Film und Fotografie bis zu neuen Medien. Geöffnet: täglich 10.00–19.00 Uhr, die Kombikarte für Halle 1 und Halle 2 kostet 8 €, Info unter: www.kunsthallewien.at.
- **Zoom Kindermuseum,** spielerisches Forschen und Lernen mit Ausstellungen aus Kultur, Gesellschaft und Wissenschaft, Eintritt: 3,60 €.
- **Architektur Zentrum Wien,** Museum mit Präsentationen, Workshops und Symposien. Geöffnet: täglich 10.00–19.00, Eintritt: 5 €.

Weitere Museen

Im Folgenden eine alphabetische Auswahl weiterer interessanter Museen. Zeigen Sie an der Kasse Ihre **Vienna Card** vor – oft erhalten Sie Ermäßigungen. Die meisten staatlichen Museen haben am **ersten Sonntag** jedes Monats freien Eintritt, ebenso am Nationalfeiertag, dem 26. Oktober.

Stadt und Bewohner

●**Akademie der bildenden Künste,** Schillerplatz 3, 1010 Wien, Tel. 58816228.

Erreichbar mit den Straßenbahnen D, J, 1 und 2. Die Öffnungszeiten sind Di, Do und Fr 10.00–14.00 Uhr, Mi 10.00–13.00 Uhr sowie 15.00–18.00 Uhr, Sa, So und Feiertag 9.00–13.00 Uhr. Die Astereotypie von Öffnungszeiten gehört zu Wien wie die Verschiedenheit der Käsesorten zu Frankreich.

Zu besichtigen sind ca. 250 **Gemälde** vom Mittelalter bis zur Gegenwart. Darunter *Bosch, Cranach, Tizian, Rubens, Rembrandt,* aber auch *Wotruba, Hundertwasser* und *Rainer.*

●**Albertina,** Augustinerstraße 1, 1010 Wien, Tel. 534830.

Zu erreichen von der U-Bahn-Station Karlsplatz. Große Teile sind zurzeit geschlossen, erkundigen Sie sich unter Tel. 5348323.

Die grafische Sammlung Albertina ist mit 40.000 **Zeichnungen** und über 1 Million **Kunstblättern** (Stiche, Radierungen etc.) die größte der Welt. Die wichtigsten Blätter sind: *Dürers* „Hase", *Raffaels* „Madonna mit dem Granatapfel" sowie Portraitzeichnungen von *Rubens*. Wer Interesse an Studien und Skizzen, aber auch an Endprodukten der Klassiker hat, sollte sich über die Kulturvermittlung an der Albertina informieren: Tel. 581306011.

●**Beethovengedenkstätten** (alle drei haben geöffnet: Di bis So 9.00–12.15 sowie 13.00–16.30 Uhr).

Pasqualatihaus, Mölkerbastei 8, 1010 Wien, Tel. 5358905: Zwischen 1804 und 1814 bezog *Beethoven* saisonal ein oder zwei Räume im vierten Stock.

Heiligenstädter-Testament-Haus, Probusgasse 6, 1190 Wien, Tel. 375408: Hier – zwischen Heurigen und Weinrieden – verfasste *Beethoven* sein an seinen Bruder gerichtetes Testament, in dem er sich bitter über seine fortschreitende Taubheit beklagt und seinen Bruder recht heftig beschimpft. Kuriosität am Rande: *Beethoven* hat den Brief nie abgeschickt.

Eroica-Haus, Döblinger-Hauptstr. 92, 1190 Wien, Tel. 3691424: Hier wohnte *Beethoven* im Sommer des Jahres 1803.

●**Bestattungsmuseum,** Goldeggasse 19, 1040 Wien, Tel. 501954227.

Erreichbar mit dem Bus 13 A (Mommsengasse) oder mit der Schnellbahn (Südbahnhof). Die Öffnungszeiten sind Mo bis Fr 12.00–15.00 Uhr, vorheriger Anruf notwendig.

Hier werden Sie mit den Plänen konfrontiert, Leichen hydraulisch von Wien zum Zentralfriedhof zu befördern. Bewundern Sie die schönsten Totenköpfe Wiens. Der Nachweis der praktizierten Nekrophilie ist nicht erforderlich.

●**Ephesos-Museum,** Neue Hofburg, Heldenplatz, 1010 Wien, Tel. 525240. Erreichbar mit den Straßenbahnen D, J, 1, 2. Die Öffnungszeiten sind täglich, außer Di, 10.00–18.00 Uhr.

Wer die Errungenschaften des alten Hellas schätzt, der wird sich hier zu Hause fühlen. Zu besichtigen sind die **Ausgrabungen** österreichischer Archäologen in Ephesos und in Samothrake; die wichtigsten Funde sind das Parthermonument, das Artemision, Bronzeskulpturen und das Stadtmodell von Ephesos.

●**Freud-Museum** (Sigmund-Freud-Museum), Berggasse 19, 1090 Wien, Tel. 3191596.

Geöffnet 9.00–16.00 Uhr, im Sommer auch bis 18.00 Uhr.

Behandlungsräume und **Wohnung** von *Sigmund Freud*. Die Sprechstunde war bei „Prof. Dr. Freud" zwischen „3–4". *Karl Kraus* behauptete, die Psychoanalyse sei jene Krankheit, für deren Heilung sie sich hält. Wie *Sigmund Freud* über *Karl Kraus* denkt, ist nicht bekannt, da es kein Karl-Kraus-Museum gibt.

●**Herzgruft der Habsburger,** Augustinerstr. 3, 1010 Wien, Eingang in die Augustinerkirche, Tel. 53370990, nur gegen telefonische Voranmeldung.

Erreichbar mit den Straßenbahnen D, J, 1, 2. Die Öffnungszeiten sind täglich, außer So, 10.00–17.00 Uhr nach telefonischer Vereinbarung. Der Eintritt ist frei.

Zu besichtigen sind **54 Urnen** mit den Herzen der Habsburger, Erläuterungen gibt Pater *Gottfried.*

●**Historisches Museum der Stadt Wien,** Karlsplatz, 1040 Wien, Tel. 5058747.

Erreichbar mit U4, U2, U1 sowie den Straßenbahnen D, J, 1, 2, 62 und 65. Die Öffnungszeiten sind täglich, außer Mo, 9.00-16.30 Uhr.

Keine Auflistung von Jahresdaten oder Abfolgen von Herrscherhäusern; konkret und plausibel wird hier die historische Entwicklung Wiens dokumentiert. **Biedermeier- und Jugendstilwohnunge**n wurden nachgebaut, **Modelle** der alten Stadt aufgestellt. Äußerst interessant für Besucher mit einer Vorliebe für Stadtplanung und *oral history*. Ideal als Antwort auf die Frage: „Und wie hat sich das Leben damals wirklich abgespielt?"

●**Kriminalmuseum,** (Wiener Kriminalmuseum), Große Sperlgasse 24, 1020 Wien, Tel. 2144678.

Geöffnet: Mi, Do, Sa und So 10.00–17.00 Uhr; Straßenbahn N oder 21, (Aussteigen am Karmeliterplatz).

Wie ermordete der Dienstbotenmörder *Hugo Schenk* seine Opfer? Wie wurde *Hugo Schenk* nach seiner Verurteilung hingerichtet? Wie schaute der Henker aus? Nach einem Besuch in diesem Museum wissen Sie alles über die Mörder und Strizzis (Ganoven) von Wien.

●**Kunsthistorisches Museum,** Burgring 5, 1010 Wien, Tel. 525240.

Erreichbar mit den Straßenbahnen D, J, 1, und 2. Öffnungszeiten: viele Teile täglich, außer Montag, 10.00-18.00 Uhr. Die Übersichtsführungen beginnen täglich um 10.30 Uhr.

Die schiere Größe des Museums stellt Sie vor die Wahl: Entweder Sie

Stadt und Bewohner

absolvieren einen Überblicksdurchgang, oder Sie reduzieren Ihr Interesse auf bestimmte Gebiete. In den ca. 100 Sälen gibt es **fünf verschiedene Sammlungen:**

1. Ägyptisch-orientalische Sammlung.

2. Antikensammlung: Vasenmalerei, Gemmen, Schatzfunde aus der Völkerwanderungszeit.

3. Sammlung für Plastik und Kunstgewerbe: Goldschmiedekunst, Steinschneidekunst, Holzschnitzereien, Uhren und Automaten.

4. Gemäldegalerie: italienische, niederländische und deutsche Malerei des 15. bis 18. Jh. *(Rubens, Rembrandt, Tizian, Tintoretto, Dürer, Holbein).* Unter den Kunstliebhabern aller Welt gilt das Museum als erste Adresse in Sachen *Breugel dem Älteren* sowie dessen zwei Söhnen. Do bis 21.00 Uhr geöffnet.

5. Münzkabinett: ca. 50.000 antike, mittelalterliche und neuzeitliche Münzen und Medaillen.

● **Lipizzaner Museum,** Hofburg, Reitschulgasse 2, 1010 Wien, Tel. 5337811, Fax: 5333853, Internet: www.lipizzaner.at.

Geöffnet: täglich 9.00–18.00 Uhr, Führungen täglich um 11.00 Uhr; U 3 Station Herrengasse

Im neu errichteten Museum erfährt man Fakten über die wechselhafte Geschichte der Lipizzaner. Mit einer Zusatzkarte („Morgenarbeit") kann man die derzeit 74 Hengste bei der Morgenarbeit in der Reitschule betrachten.

● **Museum des Blindenwesens,** Wittelsbachstraße 5, 1020 Wien, Tel. 24926714.

Erreichbar: Straßenbahn N (Wittelsbachstraße). Öffnungszeiten: Nach Voranmeldung an Schultagen.

Zu besichtigen sind Blindenhilfsmittel sowie die Entwicklung der Blindenbildung.

● **Museum des 20. Jahrhunderts („20er Haus"),** Schweizer Garten, Arsenalstr. 1, 1030 Wien, Tel. 7996900.

Erreichbar mit allen Schnellbahnen (Südbahnhof) sowie den Straßenbahnen D, O und 18. Die Öffnungszeiten sind täglich, außer Mo, 10.00– 18.00 Uhr.

Das Museum selbst wurde vom Architekturpapst der Fünfzigerjahre, *Karl Schwanzer,* ursprünglich als Österreichpavillon bei der Weltausstellung in Brüssel 1958 errichtet. Im Volksmund wird es allgemein als „Zwanz'gerhaus" bezeichnet.

Es ist für alle empfehlenswert, deren Kunstverständnis nicht mit der Jahrhundertwende aufhört. Zu besichtigen sind verschiedene **Exponate** aus der Zeit von **1910 bis zur Gegenwart** *(Picasso, Magritte, Duchamp, Grosz, Gütersloh, Hundertwasser, Mikl).* In einem 3000 m² großen Skulpturengarten stehen Werke u. a. von *Moore, Wotruba* und *Giacometti.* Dazu gibt es Einzelausstellungen zu bestimmten Themen.

● **Museum für Völkerkunde,** Neue Hofburg, Heldenplatz, 1010 Wien, Tel. 534300.

Stadt und Bewohner

Erreichbar mit den Straßenbahnen D, J, 1, 2. Die Öffnungszeiten sind täglich, außer Di, 10.00–16.00 Uhr, von Januar bis März jedoch 10.00–18.00 Uhr.

Fremde Völker, ihre Sitten und Gebräuche, Kult und Magie, Totem und Ritual: Bei Interesse für **außereuropäische Kulturen** kommen Sie hier sicher auf Ihre Kosten. Von etwa 200.000 Inventarobjekten sind 6.000 bis 8.000 ständig ausgestellt.

●**Naturhistorisches Museum,** Burgring 7, 1010 Wien, Tel. 521770.

Erreichbar mit den Straßenbahnen D, J, 1, 2, 46 und 49. Die Öffnungszeiten sind täglich, außer Di, 9.00–18.00 Uhr.

Alte Tiere, alte Pflanzen, alte Steine. Aus einem Gespräch mit dem Portier der Anthropologischen Sammlung: „Bleibens nicht zu lang drinnen, der Herr Doktor sammelt Skelette."

Zu besichtigen sind Sammlungen in insgesamt **36 Sälen.** Für alle Säle fehlt Ihnen sicher Zeit und Kondition, daher empfiehlt sich die Konzentration auf einige wenige Säle.

Säle 1–5: Mineralogisch-Petrografische Abteilung, „unbelebte Natur".

Säle 6–10: Geologisch-Paläontologische Abteilung, „Sedimente und Lebensspuren von vergangenen Erdzeitaltern".

Oberes Belvedere

Für jene, die sich für das **19. Jh.** sowie für die Klassiker der **Moderne** interessieren. Besonders schön und für Wien bedeutsam ist die **Jugendstilabteilung** (*Schiele, Klimt* und andere).

Museum Internationale Kunst des 19. Jahrhunderts (etwa *Millet, Manet, Renoir, Rodin, Beckmann* und *Feuerbach*).

Österreichische Kunst des 19. Jahrhunderts (hier sind sie endlich, die Herren *Schiele, Klimt* und *Kolo Moser*, dazu noch Werke des Historismus von *Makart* und Konsorten).

Österreichische Kunst des 20. Jahrhunderts (die wichtigsten Werke aus der Zwischen- und Nachkriegszeit, *Kokoschka, Boeckl, Wiegele* und *Hrdlicka*).

Säle 11–15: Prähistorische Abteilung.
Säle 16–17: Anthropologische Abteilung.
Saal 21: Botanische Abteilung.
Säle 22–39: Zoologische Abteilung.

●**Österreichische Galerie,** Prinz-Eugen-Straße 27, 1030 Wien, Tel. 795570 (im Belvedere).

Erreichbar mit der Tram D (Schloss Belvedere). Geöffnet täglich, außer Mo, 10.00–17.00 Uhr.

●**Österreichisches Museum für angewandte Kunst ("MAK"),** Stubenring 5, 1010 Wien, Tel. 711360.

Erreichbar mit den Straßenbahnen 1 und 2. Die Öffnungszeiten sind täglich, außer Mo, 10.00–18.00 Uhr, am Do bis 21.00 Uhr.

Wer sich für Kunstgewerbe und **Kunsthandwerk,** für **Einrichtungsgegenstände** und Mobiliar zwischen Dekor und Funktionalität interessiert, dem ist ein Besuch unbedingt zu empfehlen. Zu besichtigen sind in insgesamt 12 Sälen: Kunstblättersammlung, Glas und Porzellan, Möbel (vom Mittelalter bis zur Gegenwart), Textilien (Orientteppiche) und *last, but not least* das Archiv der Wiener Werkstätten, die ihrer Bedeutung nach dem Bauhaus vergleichbar sind, deren Arbeitsweise sich aber am Jugendstil orientiert.

Mahnmal gegen den Faschismus von Alfred Hrdlicka

Stadt und Bewohner

● **Österreichisches Theatermuseum,** Lobkowitzplatz 2, 1010 Wien, Tel. 512880033.

Liegt hinter der Staatsoper. Öffnungszeiten: Di bis So 10.00–17.00 Uhr, Mi 10.00–21.00 Uhr. Requisiten, Kostüme, Bühnenmodelle.

● **Papyrussammlung,** Augustinerstr. 1, 1010 Wien, Tel. 53410323.

Erreichbar mit den Straßenbahnen D, J, 1, 2. Die Öffnungszeiten sind Mo bis Fr 9.00–13.00 Uhr; im September geschlossen. Der Eintritt ist frei. Führungen sind nach Vereinbarung möglich.

Es geht nicht nur um vergilbte Fetzen, sondern um **Zeitdokumente der Ur- und Frühgeschichte** in verschiedenen Formen (Leinen, Pergament, Papyrus, Tonscherben). Die behandelten Themen kommen aus den Bereichen Literatur, Religion, Mathematik, Medizin (etwa das älteste Zahnputzmittelrezept der Welt), Recht, Steuerwesen, Tierhaltung, Militär (so etwa das zweitälteste lateinische Schriftstück der Welt) und Schule. Die Sprachen reichen von Ägyptisch, Griechisch, Lateinisch, Hebräisch, Syrisch bis zu Arabisch.

● **Schatzkammer,** Hofburg, Schweizerhof, 1010 Wien, Tel. 525240.

Zu erreichen mit den Straßenbahnen D, J, 1 und 2. Die Öffnungszeiten sind täglich, außer Di, 10.00–18.00 Uhr.

In der Schatzkammer ist der **Prunk vergangener Jahrhunderte** gesammelt. Ehedem gehörte er Königen, Bischöfen und – natürlich den Kaisern aus dem Hause Habsburg. Reden Sie nicht allzu laut, Sie könnten totgeglaubte Geister sonst zum Leben erwecken. Dieses Museum gilt als die größte Schatzkammer im deutschen Sprachraum.

Die 21 Säle beinhalten: Königsinsignien und Kleinodien des Heiligen Römischen Reiches Deutscher Nationen sowie die Krönungsgewänder; den Burgunderschatz aus dem Besitz der burgundischen Herzöge; persönliche Erinnerungsstücke an einzelne Mitglieder des Kaiserhauses (Wiegen, Juwelen, Schmuck); kirchliche Geräte vom 15. bis zum 19. Jh.

● **Schnapsmuseum** (genauer: Alt-Wiener Schnapsmuseum), Wilhelmstraße 19, 1120 Wien, Tel. 8157300

Erreichbar von der Station Philadelphiabrücke der U 6, dann zu Fuß in die Wilhelmstraße.

Der **alte Destilleriebetrieb – 1875** gegründet – ist auch heute noch Spezialist für Brände und Liköre. Die vom Firmengründer aufgestellte Rezeptur wird stets an den jeweils nächsten Erben weitergegeben.

Vor kurzem hat sich der jetzige Besitzer *Ferry Fischer* entschlossen, zusätzlich zur Destillerie durch Publikumsführungen Einblick in das alte Handwerk des Schnapsbrennens zu geben. Interessant sind auch die Büroeinrichtungen aus dem 19. Jh. Unbedingt Voranmelden!

● **Schubert-Gedenkstätten** (beide haben geöffnet: Di bis So 9.00–12.15 sowie 13.00–16.30 Uhr).

Geburtshaus, Nußdorferstraße 54, Tel. 3173601. In der aus Zimmer und Küche bestehenden Wohnung lebte *Schubert* mit Eltern und zahlreichen seiner Geschwister.

Sterbezimmer, Kettenbrückengasse 6, 1040 Wien, Tel. 5816730. Hier lebte der *Paul McCartney des Biedermeier* vom 1. September 1828 bis zu seinem Tod am 19. November 1828.

●**Technisches Museum,** Mariahilferstraße 212, 1140 Wien, Tel. 91416100, Internet: www.tmw.ac.at.

Erreichbar mit den Linien 52 und 58 (Penzinger Str.). Seit 1999 wieder geöffnet.

Interessierte Kinder und Liebhaber von Technik und Technologie des 19. Jahrhunderts sowie der Entwicklung bis (fast) in die Gegenwart kommen hier auf ihre Kosten.

Die 31 Abteilungen veranschaulichen auch die Leistungen österreichischer Techniker und Erfinder. Sie sehen hier etwa die älteste Nähmaschine der Welt, die älteste Schreibmaschine, das Benzinautomobil von *Siegried Marcus* (1875), den ersten Elektromotor (1875) und den Originalentwurf der Schiffsschraube von *Ressel* (1875). Vor dem Museum steht die erste von *Viktor Kaplan* konstruierte Tiefdruckturbine der Welt.

Im Museum befinden sich auch Nachbauten eines Steinkohlebergwerkes, einer Sensenschmiede sowie einer Goldschmiedewerkstätte. Angeschlossen sind ein Eisenbahn- sowie ein Post- und Telegrafenmuseum.

●**Uhrenmuseum,** Schulhof 1, 1010 Wien, Tel. 5332265.

Erreichbar mit allen Ringlinien (Aussteigen am Schottentor), weiter mit Bus 1A (Am Hof).

Die Öffnungszeiten sind täglich, außer Mo, 9.00–16.30 Uhr.

Zu besichtigen sind über 1.200 Exponate, unter anderem Uhren mit Intarsien (aus Elfenbein und Silber), das Nürnberger Ei, die riesige astronomische Uhr von *David Cajetan* (1754-1769), eine 1,5 Tonnen schwere Turmuhr und handgeschmiedete Bauernuhren.

●**Unteres Belvedere,** Rennweg 6A, 1030 Wien, Tel. 795570.

Erreichbar mit der Straßenbahn 71 (Unteres Belvedere). Die Öffnungszeiten sind täglich, außer Mo, 10.00–17.00 Uhr.

Hier sehen Sie die Klassiker der Aquarellkunst.

Im Unteren Belvedere befinden sich:
●Museum mittelalterlicher österreichischer Kunst
●Österreichisches Barockmuseum
●Museum internationaler Kunst des 20. Jahrhunderts (Werke des Expressionismus und der Zwischenkriegszeit).

●**Heeresgeschichtliches Museum,** Arsenal 18, 1030 Wien, Tel. 795610.

Geöffnet: tägl. außer Fr, von 10.00–16.00 Uhr. Erreichbar mit Straßenbahn 18 (bis Ghegastraße) oder Bus 69A (bis Arsenal). Siehe auch Exkurs.

Die Monarchie, der Ruhm und der Tod – im Heeresgeschichtlichen Museum

Nach der Revolution von 1848 wurden außerhalb des damaligen Wiener Stadtgebietes **drei Kasernen** errichtet, die es im Rahmen der Gegenrevolution den Heerestruppen ermöglichen sollten, das Stadtgebiet zu kontrollieren.

Die weitaus größte der Kasernen war das ursprünglich aus 31 Objekten bestehende **Arsenal**, das darüber hinaus eine Gewehrfabrik und Werkstätten für die Produktion von Geschützen beherbergte. Der Mittelteil dieser Anlage wurde als Museum der Heeresgeschichte eingerichtet.

Eingestimmt wird der Besucher gleich hinter dem Eingang in der **Feldherrenhalle**. Sie erhielt laut kaiserlicher Entschließung vom 18. 2. 1863 die Bestimmung, die „berühmtesten, immerwährender Nacheiferung würdigen Kriegsfürsten und Feldherren Österreichs" aufzunehmen.

Sechsundfünfzig Statuen aus Carraramarmor, alle 186 cm groß, alle gestützt auf Schwerter, Säbel oder Degen. Eine Tafel mit Namen und Lebensdaten. Von *Markgraf Leopold I.* über *Albrecht von Wallenstein* (über dessen standesgemäße Präsentation in der Feldherrenhalle es damals eine erregte Debatte gegeben hatte, denn das Dank des Hauses Habsburg neigte sich nicht auf *Wallensteins* Haupt) bis *Karl Fürst zu Schwarzenberg*.

Sechsundfünfzig Marmorkrieger in leichter Übergröße, die durch die Platzierung auf dem Sockel noch verstärkt wird. Da gibt es kein Durchlaufen, kein Hasten, kein lautes Herumtrampeln. Mit angezogenem Atem wird man auf leisen Sohlen mit angemessener und etwas beklemmender Würde vorwärts schreiten. Eine Störung wäre doch zu peinlich, am Ende schüttelt einer der Kriegsfürsten seinen Carraramarmor ab, klopft mit seinem Schwert dreimal auf den Sockel und beginnt lautstark mit dem Exerzieren.

Weiter oben geht es um den Ruhm. Die **Ruhmeshalle** ist im ersten Stock und wird von einer 26,5 m hohen Kuppel überwölbt. Die riesige Halle selbst ist vollkommen leer.

Der Ruhm braucht Platz, um sich ausweiten zu können, er benötigt Raum, um manifest werden zu können, er muss spürbar und erlebbar sein.

Wofür erwirbt sich jemand besagten Ruhm? – An den Wänden der Ruhmeshalle sind 43 Marmortafeln. Darauf sind in Gold die Namen der Generäle und Obersten eingraviert, die zwischen 1618 und 1918 rühmlicherweise „vor dem Feind" geblieben sind. Insgesamt 403 Offiziere, von jedem der Titel, der Todesort und das genaue Todesdatum. Von Oberst *Moritz Freiherr von Griechingen*, gefallen bei Lomnitz am 9. November 1618, bis Oberst *Paul Rath,* verwundet bei Asiago am 17. September 1918, der Verwundung erlegen am 19. September 1918.

Darüber insgesamt 45 Fresken. Sie zeigen Schlachten, Eroberungen, Belagerungen. Es beginnt mit der Erstürmung von Melk durch den *Markgrafen Leopold I. von Babenberg* und schließt mit der Schlacht bei Novara am 24. März 1849.

Die großen Fresken auf der Decke der Ruhmeshalle zeigen vier kolossale Schlachtszenen: die Schlacht bei Nördlingen 1634, die Schlacht bei St. Gotthard-Mogersdorf 1664, die Schlacht bei Zenta 1697 sowie die Schlacht bei Turin 1704.

Rechnen wir einmal zusammen: Nach „Kleindel, Österreich. Daten zur Kultur und Geschichte" gab es bei Nördlingen 24.000 Tote, bei St. Gotthard „gewaltige Verluste der Türken, bis heute nicht ermittelt", bei Zenta 26.000 Tote und bei Turin 11.000 Tote. Insgesamt also vielleicht 100.000 Tote, um einige Tote mehr als die lebenden Einwohner des heutigen Klagenfurt.

Gesamtansicht des Arsenals um 1856

Kann man mit den aufgebahrten Leichen die Ruhmeshalle füllen? Oder anders herum: Wieviele Ruhmeshallen braucht man, um die zerrissenen, zerfetzten und malträtierten Leichen zu bergen? Steigt der Ruhm proportional zur Größe des für die Aufbahrung erforderlichen Raumes?

Der historische Plan, erstellt von Oberleutnant Quirin *Leitner*, von der Generaladjunktur seiner Majestät des Kaisers mit der Einrichtung des Museums betraut, sah anderes vor: In der Ruhmeshalle sollten die Siegestrophäen ausgestellt werden, „gleichsam als heroische Erinnerungszeichen des

kaiserlichen Heeres". Und zwar wie folgt: im Hauptraum die türkischen Trophäen, im linken Nebenraum die preußischen Trophäen, im rechten Nebenraum die französischen und italienischen Trophäen.

Heute sind diese **Trophäen in den Seitentrakten** räumlich getrennt von der Ruhmeshalle ausgestellt und geben in den Vitrinen kund, mit welcher Zeichensprache Ruhm chiffriert wird, wie Ruhm deutlich und greifbar wird.

Da sind sie, die Kürasse, Standarten und Kommandostäbe der besiegten Feinde. Etwa die 3 Meter lange türkische Standarte mit dem islamischen Glaubensbekenntnis: „Es gibt keinen Gott außer Allah" sowie der Siegessure des Korans. Als Beutestücke ausgestellt in der Vitrine des Siegers: Die Standarte widerlegt beschämt die Alleinexistenz Allahs und gibt die Siegessure der Lächerlichkeit preis. *Vae victis.*

Kaiser Leopold I. wird präsentiert mit dem Siegelring von *Sultan Mustafa II.* Auf der Siegelfläche der Namenszug des Sultans sowie der lapidare Text: „Mustafa, Sohn des Mehmed Han, immer siegreich". Da bauscht sich der Ruhm, und die Ehre plustert sich, wenn der Ring auf dem Finger des Kaisers den eingravierten Text für immer widerlegt.

In einer anderen Vitrine sind Rossschweife gesammelt. Die Rossschweife, deren Zahl den Rang und die Würde des türkischen Befehlshabers anzeigte. Rang- und würdelos kollern sie zwischen Turbanen, Köchern und Silberblechen.

Ganz hinten der **Saal der schweren Artillerie.** Die Haubitzen, Kanonen und Panzerkuppeln des Ersten Weltkrieges. An der Wand „Die Namenlosen" von Albin Egger-Lienz.

Hier erhält der Tod die Schrecken zurück, die ihm der bunte Reigen der Kriegstrophäen genommen hat. Das Haubitzengeschütz mit dem Gesamtgewicht von 81 Tonnen, gravitätisch und kolossal, gegossen von der Waffenschmiede der Nation, den Skodawerken in Pilsen. Seine Glieder sind aus Stahl, sein Rumpf ist aus Stahl, sein Rohr ist aus Stahl und streckt sich 6,46 Meter lang, wahrscheinlich ist auch seine Seele aus Stahl. Der Tod, der hart und metallisch durchgefeuert wird, heißt Granate und ist 740 Kilogramm schwer. Nach 30 Kilometer Flugstrecke raucht und brennt der Tod: Treffer.

Zehn Stunden brauchen sie, um das Erdreich auszuheben. Dann acht Stunden, um die Haubitze einzusetzen. Die Fernrohre, die Ziel- und Richtmesser. Hart und metallisch wird der Tod durchgefeuert. Nach 30 Kilometer Flugstrecke raucht und brennt der Tod: Wieder Treffer.

Hin zum Treffer, hin zum Tod, und flugs das Büchlein gezückt: „Fragen und Redensarten", wo für die Deutschsprechenden wichtige Fragen und Redensarten in alle Sprachen der Monarchie übersetzt sind: „He, bleib stehen, komm her!" oder „Antworte laut, sofort!" oder „Rede nicht viel!"

Unangenehm wird es nur, wenn die Deutschsprechenden selbst die Getroffenen, die Gefallenen sind. Auch wenn sie schnell das Büchlein durchstöbern: Für diese Fälle gibt es keine Antworten.

Für diese Fälle gibt es nicht einmal eine Sprache.

Auf ins Gefecht

Stadt und Bewohner

Medien

Zeitungen

Das Niveau der österreichischen Zeitungen ist summa summarum niedriger als etwa in Großbritannien, Italien oder in Deutschland.

● Die **Kronen-Zeitung** ist das Kampfblatt der nationalen Kräfte des Landes. Sie hetzt dementsprechend gegen Ausländer, Schwarzafrikaner, Osteuropäer u. a., engagiert sich aber unentwegt für arme Tiere und für *Jörg Hai-*

der. Sie treibt Österreich in kriegsähnliche Handlungen gegen die Tschechische Republik. Die Ursache liegt im tschechischen Kernkraftwerk Temelin, das laut Berichten des Wiener Ökologie-Institutes zu den sichersten in unmittelbarer Grenznähe gehört. Die Kronenzeitung will zusammen mit den Freiheitlichen den EU-Beitritt Tschechiens blockieren und entfacht eine kollektive Anti-Tschechien-Hysterie, die in illegalen und von den Einsatzkräften tolerierten Grenzblockaden mündet.

Die Auflagenzahl der „Krone" klettert ständig in die Höhe, sie ist in Relation zur Einwohnerzahl die am meisten gelesene Zeitung der Welt. Kritiker meinen, dass sie schon längst die Richtlinien der Innenpolitik vorgibt, da

Zeitungen im Straßenverkauf

sich kein Politiker eine von der Blattlinie abweichende Meinung leisten kann.

●Der **Kurier** ist laut Chefredakteur *Rabl* „die Beste unter den Breiten und die Breiteste unter den Besten". Doch jener Grat – hier Themen des Boulevards, dort analytische Behandlung – scheint sehr rutschig zu sein. Ist konsequent antifaschistisch und antihaiderisch sowie differenzierend in der Innen- und Außenpolitik.

Sowohl bei Kronenzeitung als auch Kurier hat sich der westdeutsche **WAZ-Konzern** eingekauft und verschiedene Geschäftsbereiche (etwa den Vertrieb) strukturell vereinheitlicht. Die **Zeitungskonzentration** wurde dadurch noch mehr verschärft und macht eine aktive Medienpolitik praktisch unmöglich. Kritisiert etwa ein Politiker in der Öffentlichkeit die Kronen-Zeitung, so wird er mit Sicherheit von dieser so lange angepöbelt, bis er freiwillig seinen Rücktritt anbietet.

●**Die Presse:** „Wo sagt die Kirche, dass offene Globalisierung der Dritten Welt mehr brächte als alle Entwicklungshilfe, für die sie sich einsetzt?" (Pressechefredakteur *Andreas Unterberger*). Neoliberal bis in die Knochen, mit einer der besten Wochenendbeilagen Österreichs („Spektrum").

●**Die Wiener Zeitung** ist das amtliche Organ der Republik Österreich. Unkommentiert und ungeschminkt (und dementsprechend fad) erfährt man, was tatsächlich Sache ist. Am Freitag erscheint die Wochenendbeilage (Extra) mit einem gelungenen Mix aus Essay, Reportage und Hintergrundinformation.

●Der **Standard** ist die liberale Wirtschaftszeitung auf rosa Papier. Kritische Instanz gegenüber der autoritären Wende von Schwarz-Rot. Trennt aber nicht immer zwischen Meinungs- und Fakten-Journalismus. Lokalpolitik und Sport werden oft nur wegen der eigenwilligen Formulierung geschätzt, die Wochenendbeilagen wirft selbst der klassenbewusste Yuppie ungelesen weg.

●Der **Falter** ist eine Programmzeitschrift mit genauen Daten über „Waswerwannwo", deshalb unerlässlich für die Programmplanung. Sonstige Beiträge können Sie wegen mangelhafter Recherche überblättern.

●**Augustin:** Seit 1995 existierende Monatszeitschrift, die von Obdachlosen unter Anleitung des Journalisten *Robert Sommer* produziert und im Handverkauf abgeboten wird. Der Erlös wird für Obdachlosenprojekte verwendet. Der „Augustin" nennt sich mit gutem Grund „die erste österreichische Boulevardzeitung".

Ein herrliches Beispiel für den jeweiligen Zeitungsstil liefern diese **Schlagzeilen,** die alle ein und dasselbe Ereignis beschreiben:

Kronenzeitung: Riesige Flutwelle von Auswanderern nach Österreich

Kurier: Rumänen-Ansturm! 40.000 vor der Grenze

AZ (Arbeiterzeitung, inzwischen eingestellt): 100.000 Rumänen stürmen Grenzen

Standard: 40.000 Rumänen drängen nach Österreich.

Presse: Tausende Rumänen stürmen Österreich

Wiener Zeitung: Flüchtlingsfrage neu regeln

Natürlich beruhten die Schlagzeilen auf Falschmeldungen. Ein paar Busse mit verzweifelten Rumänen waren irgendwo in Ungarn stecken geblieben. Ein Lehrbeispiel für inszenierte Ausländerfeindlichkeit.

Fernsehen, Radio

Der **ORF** (Österreichische Rundfunk) betreibt **zwei Fernsehkanäle,** FS 1 und FS 2. Bei FS 1 wird eher auf internationales Programm Wert gelegt, bei FS 2 auf kuschelig-schnulzige Heimatkunde.

Die Konfrontationslinie verläuft zwischen den auf Unabhängigkeit bedachten Journalisten und dem Würgegriff der Freiheitlichen Partei. *Jörg Haider* hatte bereits angekündigt, dass man die Redaktionsstuben säubern und die Lügner hinausschmeißen würde. Fraglich ist, ob die vom schwarzblauen Stiftungsrat gewählte neue Intendantin *Monika Lindner* die aggressiven Begehrlichkeiten der Haider-Partei in den Griff bekommen wird. Schon jetzt gibt es in manchen Nachrichtensendungen ausschließlich Auftritte von Haider & Co. Anlässlich einer kontroversen Debatte wurde vom zuständigen ORF-Redakteur die blaue Radauheini und Politkommissar *Peter Westenthaler* eingespielt, der wie der große Bruder in *Orwells „1984"* alle Beteiligten unwidersprochen beschimpfen und zensurieren durfte.

Zudem betreibt der ORF folgende **Radiokanäle:**

●**Ö 1** (Frequenz 87,8 oder 92,0 MHz): Klassische Musik, Magazine, Journale, Gegenwartsliteratur. Die Feature-Redaktion erhält laufend internationale Preise. Ein Grund, diese Frequenz zu wählen: Ö 1 sendet absolut werbefrei.

●**Radio Wien** (89,9 oder 95,3 MHz): Viele Beiträge zu *What's going on in the City.* Musik programmatisch aus den 70- und 80ern.

●**Ö 3** (99,9 MHz): *Raving, Clubbing* und *Breaking News.* Als der Essayist *Karl-Markus Gauß* behauptete, dass „ausschließlich aus den größten Deppen jedes Maturajahrganges" die Ö 3-Moderatoren hervorgehen, verklagten die ihn auf 1,6 Millionen Schilling Schadenersatz. Ehe *Karl-Markus Gauß* den Beweis für seine These lieferte, kam es zu einem Vergleich. Wer 15 Minuten Ö 3 hört, der weiß, wer Recht hatte.

Private Radiosender

Nach der Liberalisierung der Lizenzvergabe entstanden 1998 mehrere Privatsender. Alle haben sich in der so genannten „Mitte" positioniert und so den Nachweis erbracht, dass eine Freigabe der Radiofrequenzen nicht unbedingt zu einer Bereicherung des Angebotes führen muss. Nach den ersten Untersuchungen über die Akzeptanz der Kommerzsender ermitteln die Statistiker, dass Ö 3 die private Konkurrenz deutlich hinter sich ließ.

●**Antenne Wien** (102,5 MHz): hits & facts & news.

●**88,6 Live** (88,6MHz): facts & news & hits.

●**RTL Wien** (92,9 MHz):
news & facts & hits.
●**Radio Energy** (104,2 MHz):
hits & facts & news.
●**Radio Orange** (94,0 MHz): Im August 98 startete das nichtkommerzielle
Lokalradio „Radio Orange 94,0" auf
94,0 MHz. Es steht für ein „offenes,
werbefreies Radio, das medial unterre-
präsentierten Gruppen und Initiativen
ein Forum zur Verfügung stellt". Über
300 Mitarbeiter berichten über die Bereiche Ökologie, Kultur, Politik und Soziales, dazwischen gibt es nichtkommerzielle Musik.

Die Bewohner Wiens

Leben, leicht gemacht –
die Mentalität der Wiener

Der Wiener schätzt **das Leichte,** Tän-
delnde, Spielerische. Einerseits macht
ihn das sympathisch als Widerpart gegen alles Exakte, Klare, Gedrillte. Auf
der anderen Seite ist es oft schwierig,
etwas mit ihm zu vereinbaren, seien es
Treffen, Projekte oder Abkommen
zum Schreiben eines Buches. Sein
Zeitbegriff ist eher balkanisch denn
mitteleuropäisch. Zum vereinbarten
Treffen um 20 Uhr taucht er um halb
zehn auf, um in völliger Verständnislo-
sigkeit dem Tadel mit larmoyanter Un-
schuld zu trotzen.

Folgerichtig neigt der Wiener dazu,
alles **Negative,** alles Widersprüchli-
che, alles im konkreten Moment
Störende zu **überspielen,** zu verges-

sen, zu verdrängen. Dabei ist es ohne
Belang, ob der Gegenstand der Ver-
drängung außerhalb der persönlichen
Verantwortung liegt oder innerhalb. In
die Annalen der Geschichtsschreiber
sind bereits die Erinnerungslücken eingegangen, in die der ehemalige Bun-
despräsident *Kurt Waldheim* tauchte,
wenn man ihn zum Beispiel nach seiner Vergangenheit im Dritten Reich
befragte.

Ein weiteres Klischee, dem der Wiener nach mehrmaligem Überprüfen
der Fakten selbstverständlich entspricht, betrifft seine Vorliebe, die ihm
aufgetragene Arbeit in gewissen Grenzen zu halten. Des Wieners Neigung
für **Gaudi, Hetz** (Spaß) und **Müßig-
gang** ist hingegen grenzenlos. Die
Maske des *Schwejk* passt ihm nahtlos
auf's Gesicht: Er bekundet solange seine Blödheit, bis ein anderer zur Arbeit
befohlen wird.

Logischerweise gibt es unter den
Wienern viele **Musiker,** viele **Maler**
und viele **Schriftsteller.** *H.C. Artmann*
schrieb in seinem „poetischen Akt",
dass man als Dichter leben kann, ohne
ein Wort gedichtet zu haben. Er ver-
gaß hinzuzufügen: aber nur in Wien.

Da gibt es Gestalten wie den **Paul
Wittgenstein** (ein Philosoph wie sein
berühmter Onkel *Ludwig),* der stun-
denlange Monologe im Kaffeehaus
hielt. Als ihm *Thomas Bernhard* riet,
doch auch etwas aufzuzeichnen, verlor er prompt die Blätter. Ein anderer
ist der Schriftsteller und Tarockierer **Alfred Polgar,** über den *Anton Kuh*
schrieb: „Polgar, Alfred – heute Klassiker – von so provokant in sich gekehr-

Stadt und Bewohner

ter Sanftmut, daß dieses Piano seines Wesens die Tassen erklirren machte, spielte Tarock. Es war aber nicht das Tarockspiel eines Bürgers, es war Buddhas Flucht ins Tarock. Sah man ihn stundenlang so sitzen, dann war gewiß der Gedanke nicht zu unterdrücken: Herrgott, was könnte aus diesem Mann werden, wenn er hier nicht stundenlang tarockspielend säße! – Diesethalben saß er und spielte."

Das Entstehen dieser Mentalität ist sicher dem Zusammenfließen verschiedener Kulturen zu verdanken:

Da gibt es **Elemente der jüdischen Kultur.** Diese ist zwar mit dem Dritten Reich untergegangen, von ihrem Witz aber zehrt das Wiener Kabarett heute noch.

Dann gibt es **balkanische Elemente** mit all ihren Widersprüchlichkeiten und Ungereimtheiten. Als Beleg dienen zwei Zitate: „Der Balkan fängt am Rennweg an" (Staatskanzler *Metternich* über die Straße östlich des Belvederes). – „Der Balkan beginnt immer östlich vom Standpunkt des jeweiligen Betrachters" (*Egon Scotland,* Reporter der „Süddeutschen", ermordet 1991 im Balkankrieg). Vielleicht sollte man noch hinzufügen, dass Fürst *Metternich* am Rennweg wohnte.

Und schließlich gibt es das **barock-katholische Erbe.** Auf einer säkularisierten Ebene bedingt es des Wieners Neigung zum perfekten Zur-Schau-Stellen, zur theatralischen Demonstration, zur permanenten Übertreibung.

Das barock-katholische Erbe

Selbst der Tod ist eine Figur in diesem barocken Spiel, dem allerdings der Schrecken genommen wurde und der so als spielerische Variante übrig bleibt. Auch nach dessen Eintreten muss im Hause des Todes die Theatralik weitergehen. Siehe dazu im Kapitel „Totes Wien".

In Anbetracht dieses Gemisches sind die Ausländer-raus-Rufe der FPÖ eigentlich völlig unwienerisch. Die Stärke Wiens lag bisher in der Fähigkeit, als Bindemittel verschiedene Kulturen zusammenzufügen. Sollte sich das in Zukunft ändern?

Der echte Wiener

Der typische, der echte Wiener ist eine reine Konstruktion. Am ehesten kommt er noch in der Literatur oder auf dem Theater vor. Bekannte Prototypen sind:

●**Der Liebe Augustin:** Symbolfigur für die Wiener Art der Problembewältigung. Zog um 1680 als Dudelsackpfeifer durch die Wiener Wirtshäuser und überlebte nach reichhaltigem Alkoholkonsum eine Nacht in der Pestgrube. Er ist durch das überall bekannte Lied verewigt: „Oh du lieber Augustin, alles ist hin!"

●**Der Herr Karl:** Eine von *Carl Merz* und *Helmut Qualtinger* beschriebene Figur des Wieners, der den Anschluss an die jeweilige Zeit durch Anpassung an die jeweilige Gesinnung locker schafft:

„Bis Vieradreißig war i Sozialist. Das war aa ka Beruf. Hat ma aa net davon leben können... Später bin i demon-

Taube auf dem Lieben Augustin

•**Der Travnicek:** Ebenfalls von *Helmut Qualtinger* kreiert, eine Figur, die sich nur in Wien wohlfühlt, wie man am Beispiel sieht:

Travnicek (An Deck eines Schiffes im Mittelmeer): „Für das Geld, was i da ausgib, haltens mi am Wörthersee für an Ausländer... und an guatn Wein gibts net. Nur so an Sauerampfer und an Slibowitz, an scharfen..."

Freund: „Jetzt steigt die Küste aus dem Wasser, Travnicek."

Travnicek: „Na was brauch i des? Gibts da a Strandcafe? – Na. Und was für Leut? – Tschuschn. Wann mi des Reisebüro net vermittelt hätt!"

•**Der Mundl:** Hauptfigur einer oft wiederholten Filmserie der frühen Achtzigerjahre, meisterhaft von *Karl Merkatz* gespielt. Der Mundl ist der Paradetyp eines proletarischen Berserkers, der jedem anderen eine „Goschn anhängt" (beschimpft). Harmloseste Beschimpfung: „Seavas du Nudlaug!"

Andere Wiener sind – oder waren – hingegen Wirklichkeit:

•**Hans Moser:** Weltberühmt wurde sein Kofferträger-Sketch: Nachdem er sich fünf Minuten über die Größe des zu tragenden Koffers aufregt, richtet er an den ratlos auf dem Bahnhof stehenden Piefke die klassische Frage:

„Wie nehmamandenn? Mit dem krawotischn Untergriff?"

Darauf der Piefke verzweifelt: „Ach Mensch, ich vasteh sie doch nicht!"

Darauf *Moser*, immer grantiger: „A Jammer, wenn aner ka Deitsch vasteht. (Bemüht auf Hochdeutsch) Also wia nemmen mia ihn denn?" – Sollten Sie an dieser Stelle noch immer nichts

strieren gangen für die Schwarzen... für die Heimwehr... net? Hab i fünf Schilling kriagt... Dann bin i umme zum... zu den Nazi... da hab i aa fünf Schilling kriagt... naja, Österreich war immer unpolitisch... i man, mir san ja kane politischen Menschen... aber a bissel a Geld is zsammkummen, net?"

verstehen, ergeht es Ihnen wie dem hilflosen Piefke am Bahnhof. Jeder Wiener zerkugelt sich hier bereits vor Lachen.

●**Der Baronkarl:** Eine legendäre Figur, die auf dem Laaer Berg von Wirtshaus zu Wirtshaus ihren Beschäftigungen nachging: Geige spielen, Geschichten erzählen und Bier trinken. Er wurde 1954 von einem Auto überfahren. Die Bewohner sammelten für eine „schöne Leich", und der *Baronkarl* wurde am Zentralfriedhof mit höchstem Pomp zu Grabe getragen. Der Wiener Autor *Peter Henisch* sammelte und veröffentlichte mehrere Geschichten über den Baronkarl.

●**Der Rathausmann:** Ritterfigur auf der Spitze des Rathauses. Er soll Wien von dort aus bewachen und die Wiener vor dem beschützen, was unter ihm beschlossen wird.

●**Matthias Sindelar** (sprich: „Schindelar"): Geboren im böhmischen Kozlau, kam er mit vier Jahren mit seinen Eltern auf den Wiener Laaerberg in Favoriten. Als Spieler bei Austria Wien einer der besten Fußballer der Dreißigerjahre, verkörperte er jene Tugenden, die den klassischen Wiener Kicker ausmachen: trickreich, verspielt und körperlich schwach. Der Schriftsteller *Friedrich Torberg* schrieb über ihn, dass er „Spiele wie Theaterstücke inszeniere" sowie ein Gedicht mit den Schlusszeilen „Ein Weilchen stand er noch daneben / im Fußballspiel sowie im Leben ...wars mit der Wiener Schule aus / Er war ein Kind aus Favoriten / und hieß Matthias Sindelar." Wegen seiner spindeldürren Gestalt erhielt er

den Spitznamen „der Papierene". Am 23. Januar 1939 drehte er den Gasofen auf. „Wegen de Nazis" erzählen heute noch die Alten am Laaerberg. „Kohlenmonoxidvergiftung" schrieb die damals schon gleichgeschaltete Presse.

●**Waraschitz Poldi:** Der „Schnorrerkönig" Wiens der Sechzigerjahre. Ob seiner Fähigkeit, Prominenten Geld und Leistungen herauszulocken, wurde ihm von der Bevölkerung der unsichtbare Orden „Held der Nichtarbeit" verliehen.

Der Schmäh

Schmäh ist weit mehr als Ulk, Spaß oder Scherz. Schmäh schließt Doppelb(l)ödigkeit, Charme, Falschheit, Sarkasmus, Zweifel und anderes mehr ein. Vermutlich ist der Schmäh in seiner letzten Konsequenz der Ausdruck jener Realitätsflucht, auf der sich der Wiener häufig befindet. Als Lektüre sei „Der Witz und seine Beziehung zum Unbewußten" von *Sigmund Freud* empfohlen. Auf der anderen Seite gestattet es der Schmäh, alle Widerlichkeiten und Schmach des Lebens mit heiterer Miene zu ertragen.

Der Schmäh wird nicht eingesetzt oder vorgetragen, er wird geführt, und zwar von einem Schmähführer. Treffen mehrere Exemplare dieser Gattung zusammen, dann rennt der Schmäh. Geben Sie als Piefke in solchen Situationen acht: Oft werden Sie am Schmäh gehalten, bis sie schmähstad sind.

Die höchste Steigerung von Schmäh ist der Überschmäh.

02zwi Foto: bb

Die Hunde

Hunde gehören nicht nur als Bewohner zu Wien, sondern sind auch **Dauerthema** in der öffentlichen Auseinandersetzung. Man kann nur für oder gegen sie sein.

Die Vierbeiner geben immer wieder Anlass zu Diskussionen

Es gibt rund 47.000 legale vierbeinige Anhängsel, die nicht nur den Joggern und Radlern zum **Ärgernis** werden. Kein Wechseln der Straßenseite ohne Tritt in den Hundekot, kein Picknick im Grünen ohne Gestank der Hundepisse.

Erst in letzter Zeit scheinen sich die urbanistisch gesinnten Hundegegner durchzusetzen. In mehreren Parkanlagen gibt es Flächen, auf denen Hunde verboten sind.

Typisch für die **cynophile** (hundefreundliche) **Weltsicht** ist ein Text, der vor einiger Zeit im Kurier erschien: „Der Hund, der über die Grenze kam: Das ist ein zehn Monate junges Terrier-Mischlings-Weibchen, das in jenem Land geboren wurde, das damals noch Tschechoslowakei hieß. Jenseits unserer Staatsgrenze aber kümmerte man sich nicht ausreichend um das damals noch winzige Knäuel Leben. Daher nahmen es österreichische Tierfreunde ..."

Zur selben Zeit können in Österreich geborene Kinder ausländischer Eltern völlig konform mit der Gesetzeslage ins Ausland abgeschoben werden.

Zu diesem Thema Ex-Bürgermeister *Zilk* im Originalton: „Also bin ich zwei Stunden am Europa-Telefon gsessn (Einrichtung der Bundesregierung, Politiker sollen der Bevölkerung den EG-Beitritt schmackhaft machen). Drei Leit ham insgesamt angrufen wegen Europa. Einer wegen einer Wohnung. Und alle anderen wegen der Hunde."

Sprache

Herkunft des Wienerischen

Das Wienerische ist ein **ostmittelbairischer Dialekt,** der erst durch die Vermischung mit vielen anderen Sprachen, Soziolekten und Diktionen zur wahren Entfaltung und Vollkommenheit gelangen konnte.

Die wichtigsten Ingredienzen zu dieser Mischung sind – in alphabetischer Reihenfolge – Jiddisch, Rotwelsch und Tschechisch. Dazu kommen noch verschiedene Einflüsse aus dem Französischen, das vom Kaiserhof und vom Hochadel gepflegt wurde, aus dem Italienischen, das die Bauarbeiter nach Wien brachten, sowie, dank der gemeinsamen Geschichte, aus dem Ungarischen.

● **Jiddisch:** Sprache der nichtassimilierten Juden aus Ost- und Mitteleuropa, der Aschkenasim. Entwickelte sich aus mittelhochdeutschen Mundarten, die sich mit slawischen und hebräischen Einflüssen mischten. Im 13. Jh. gab es bereits ein orthografisches Regelsystem, im frühen 19. Jh. eine einheitliche Schriftsprache.

Die nach 1880 einsetzende Massenauswanderung der Juden aus den Gebieten Ost- und Mitteleuropas sowie die Ermordung der Juden durch die Nationalsozialisten führten zu einer Aufspaltung und Schwächung des Jiddischen. Heute findet es nur mehr als Zweitsprache Verwendung – in New York genauso wie in Moskau, aber kaum mehr in Wien.

Beispiele des Jiddischen im heutigen Wienerisch: *Ganove* (kleiner Gauner), *mies* (obwohl öfter von Hitler verwendet, bleibt es dennoch ein jiddisches Wort), *Beisl* (kleines Wirtshaus), *Hawarara* (Freund), *nebbich* (unübersetzbar, in etwa: „na wenn schon").

● **Rotwelsch:** Geheimsprache der Nichtsesshaften des deutschen Sprachraums; der Zigeuner, fahrenden Spielleute, Gauner, Hausierer etc. Viele von ihnen waren Juden, wodurch sich das Rotwelsch manchmal mit dem Jiddischen überschnitt.

Es wurde verwendet als Tarnung gegenüber der jeweiligen Obrigkeit sowie als Nachweis der Zugehörigkeit zu den betreffenden Gruppen. Der Wortschatz beschränkte sich auf Bereiche des täglichen Bedarfs.

Beispiele aus dem Rotwelsch im heutigen Wienerischen: *Schmalz* (=richterlich verfügte Strafe), *Marie* (Geld).

●**Tschechisch:** Von panslawistischen Autoren wurde Wien um die Jahrhundertwende als die größte tschechische Stadt bezeichnet. Von 500.000 damals in Wien lebenden Tschechen sind laut letzter Volkszählung 3.000 bis 4.000 Einwohner übrig geblieben, die sich zur tschechischen Volksgruppe bekennen. Die übrigen Tschechen sind entweder in den Zwanzigerjahren in die neu gebildete tschechoslowakische Republik reemigriert oder sie wurden hundertprozentig assimiliert.

Typische Beispiele des tschechischen Einflusses in Wien finden sich beim Blättern im Telefonbuch – sieben Spalten *Fiala*, siebzehn Spalten *Sv(w)oboda* – beim Blättern der Speisekarte (viele der zugewanderten Frauen werkten als „behmische Kechinnen" in den vornehmen Wiener Haushalten): *Kolatschn* (=gefülltes Hefegebäck), *Kren* (Meerrettich), *Powidltatschkerl* (mit Pflaumenmus gefüllte Teigtaschen).

Viele prominente Politiker haben tschechische Namen, so Ex-Bundeskanzler *Vranitzky* („Krähe"), der nächste Ex-Bundeskanzler *Klima* (seinen auch im Tschechischen oft verwendeten Vornamen *Viktor* erhielt er allerdings im seligen Gedenken an den legendären Parteigründer *Victor Adler*); der langjährige Finanzminister hieß *Lacina* („der Billige"), während die Kollegen aus Tschechien *Klaus* und *Dienstbier* heißen.

●**Französisch** wurde vor allem in höfischen Kreisen gepflegt; nichtsdestotrotz gibt es französische Ausdrücke vor allem im Berufsleben (*Installateur, Coiffeur*) sowie in der Anatomie eines Hauses (*Plafond, Beletage*).

Nach langen **Verhandlungen mit der EU** haben die österreichischen Behörden erreicht, dass 23 Begriffe aus dem Dialekt den gleichen **Rechtsstatus** aufweisen wie die äquivalenten deutschen Begriffe und daher in allen offiziellen EU-Papieren verwendet werden können. Zu diesen Dialektausdrücken gehören u.a.: *Polster, Erdäpfel, Kasten, Stelze, Ribisel, Karfiol* und *Topfen*. Die Österreicher sind jedoch unzufrieden, da viele Begriffe fehlen – etwa *Tabak-Trafik, Stempelmarke, Verlassenschaft, Rauchfangkehrer* oder *Erlagschein* – und andererseits viele deutsche Begriffe („Unionsdeutsch") bei uns nicht verstanden werden. Die Verhandlungen werden also mit Sicherheit weiter gehen.

Sprachliche Besonderheiten

Wer mit Wienern in Kontakt treten möchte oder muss (Behörde), soll sich durch folgende Besonderheiten nicht aus dem Konzept bringen lassen:

Stadt und Bewohner

Aussprache

Der Wiener spricht harte **Konsonanten** meist weich, etwa *Gaugau* (Kakao). Konsonanten am Wortende werden überhaupt verschluckt: *Bah* (Bahn). Ebenfalls verschluckt wird „r" vor Konsonanten: *Beag* (Berg). Womit die These bestätigt wird, dass der Wiener alles Schroffe, Harte konsequent vermeidet.

Vokale werden in die Länge gezogen – *Kafeeh* (Café). „A" wird dabei oft zu einem langen, zum offenen „o" tendierenden Vokal (im Folgenden mit å bezeichnet): *Våta, Pråta, Håhn*.

Das Wiener Reflexivum

Verwenden Sie, wann immer möglich, Reflexivformen: *mir treffen sich, mir freuen sich,* aber: *mir scheißn uns nix* („das kümmert uns nicht").

Berühmte Aufforderung eines Polizisten an den erwischten Gauner: *Ergeben Sie sich Ihnen!* (behördliches Doppel-Reflexivum).

Die doppelte Verneinung

Sie dient zur Bekräftigung von Aussagen: *Des ist ka Guater net!* Noch stärker wirkt: *Des ist ka Guater net, net?!*

Liberale Konjunktivlösungen

Konjunktive werden nach dem Grundsatz **„möglich ist, was möglich ist"** gebildet. Der Kabarett-Autor *Wolfgang Teuschl* gibt in seinem „Wiener Dialektlexikon" folgende legitime Konjunktivformen von „tun" in der 1. Person Singular an: *I tat, I tät, I tatert, I tätert, I tuarert, I tarat.*

Der Wiener Genitiv

Im Lateinischen bedeutet *genitivus* so viel wie „angeboren". Die Wiener unterscheiden deshalb streng zwischen Menschen bzw. ihnen nahen Lebewesen einerseits und Sachen andererseits. Der Genitiv hat verschiedene Bestimmungen:

In Wien existiert nicht „Vaters Fuß", sondern nur *Dem Våta (dem Hund) sei Fuaß.*

Aber: *Der Fuaß vom Tisch.*

Partikel und Artikel

Viele (P)artikel sind im Wienerischen auf das Minimum von einem Buchstaben **reduziert.** Zum Beispiel bedeuten

● *a:* auch, ein, eine. *Håst a a Marie?* („Hast du ebenfalls Knete?")

● *an:* einen

● *å(n):* an; z.B. *zah å!* („zieh an" = mach weiter)

● *da:* der

● *de:* die

● *di:* dich, dir

● *i:* ich

● *Eh* ist in fast jeder Stellung in fast jedem Satz verwendbar, sozusagen der Jolly Joker im Wienerischen. Übersetzung: „sowieso", „natürlich", „ja freilich". Nachgehängtes *klar* ist möglich. *I stell mi eh å å* („Ich stehe sowieso auch in der Warteschlange"). Sprechen Sie beide Varianten fünf Mal hintereinander, und Sie finden Geschmack am Wienerischen. *Eh klår!*

Verkleinerungen

Das Wienerische bedient sich gerne verschiedener Verkleinerungsformen, um den trügerischen Anschein der Freundlichkeit zu erwecken: *Des is a Herzal!* ist keineswegs nett gemeint, sondern bezeichnet einen Unsympathler!

Der verbreitetste Diminutiv ist **-erl,** doch darf er, wie schon *Karl Farkas* nachwies, nicht unbedacht eingesetzt werden: Ein *Haserl* ist ein kleiner Hase, ein *Vaserl* ist eine naive Person, und ein *Busserl* ist keineswegs ein Kleinbus.

Präpositionen

Vieles passiert **åm.** Wiener sitzen nicht bei Tisch, sondern *åm* Tisch. Er trifft sich *åm* Platz und *kräut åm Berg aufe* („kriecht den Berg hinan"). *Åm* steht somit im Rang einer Generalpräposition.

●**Literaturtipp:** Dies ist nur ein kleiner Vorgeschmack auf die sprachlichen Genüsse, die in Wien auf Sie zukommen können. Wer sich genauer damit befassen möchte, dem

sei „**Wienerisch – das andere Deutsch",** Kauderwelsch Bd. 78, REISE KNOW-HOW Verlag, Bielefeld, empfohlen. Dieser Reisesprachführer von *Beppo Beyerl, Klaus Hirtner* und *Gerald Jatzek* gibt eine Einführung in den Wiener Slang, übersichtlich nach Themen gegliedert.

Ein paar Dialektausdrücke

Besonders variabel ist das Wienerische, wenn es um die genaue Angabe des **Gemütszustandes** geht. Wählen Sie zwischen:

●**angfressn** (angefressen): ganz schlecht aufgelegt
●**angschpeist** (angespeist): noch schlechter aufgelegt
●**Bahöö, der:** Wirbel, Streit
●**fäun:** herumstänkern, allen auf die Nerven gehen
●**leiwand:** eine Sammelbezeichnung für alles Positive
●**schiach:** eine Sammelbezeichnung für alles Negative
●**goschat:** vorlaut
●**pomali:** ganz, ganz langsam
●**Hetz, die:** Das hat der Wiener gern. Kommt aber von der „Tierhetz", die der Wiener offenbar auch gerne pflegte.
●**raunzn:** nörgeln, seit *Hans Moser* ein Wiener Markenzeichen
●**matschgern:** Immerfort, ohne Ende raunzn.

Nahrungsmittel werden in Wien in Deka und in Kilo (zehn Gramm bzw. 1.000 Gramm) gewogen – und nicht für zu leicht befunden. Außerdem werden sie oft anders bezeichnet als in Deutschland. Um nicht verhungern zu müssen, lesen Sie das Gastronomische Lexikon im Kapitel „Essen und Trinken".

Auch die Wiener sind empfänglich für das Gmüat (Gemüt). Dabei könnte es zu folgenden **Erlebnissen** kommen:

- **anbraten:** eine Figur des anderen Geschlechtes (in manchen Fällen auch des eigenen) zu bezirzen versuchen
- **aufreißen:** geht über den Versuch hinaus
- **Pantscherl, das:** ein von Wienern gern gepflegtes „schlampertes" Verhältnis
- **Hapfn, die:** dort landen Sie nach einem geglückten Aufriss, im Bett
- **Preserl:** was wird das wohl sein?
- **pudern:** das machen sie in der Hapfn
- **Techtlmechtl:** ein Pantscherl oder nur ein Techtelmechtel, das ist oft die Frage
- **Gschpusi:** schon wieder so ein unklares Verhältnis
- **Madl** (Mädchen): eh klar

In **allen Situationen** können Sie:
- **abkratzen:** sterben
- **awezahn** (hinunterziehen): largieren, also während der Arbeitszeit nichts tun
- **bipperln:** trinken
- **schnorren:** von jemandem Geld oder Zigaretten erflehen
- **betackeln:** jemanden hinterrücks beschwindeln, vorderrücks gehts eh nicht
- **hackln:** arbeiten; in Wien keine Tugend, eher eine Schmach
- **hamdrahn** (heimdrehen): sterben; jemanden hamdrahn bedeutet logischerweise jemanden umbringen
- **in den Häfn gehn:** in das Gefängnis gehen
- **kräun:** während der Deutsche meist „lauft", etwa zur Arbeit, so „kriecht" der Wiener, und im Wienerischen kriecht er nicht, er kräut

Freund & Feind:
- **Bagasch, die:** Bagage, Gruppe missliebiger Personen
- **Bazi, der:** trifft ein Wiener einen anderen zufällig im Südural, fällt er ihm sicher mit dem Zuruf „Seavas, Wiena Bazi!" in die Arme
- **Hawara, der:** Freund
- **Kiwara, der:** eher das Gegenteil vom Hawara, nämlich ein Polizist
- **Tschusch, der:** jeder Ausländer aus dem Südosten Europas
- **Piefke, der:** das wissen Sie ja bereits
- **Gschaftlhuber:** jeder emsige Umtreiber, steht im Gegensatz zu der bedächtigen Langsamkeit des Wieners

Stadt und Bewohner

Stadt-touren

104wi Foto: ml

105wi Foto: ml

Schloss Schönbrunn

Hofburg

Am Neuen Graben

Überblick

Tour 1: Imperiales Wien – entlang des Rings

Eine Straßenbahnfahrt mit dem Einser rund um den Ring gehört zu den Standards jedes Wien-Besuchers. Sie sehen fast alle imperialen **Prachtbauten der Donaumonarchie,** von der Staatsoper bis zum Burgtheater. Ebenso können Sie, wenn Sie zwischendurch aussteigen, hinter die prachtvollen Fassaden blicken. Haben Sie eine Tages- oder Wochenkarte gelöst, dann können Sie beliebig oft auf der Ringstraße mit der Straßenbahn im Kreis fahren. (Karte Seite 143)

Tour 2: Höfisches Wien – die City

Ein Fußmarsch quer durch den ersten Bezirk gehört ebenfalls zu den Höhepunkten eines Wien-Besuches. Zur Tageszeit erleben Sie die mittelalterlichen Gässchen mit ihren engen, manchmal ruhigen Winkeln, die sich **um den Stephansdom** gruppieren; zur späten Abendstunde können Sie dann feststellen, dass in den alten Gewölben lautstark die junge Szene zu Hause ist. (Karte Seite 156)

Tour 3:
Sezessionistisches Wien – Österreichs Jugendstil

Für all jene Besucher, die schon einmal von *Klimt* und *Wagner* (*Otto,* nicht *Richard*) gehört haben. Diese Route verbindet ausgewählte Objekte, die allesamt aus der sezessionistischen Epoche stammen, und endet auf dem schönsten Klosett der Welt: dem „Jugendstilklo" am Wiener Graben. (Karte Seite 167)

Tour 4:
Peripheres Wien – durch die Vorstädte

Diese Straßenbahnfahrt mit dem Fünfer ist sozusagen die Antithese zur Fahrt über die Ringstraße. Sie führt in die ehemals **proletarischen Bezirke:** Zinskasernen und Türkenghettos. Doch längst nicht mehr alle Hinterhöfe sind vom tristen Proletarierelend bestimmt. (Karte Seite 179)

Tour 5:
Entrisches Wien – durch die Vororte

Mit der S-Bahn fahren Sie zwanzig Minuten lang durch die Wiener Vororte. Sollten Sie aussteigen, so laufen Sie erst durch Stationsgebäude von *Otto Wagner* (siehe Tour 3) und landen dann in den Hinterhöfen der Zinskasernen (siehe Tour 6). (Karte Seite 186)

Tour 6:
Rotes Wien – Arbeiterstolz der 20er-Jahre

Diese Route führt durch eine riesige **Wohnanlage** (Länge 1,2 Kilometer), die als Paradebeispiel der Kommunalpolitik der Sozialdemokraten in der Zwischenkriegszeit gilt. Der Wohnblock heißt daher beziehungsreich „Karl-Marx-Hof" (lässt sich gut an Tour 5 anschließen). (Karte Seite 191)

Tour 7:
Modernes Wien – über die Donau

Als Antwort auf die Ostöffnung will Wien gewaltige Impulse setzen, um im Wettkampf der Metropolen nicht von Budapest und Prag überholt zu werden. Dazu sollen Objekte wie die **UNO-City,** das neue Konferenzzentrum sowie ein gewaltiger Büro- und Wohnkomplex beitragen. (Karte Seite 199)

Stadttouren

Tour 8: Grünes Wien – in die Lobau

Für Biologen, Ökologen und Ornithologen sowie jene, die nach ein paar Tagen in der Stadt ihre Lunge kräftig durchlüften wollen. (Karte Seite 206)

Tour 9: Himmlisches Wien – rund um Grinzing

Diese Route wendet sich an jene, die einem mehr oder weniger guten Tröpferl nicht abhold sind. Vorher müssen Sie allerdings ein paar Strapazen auf sich nehmen, um nachher umso gelöster zum Glaserl greifen zu können. (Karte Seite 215)

Tour 10: Fremdes Wien

Sind Sie deutscher oder Schweizer Staatsbürger, können Sie, unbeanstandet von der Obrigkeit, die vorgeschlagenen Routen absolvieren. Sollten Sie hingegen türkischer oder kroatisch/serbischer Herkunft sein, so können Sie in Schubhaft genommen und in die „Heimat" abgeschoben werden – auch wenn Sie in Wien geboren sind und kein Wort Türkisch oder Serbokroatisch sprechen.

Wenn Sie diese prekäre Situation bedenken, so haben Sie die Tour 10 in ihrem Kopf bereits absolviert.

Tour 11: Totes Wien – die Friedhöfe

„Der Tod, das muß ein Wiener sein", so sang schon vor zwanzig Jahren der Wiener *Georg Kreisler*. Dementspre-

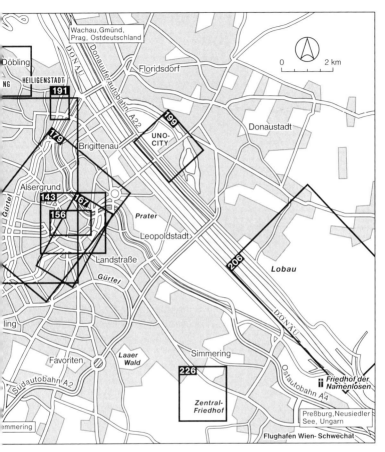

Stadttouren

chend groß und pompös ist die Kultstätte des Todes – der **Zentralfriedhof** (Karte Seite 226) – ausgefallen. Kleiner, aber auch einen Besuch wert ist der **Friedhof der Namenlosen.**

Einzelbauten

Die vier vorgestellten Objekte – **Looshaus, Hundertwasserhaus, Zacherlfabrik** und das **Schloss Schönbrunn** – rangieren auf der Liste des Sehenswerten ganz oben; sie sollen daher einzeln beschrieben werden.

Tour 1: Imperiales Wien – entlang des Rings

Geschichte

Die Ringstraße, auch nur Ring genannt, entstand auf der nach dem Schleifen der Stadtmauern frei gewordenen Fläche in den 60er und 70er-Jahren des 19. Jahrhunderts. Getragen wurde sie vom **neureichen Großbürgertum,** von den Leitern der Handelshäuser, von den ersten „Kapitalisten", aber nicht von den Adeligen, die schon längst irgendwo im Grünen ihr Sommerschloss hatten. Wer repräsentieren wollte und dazu das notwendige Geld hatte, der ließ sich von einem Modearchitekten ein Palais bauen, das „alle Stücke" spielt. Der Passant sollte merken: Hier wohnt einer, der sich's leisten kann.

Die damals aufstrebende Schicht des Großbürgertums wurde in der Restaurationsphase nach 1848 daran gehindert, an der politischen Macht teilzuhaben. In ihrem Bestreben, dem Adel an Entfaltung von Prunk und Zurschaustellung von Reichtum zu gleichen, kompensierten die Bürger ihre politische Machtlosigkeit durch die unverhüllte **Repräsentation** ihres Vermögens, und nirgendwo ließ es sich so ungehemmt repräsentieren wie an der neu errichteten, schicken Ringstraße.

Der typische **Baustil** der Ringstraße hatte seine Wurzeln allerdings nicht in der damaligen Gegenwart. Er war eine Mischung längst historisch gewordener Stile, vor allem Neo-Renaissance und Klassizismus. Dieses opulente Stilgemisch wird seither als „Historismus" oder „Ringstraßenstil" bezeichnet.

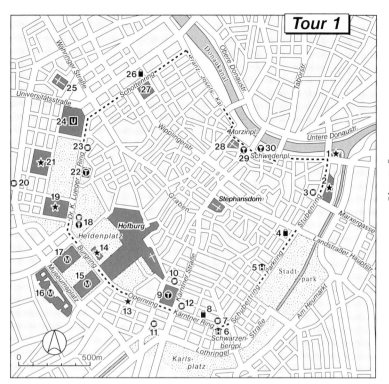

★	1	Urania (Sternwarte, Kino, Volkshochschule)	Ⓜ	15	Kunsthistor. Museum
★	2	Regierungsgebäude (ehem. Kriegsministerium)	Ⓜ	16	Museumsquartier
			Ⓜ	17	Naturhistor. Museum
☉	3	Café Prückl	☉	18	Café Burggarten
▮	4	Austria Antique	★	19	Parlament
🏨	5	Hotel Marriot	☉	20	Café Eiles
🏨	6	Hotel Imperial	★	21	Rathaus
☉	7	Café Schwarzenberg	☯	22	Burgtheater
▮	8	Ringstraßengalerien	☉	23	Café Landtmann
☯	9	Staatsoper	Ⓤ	24	Universität
☉	10	Café Sacher	ⅲ	25	Votivkirche
☉	11	Café Museum	▮	26	Börse-Beschriftungs-Zentrum
☉	12	Café Sirk	●	27	Börse
★	13	Schiller-Denkmal	ⅲ	28	Ruprechtskirche
★	14	Burgtor	☯	29	Jazzland
			☯	30	K&K Pilsmaut

Ringstraße

Tour 1

Ein kleines Beispiel für die Zitierungswut der Ringstraßenarchitekten: Das **Parlament** wurde von *Theophil Hansen* mit ständigen Bezügen zur Akropolis in Athen errichtet. Stand im antiken Tempelgiebel in der Mitte der Götterchef Zeus, flankiert von allerlei Nebengöttern und sonstigen opfernden Vasallen, so verharrt in der Mitte des Parlamentsgiebels niemand anderes als *Kaiser Franz-Joseph,* umgeben von den Repräsentanten der im Reichsrat vertretenen Länder.

Eingeweiht wurde die Ringstraße am 27. April 1879 anlässlich der silbernen Hochzeit des Kaiserpaares. Zu diesem Anlass fand ein Festzug statt, inszeniert von *Hans Makart,* dem Maler üppiger historisierender Bilder. Das ging nicht ohne die Mitwirkung von über 10.000 Wienerinnen und Wienern, die alle mit historischen Kleidungen kostümiert waren.

Wurde die Ringstraße noch von vielen Zeitgenossen umjubelt und als **schönste Straße des Kontinentes** bezeichnet, so wandte sich schon um die Jahrhundertwende der Architekt *Adolf Loos* entsetzt von ihrer aufgetragenen Ornamentik und ihrer überladenen Symbolik ab: „Die Ringstraße ist ein Potemkisches Dorf, das für seine Majestät die Plebs errichtet wurde!"

Von der Urania zur Oper

Wir starten die Route in die kakanische Vergangenheit am **Schwedenplatz.** Sie haben bei dieser Tour die Wahl zwischen einem Spaziergang, einer Straßenbahnfahrt oder am besten einer Kombination von beidem. Die ganze Strecke wird vom „Einser" befahren (Straßenbahnlinien sind hier ja bekanntlich männlich). Sie können also so frei wählen.

Bei der Urania (Sternwarte und Volkshochschule, errichtet von *Max Fabiani* 1909/10) biegen wir rechts in den Ring ein. Links erblicken wir die imperiale Fassade des ehemaligen **k.u.k. Kriegsministeriums.** Der zweiköpfige Adler, der berühmte Doppeladler, breitet seine gewaltigen Flügel aus. Unter ihm sitzt **Feldmarschall Radetzky** auf seinem Pferd. *Radetzky* hatte 1847/48 die gegen die Monarchie gerichteten Freiheitsbewegungen brutal niedergeworfen, als Generalgouverneur Oberitaliens erstickte er auch dort alle Erhebungen gegen Habsburg im Keim. Der allseits überschätzte Nationaldichter Österreichs *Franz Grillparzer* bejubelte ihn: „In deinem Lager ist Österreich." Dieser Jubelspruch ist im Sockel des Radetzky-Denkmals eingraviert.

Das Kriegsministerium wurde 1913 fertig gestellt. Fünf Jahre später gab es keine Monarchie mehr und somit auch kein k.u.k. Kriegsministerium. Heute befinden sich in diesem Riesengebäude mehrere **Ministerien,** unzählige Gänge und mehr als unzählige Büros. Deswegen wird es etwas fälschlich als Regierungsgebäude bezeichnet.

Was hat es nun mit dem **k.u.k.** auf sich? Der Kaiser konnte Dekrete erlassen, Brücken eröffnen und Hände schütteln als Kaiser von Österreich und gleichzeitig als König von Ungarn oder als Kaiser von Österreich oder als König von Ungarn. Um höchstderoselben Verwirrtheit ein wenig hintanzuhalten, einigte man sich auf folgende Usancen: *k.u.k.* steht für *Kaiser und König; k.k.* für *Kaiser* und *k.* für *König.*

Wer sich genauer dafür interessiert, möge bitte in *Robert Musils* Roman „Der Mann ohne Eigenschaften" nachlesen. Als Chiffre für die k.u.k. (also kaiserlich-königliche) Monarchie verwendete Musil den Ausdruck *Kakanien.*

Linker Hand erkennen wir nach Hochschule und Museum für angewandte Kunst den **Stadtpark.** Er ist ein Rest der Freifläche, die aus militärischen Gründen der Stadtmauer vorgelagert war. Mitten im Park befindet sich neben vielen weiteren Denkmälern ein oft fotografiertes **Johann-Strauß-Denkmal,** das Sie anvisieren sollten, wenn Sie gerne andere Touristen fotografieren.

Rechts folgt das **Hotel Marriot.** Während des Baus in den 80er-Jahren wurde heftig debattiert: Wie soll eine Baulücke auf der Ringstraße geschlossen werden? Mit stilgerechten historisierenden Nachbauten, die die Geschlossenheit unterstreichen, oder mit kontrastiven Neubauten, die besagte Geschlossenheit sprengen wollen? Architekt *Harry Glück* hat sich zu einer Mittellösung entschieden, die Sie bei einer im Inneren des Hotels getrunkenen Melange ausgiebig beurteilen können.

Linker Hand folgt der **Schwarzenbergplatz,** der einzige Platz in Wien, der ein geschlossenes Ensemble im Stil des Historismus aufweist. Doch auch diese Geschlossenheit ist brüchig oder – um bei Begriffen von *Loos* zu bleiben – eine Lüge. Das Eckhaus zum Heumarkt hin ist ein moderner Neubau von „Mobil Austria". Die Ansicht rückwärts und seitlich entspricht einem modernen Bürogebäude. Die Vorderfront musste jedoch mit einer „falschen Fassade" aus Gründen des Ensembleschutzes dem Historismus angeglichen werden.

Hinter dem Schwarzenbergplatz folgt das **Hotel Imperial,** einzig übrig gebliebenes k.u.k. Hotel der ehemaligen Haupt- und Residenzstadt und heutzutage angemessen für Nobelabsteiger aller Länder.

Kulinarisches

●**Café Prückel,** Stubenring 24, Tel. 5126115, täglich 9.00–22.00 Uhr. Typisches Kaffeehaus der Ringstraßenära, nicht billig, dafür findet man zu jeder Tageszeit genügend Platz (Haltestelle Stubentor).

●**Café Schwarzenberg,** Kärntner Ring 17, Tel. 5127393, 7.00–24.00 Uhr. Im Sommer angenehm auf der überdachten Terrasse, im Winter oft ein Gedränge. Bei der Renovierung auf kitschigen Jugendstil getrimmt, der von vielen Touristen für original gehalten wird. Klaviermusik Fr, Sa und So, 16.00–19.00 Uhr und 20.00–22.00 Uhr. Wenn Sie noch nicht zugenommen haben, dann probieren Sie den Kaiserschmarrn! (Haltestelle Schwarzenbergplatz)

Ringstraße

Die Staatsoper

Auf der rechten Seite erkennen Sie die Staatsoper, **eine der größten Bühnen** Europas (Fassungsvermögen 2.209 Zuschauer). Hier wirkten alle berühmten Dirigenten, von *Gustav Mahler* bis *Richard Strauss*, von *Karl Böhm* bis *Herbert v. Karajan.* Das Gebäude wurde im Stil der **Hochrenaissance** nach den Plänen der beiden Architekten *Eduard van der Nüll* und *August Sicard von Sicardsburg* 1861-1869 errichtet und am 25. Mai 1889 mit *Mozarts* Don Giovanni eröffnet. Die beiden Architekten erlebten diesen Tag nicht mehr: Der Bau wurde anfangs von den Wienern bespöttelt, von offizieller Seite argwöhnisch betrachtet und von den Zeitungen verrissen. *Van der Nüll* beging Selbstmord, sein Freund *Sicardsburg* erlitt kurz darauf einen Schlaganfall.

Nach der Staatsoper folgen, charakteristisch für die Repräsentationsvorliebe der damaligen Zeit, die Säulenheiligen der deutschen Klassik: Rechts steht das **Goethe-Denkmal,** errichtet 1900 von *Eduard Hellmer* im Auftrag des Wiener Goethe-Vereins. Gegenüber logiert Freund und Gegenpart **Friedrich Schiller,** in Stein gemeißelt am Schiller-Platz 1876 von *Johannes Schilling.*

Einkaufen

● **Austria Antique,** Parkring 4, 1010 Wien. Hier erhält man alte Schilder, Grafiken und Reklametafeln von anno dazumal (Haltestelle Stubentor).

● **Ringstraßengalerien,** Kärtner Ring. Groß-Shopping-Centre, wo der zahlungswillige Kunde alles zwischen Schmuck, Mode und Dienstleistungen erhält. Aus drei alten Ringstraßenpalais zusammengefasst: dem „Grand Hotel", dem Palais „Corso" und dem „Kärtnerringhof". Geöffnet bis 19.00 Uhr, Restaurants bis 23.00 Uhr (Haltestelle Oper).

Kulinarisches

● **Café Sacher**, Philharmonikerstraße 4 (hinter der Oper), Tel. 5121487, 6.15–13.30 Uhr. Bekannt durch die Fernsehserie „Hotel Sacher". Im Gegensatz zum Hotel ist im Café zwar kein Krawattenzwang, aber trotzdem ein eher exklusives Publikum mit entsprechenden Preisen (Haltestelle Oper).

Hotel Imperial

Ringstraße

046wi Foto: ml

●**Café Museum,** Friedrichstraße 6 (am Karls-platz), Tel. 5865202, 7.00–23.00 Uhr. Stets gut besucht von Studenten, besonders der nahe gelegenen Kunstakademien, von Journalisten und Autoren. Der Autor dieses Buches schrieb hier einst seine Seminararbeiten und dankt auf diesem Weg den damaligen Kellnern für die Korrekturen (Haltestelle Oper).

●**Café Sirk,** Kärntner Straße 53, Tel. 51516552, 10.00–24.00 Uhr. Kitschig und overstyled, aber mit angemessenen Preisen. Vor dem Sirk spielen wichtige Szenen in den „Letzten Tagen der Menschheit" von *Karl Kraus* (Haltestelle Oper).

Staatsoper

Die Hofburg

Nun folgt jener Teil der Ringstraße, der nicht vom Großbürgertum, sondern vom „Hof", vom tatsächlichen Zentrum der Macht, geprägt wurde. Auf einer rechtwinklig zur Ringstraße angelegten Achse plante der Opernbauspezialist *Gottfried Semper* ein monumentales „Kaiserforum". Aus finanziellen Gründen blieb uns die Umsetzung eines Großteils des Semper-Konzeptes erspart.

Sie erblicken rechts das **Burgtor.** Das äußere Tor ist ein Teil des alten Befestigungssystems, das im klassizistischen Stil bereits 1821–1824 als Demonstration des Sieges über *Napoleon* in der Völkerschlacht zu Leipzig er-

richtet wurde. Das innere Burgtor wurde 1934 als Gedenkstätte für die im 1. Weltkrieg gefallenen Soldaten sowie für die „vor dem Feind unbesiegte" k.u.k. Armee umgebaut und gilt seither als typisches Baudenkmal der Gegenrevolution. Seit 1955 dient es als „Heldendenkmal", als Österreichs Variante zum Denkmal des unbekannten Soldaten.

Durch das Burgtor erreicht man die **Hofburg,** eine ausgedehnte und unregelmäßige Gebäudegruppe, die zwischen dem 13. und dem 20. Jahrhundert errichtet wurde und den Habsburgern als Residenz diente. Wie alle absoluten Herrscher hielten sich auch die Kaiser der Habsburger an die Devise: „Ich muss etwas Bleibendes für die Ewigkeit schaffen, das dann meinen Namen trägt." So ist die Hofburg ein zerstückeltes, unstrukturiertes verschachteltes An- und Übereinanderreihen von Bauten, Höfen, Gräben und Kaiserzimmern.

Das direkt an der Ringstraße liegende Gebäude ist die **Neue Hofburg,** an der fast alle namhaften Architekten der Ringstraßenära gearbeitet haben: *Hasenauer, Semper, Förster, Baumann.* Heute befinden sich darin das Museum für Völkerkunde sowie Teile des Kunsthistorischen Museums (die Ephesos-Sammlung). Das dahinterlie-

Neue Hofburg

Ringstraße

gende Gebäude birgt die Österreichische Nationalbibliothek (siehe auch „Tour 2").

Der große Platz ist der geschichtsträchtige **Heldenplatz.** Hier hielt *Adolf Hitler* vor 70.000 begeisterten Wiener Zuhörern die berühmte Rede vom 14. März 1938, in der er an die Geschichte die Vollzugsmeldung abgab, dass seine Heimat in das Großdeutsche Reich zurückgekehrt sei.

Als es keinen *Hitler* mehr gab und die Wiener sich in der Kunst des Verdrängens übten, meinten ein paar hiesige Erinnerungskünstler, *Hitler* hätte ja

nur vor ein paar Genossen aus dem Altreich und vor einigen zufällig des Weges gehenden Wienern gesprochen.

An diesem geschichtsträchtigen Ort organisierte ein Komitee 1993 ein „Lichterfest" gegen das „Ausländerraus"-Volksbegehren der FPÖ. Angeblich kamen rund 70.000 Sympathisanten, Innenminister *Löschnak* stellte eine Kerze in das Fenster seines dem Heldenplatz zugewandten Büros. Fünf Monate später trat das neue Aufenthaltsgesetz in Kraft. Für Ausländer aus Nicht-EU-Ländern, die nicht als Touristen kommen wollen, gibt es fast keine legale Möglichkeit zur Einreise mehr. Auch schon längst integrierte Ausländer und deren Kinder sind nicht vor dem Hinausschmiss geschützt. Die

FPÖ spricht bereits von der durchzusetzenden „Minus-Zuwanderung".

Zurück zur imperialen Ringstraße: Gegenüber dem Burgtor befinden sich das **Naturhistorische Museum** und das **Kunsthistorische Museum.** Das Dach, auf dem der Sonnengott Helios thront, gehört zum Naturhistorischen Museum, das andere, auf dem Pallas Athene verweilt, zum Kunsthistorischen Museum. Der Platz zwischen beiden Museen wird gefüllt von der dominanten *Kaiserin Maria Theresia.* Beide Museen wurden von *Carl Hasenauer* und *Gottfried Semper* im Stil der italienischen Renaissance errichtet; die Sammlungen haben ihren Ursprung in den umfangreichen habsburgischen Privatsammlungen.

Kulinarisches

● **Café-Meierei Burggarten,** im Burggarten beim Palmenhaus, im Sommer 10.00–20.00 Uhr. Ideal im Sommer für kleine und größere Pausen, Wiener und internationale Küche (Haltestelle Burgring).

Das Parlament

Das Parlament mit seinen hübschen Karyatiden, den säulentragenden Tempeljungfrauen, wurde von *Theophil Hansen* in **hellenistischen Formen** erbaut; die auffallenden Analogien mit dem alten Hellas verweisen darauf, dass die Wiege der Demokratie eben in Griechenland stand.

Weitreichende Bezüge zur Akropolis werden geknüpft: Betritt man das Parlament, steht man im „gestürzten

Parthenon", die beiden Rundtheater am Fuße der Akropolis entsprechen in der *Hansenschen* **Neuinterpretation der Antike** den beiden Sitzungssälen des Parlamentes. (Einer davon wurde im Zweiten Weltkrieg zerstört.)

Warum die **Pallas Athene,** die Göttin der Weisheit, vor dem Parlament steht, weiß jeder Wiener: Sie traut sich nicht hinein. Weniger bekannt ist ihre Biografie. Sie ist die von *Carl Kund-*

Pallas Athene

mann geschaffene Nachbildung einer römischen Pallas Athene, die wiederum die Nachbildung jener Pallas Athene war, die in antiken Zeiten den Akropolishügel zierte. Historisierender geht's wirklich nimmer, aber schön ausschaun tut's trotzdem. Die Wiener haben dazu ihren Spottvers gedichtet:

„Oh Theofil, oh Theofil,
du hast ja gar ka Stilgefühl.
An Tempel, an Musikverein,
an Moses mit an Heilgenschein,
a Börs und an Redoutensaal,
a Schwimmbad und a Arschenal,
auf griechisch, römisch, byzantinisch,
normannisch, Louis quatorre, gotisch,
ägyptisch, spanisch, hottentottisch,
das alles haut er nur so hin,
doch leider baut er das in Wien!"

Rathaus und Burgtheater

Nach dem Parlament folgt links, vom Ring durch den Rathauspark getrennt, das **Rathaus.** Das ist wiederum im neugotischen Stil von *Friedrich von Schmidt* errichtet; sein damaliges Motto lautete: *Saxa loquuntur,* was nicht heißen soll, dass die Sachsen sprechen sollen, vielmehr sind die Steine (lat. *Saxum)* damit gemeint.

Sie erzählen, dass sie zusammengefügt wurden nach dem Konzept des Rathauses in Brüssel.

Der Turm des Rathauses ist 97,30 m hoch. Auf seiner Spitze steht das Wahrzeichen Wiens, der eiserne Rathausmann, mit einer Größe von 3,49 m sowie einer Schuhgröße von

84. Mit seiner Lanze ist der Rathausmann sogar 5,50 m hoch; das Rathaus wurde in der Monarchie damit nach dem Dom zum zweithöchsten Gebäude Wiens.

Gegenüber befindet sich das **Burgtheater.** Errichtet wurde es 1872–1883 nach den Plänen von *Gottfried Semper* im Stil der italienischen Hochrenaissance, der Bau selbst wurde von *Carl Hasenauer* geleitet. Die Gesamtlänge des Baus misst

Rathaus

Ringstraße

050wi Foto: mi

K · K · HOFBURGTHEATER ·

136,50 m, das Bühnenhaus steigt bis 42,50 m empor. Der Zuschauerraum fasst 1310 Sitz- und 210 Stehplätze.

Am 12. April 1945 wurden große Teile des Burgtheaters zerstört, womit sein Schöpfer *Gottfried Semper* posthum Recht behielt. Der hatte nämlich gemeint, dass jedes gute Theater nach 60 Jahren umgebaut werden müsse oder andernfalls abbrenne. Über die Bedeutung des Theaters für die Wiener siehe im Kapitel „Stadt und Bewohner/Kultur".

Auf der linken Seite folgt nach dem Rathauspark die Wiener **Universität.** Der Bau selbst wurde nach Plänen von *Heinrich Ferstel* ebenfalls in Formen der italienischen Hochrenaissance errichtet. Als Institution ist die Wiener Universität die älteste im deutschen Sprachraum, sie wurde 1365 vom Babenberger *Rudolf dem Stifter* gegründet.

Hinter der Universität wird der neugotische Bau der **Votivkirche** sichtbar. Die Türme haben eine Höhe von genau 100 m – laut einer Verordnung der Baupolizei durfte in Wien kein Bau 100 m überragen, um nicht die städtebauliche Ordnung zu stören. Die 136,5 m der Stephanskirche sollten als absolute Dominante klar und deutlich erkennbar bleiben.

Anlass für den Bau der Kirche war ein Attentat auf den damals noch jugendlichen *Kaiser Franz Joseph I.,* das der ungarische Schneidergeselle *Janos Libenyi* am 18.2.1853 beging. Der Kaiser wurde gerettet, der Retter, ein Fleischer namens *Ettenreich,* wurde in den Adelsstand erhoben und der Attentäter zum Tod am Galgen verurteilt. Nach seiner Hinrichtung auf der Simmeringer Heide sangen die Wiener: „Auf der Simmeringer Had hats an Schneider vawaht. Gschicht ihm schon recht, was sticht er so schlecht."

Kulinarisches

● **Café Landtmann,** Dr. Karl Lueger-Ring 4, Tel. 5320621, 8.00–14.00 Uhr. Große Sommerterrasse, sommers wie winters von vielen Schauspielern aus dem Burgtheater sowie Politikern der benachbarten Parteizentralen bevölkert, beliebter Ort für Pressekonferenzen in eigens dafür vorgesehenen Extrazimmern. Angeblich organisiert der Kellner bei besonders liebenswürdigem Auftreten die Autogramme von Burgschauspielern (Haltestelle Rathausplatz).

● **Café Eiles,** Josefstädter Straße 2 (hinter dem Rathaus), Tel. 4053410. Hier ist garantiert Platz für die Zeitungslektüre, ein kleines Plauscherl oder eine größere Pause. Motto: „Nach einem Frühstück im Eiles sieht der Tag ganz anders aus." (Haltestelle Rathausplatz).

Einkaufen

● **Börse-Beschriftungs-Zentrum,** Schottenring 17. Hier erhält man alte Stempel, alte Wappen, alte Inschriften (Haltestelle Börse).

Franz-Josefs-Kai

Inzwischen passieren wir rechter Hand die Börse und drehen beim Ringturm zum Franz-Josefs-Kai. Auf einem kleinen Hügel sehen wir rechts die älteste Kirche von Wien, die **Ruprechtskirche.** Sie soll in vorkarolingischer Zeit, also etwa um 780, gegründet worden sein. Die ersten Zeugnisse stammen jedoch aus dem Jahr 1161. Damals stand sie auf einem Hügel, unter dem der schiffbare Donauarm vorbeifloss. Auf jener Steilstufe entwickelte sich die Stadt; der Flussarm wird heute als Donaukanal bezeichnet.

Hinter der Ruprechtskirche folgt das **Bermuda-Dreieck.** Hier entstand in den letzten zehn Jahren eine Ansammlung von dicht beieinander liegenden Lokalen, die ursprünglich tatsächlich längs eines Dreiecks angeordnet waren. Der erst halb witzige Ausdruck *Bermuda-Dreieck* – einige Besucher aus Deutschland sollen angeblich hier verschollen sein – wurde inzwischen in den amtlichen Gebrauch übernommen.

Die **Lokale** sind meist in mittelalterliche Gewölbe eingebaut, in denen sie wenig Platz zum Sitzen bieten. Sie sind daher keine Restaurants, sondern teilweise Szene-Treffs, teilweise reine Touristen-Lokale. Ein paar gelten wegen ihrer Einrichtung als beispielgebend, etwa die Wunderbar: Architekt *Hermann Czech* verwendete beim Umbau eines mittelalterlichen Kellers absichtlich ein „falsches" Gewölbe und bemalte Rippen aus Holz.

Ringstraße

Das Ringstraßenpalais

Es wird Zeit, die **Typologie eines Ringstraßenpalais** zu betrachten. Es war eine Mischform von feudalem Repräsentationspalais und bürgerlichem Mietshaus. Der Hausherr ließ ein herrliches an die Palais der Adeligen erinnerndes Portal errichten. Durch das Portal betritt man das Vestibül und steigt dann die ebenfalls aufwändig gestaltete Treppe in den ersten Stock hinauf. In der **Beletage**, also im 1. Stock, wohnte der Hausherr.

Sollte der Hausherr zufällig der **Bankier Gustav Epstein** sein, so war sein Wohnbereich in seinem 1870 errichteten Palais unterteilt in:

Vorzimmer	27 m²
Empfangssaal	64 m²
Tanzsaal	80 m²
Wintergarten	30 m²
Speisesaal	64 m²
Spielzimmer	47 m²

Dazu kamen selbstverständlich noch die privaten Gemächer.

Die ebenerdigen Räume waren zum einen **Dienstbotenräume.** So war die Küche aus dem Wohnbereich ausgegliedert, da Küchenarbeit als unfein galt und der Dame des Hauses nicht zugemutet werden durfte: Sie führte „den Salon". Zum anderen wurden die unteren Räume als **„Comtoir"** (Büro) vermietet.

Die Räumlichkeiten im dritten, vierten und fünften Stock wurden **vermietet**, im dritten meist an eine fast ebenbürtige Standesfamilie, im fünften an Habenichtse, die aus reiner Gnade dem Hausherrn die Miete zahlen durften.

Die Lage der Wohnung war gleichzeitig eine soziale Differenzierung, die man heute noch an der **Fassade** des Hauses ablesen kann. Der erste Stock verhält sich zum vierten wie Armani zum Kohlenhändlerlook.

Ehe Sie sich leichten Fußes mit der Szene treffen, überqueren Sie den **Morzinplatz.** Hier stand bis 1945 das Hotel Metropol. Im Jahre 1938 hatte die Gestapo das Metropol requiriert; viele Wienerinnen und Wiener wurden hier gefoltert und ermordet. 1945 wurde das Hotel durch einen Bombentreffer zerstört, ein neues Gebäude wurde in den Nachkriegsjahren an dieser Stelle nicht mehr errichtet.

Vom Morzinplatz sind es nur noch 200 Meter zum Schwedenplatz, die Rundfahrt mit dem Einser ist somit vollendet.

Kulinarisches

●**K&K Pilsmaut,** Franz-Josefs-Kai 27. Typisches Bierlokal mit 50 Sorten, darunter das stärkste Bier der Welt: ein Seidl Eku Kulminator kostet 6 € (Haltestelle Börse).

Einkaufen

●Im Winkel zwischen Ringstraße und Kai befindet sich das **Textilviertel.** Wenn Sie in irgendein Gasserl hineinschlendern, werden sie viele Geschäfte sehen, an deren Auslagen die letzten 20 Jahre spurlos vorbeigegangen sind: Da gibt es „Wirkware" und „Strickware" von anno dazumal, dazu die verschiedensten Stoffe und Bademoden mit eigenartigen Mustern.

Musik

●**Jazzland,** Franz-Josefs-Kai 29, Tel. 5332575, Livemusik ab 21.00 Uhr, Küche bis 22.45 Uhr. Typischer Jazz-Keller mit Neigung zu Blues, Boogie und Swing (Haltestelle Schwedenplatz).

Tour 2: Höfisches Wien – die City

Überblick

Diese Tour durchquert den ersten Bezirk. Dabei führt sie erst durch die **Szene**, berührt dann das Touristenziel Nr. 1, den **Stephansdom** und endet bei der **Hofburg.** Trotz dieser touristischen Highlights soll stets auf die Erwähnung von Nebensächlichem und Alltäglichem Wert gelegt werden.

Vom Schwedenplatz zum Heiligenkreuzerhof

City

Sie starten bei der U-Bahn-Station **Schwedenplatz.** Vom Denkmal aus, auf der anderen Seite des Platzes biegen Sie in den Hafnersteig ein. Über die Treppe rechts hinauf gelangen Sie zur Griechengasse. Links durch die Enge der Gasse kommen Sie zum Lieben Augustin. Auf einem Schild lesen Sie, dass Sie jemand mit einer lauten Stimme vorschicken sollen, wenn Sie auf einem pferdebespannten Fuhrwerk unterwegs sind.

Schon in der Griechengasse bemerken Sie die typischen Kennzeichen der **Altstadt:** kleine, enge Gasserln, krumme, nicht ebenmäßig gebaute Häuser, unerwartete, überraschende Blicke fast nach jedem Schritt.

Treten Sie in den Eingang zum Griechenbeisl. Unter dem Kanalgitter sehen Sie den großen Wiener Volkshelden und Dudelsackpfeifer, den **Lieben Augustin.** Kramen Sie in ihren Taschen und werfen Sie ein paar Gro-

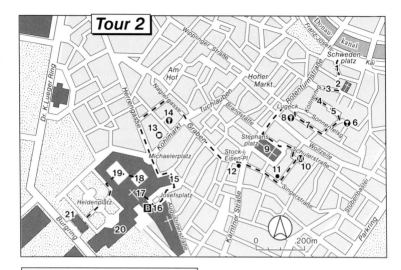

schen durch das Gitter. Sie kennen ja das übliche Spiel mit den frommen Wünschen.

„Oh du lieber Augustin, alles ist hin", pflegte der Troubadour des Mittelalters zu singen. Dabei soll er äußerst zufrieden und glücklich gewesen sein. Seither gilt der Liebe Augustin als typischer Verkünder der **Wiener Lebenseinstellung.**

Wenn Sie hinter dem Kanaldeckel das enge Stiegenhaus hinaufklettern, sehen Sie zuerst die Kugeln aus der Zeit der Türkenbelagerung. Die sind tatsächlich echt und landeten anno 1529 in der Hausmauer. Der zweite und der dritte Stock bieten herrliche Einblicke in das Interieur eines alten **Pawlatschenhofes** (*Pawlatschen* sind zum Hof hin offene Gänge).

Wieder zurück zum Ende der Griechengasse. Vor Ihnen befindet sich der Fleischmarkt, links steht die **Grie-chische Kirche,** die in dieser Form von *Theophil Hansen* errichtet wurde. Wenn Sie eineinhalb Minuten drinnen stehen, eilt ein dienstfertiges Wesen aus einem Kammerl heraus, das Sie mit leiser Stimme durch die Kirche führt. Es wird erwartet, dass Sie sich mit einer Spende oder einem Trink-geld dafür revanchieren.

Gehen Sie ein paar Schritte den Fleischmarkt zurück, beim „Marhold" vorbei, und biegen Sie links in die Köll-nerhofgasse ein. Nach ein paar Me-tern wenden Sie sich wieder nach links in die Grashofgasse. Wenige Schritte noch, und Sie sind mitten im **Heiligen-kreuzhof.** Hier gibt es sie noch, die urbane Lebensatmosphäre in der Großstadt. Ruhig, behaglich, abge-schieden und doch mitten in der City. Dieser bereits 1201 erwähnte Wirt-schaftshof des Stiftes Heiligenkreuz entstand aus mehreren Häusern, die im 16. Jh. miteinander verbunden wur-den. An manchen Fassaden erkennt man noch die Mauernteile aus der Ba-benbergerzeit.

Kulinarisches

●**Griechenbeisl,** Fleischmarkt 11, Tel. 5331941, geöffnet 11.00–23.30 Uhr. Hat mit einem Beisl nichts zu tun, mit griechisch schon gar nichts: In dieser Gegend waren früher griechische Händler angesiedelt. Tafel-spitz kostet 15 €, Schnitzel 13,20 €. Sie brauchen ja nicht das Gastlokal zu betreten, aber bis zur Tür sollten Sie sich schon vorwagen: Immerhin gilt das Griechenbeisl als die älte-ste Gaststätte Wiens, gegründet 1447, und nicht nur der *Liebe Augustin,* auch *Nestroy* und *Raimund* haben hier gebechert.

●**Marhold,** Fleischmarkt 9, Tel. 5332873, 11.00–23.30 Uhr. Hat ein riesiges Oberge-schoss und draußen den Schanigarten, ist be-kannt für Rindfleischzubereitung, Tafelspitz 13,20 €, Schnitzel 11 €.

●**Sowieso,** Grashofgasse (ohne Nummer, es gibt nur ein Haus), Tel. 5126388, 17.00–2.00 Uhr. Bekannt für Schnitzel, ab 11 €, und Steaks. Die angeschlossene Klub-Disko hat bis 4.00 Uhr geöffnet.

Einkaufen

●**Issakides,** Fleischmarkt 13; Orientteppiche aller Größen und Preise, von ganz klein bis zu 60 m².

●**Herbert Born**, Köllnerhofgasse 4, Tel. 5129995, Stilleuchten und Beschläge aus Messing.

Von der Schönlatern-gasse zum Steffl

Wenn Sie den Heiligenkreuzhof überqueren, stehen Sie in der **Schön-laterngasse.** Die Ursache für den Na-men sehen Sie am Haus Nr. 6 hängen: die Laterne. Natürlich nicht die ur-sprüngliche Laterne, die hängt im Mu-seum.

An der Fassade des Hauses Nr. 7, dem Basiliskenhaus (seit 1212, um 1740 umgestaltet), sehen Sie den **Basi-lisken:** Halb Hahn, halb Kröte, saß er in einem tiefen Brunnen und fauchte seine giftigen Dämpfe den Brunnen-schacht empor. Wer, der Sage nach, in diesen Schacht hinunterblickte, der fiel um und war tot. Ein zweites Mal sieht man diese kuriose Mischung aus Hahn und Kröte auf dem Schild des Restaurants „Zum Basilisken".

City

Auf Nr. 9 steht **Alte Schmiede.** Im Keller steht sie tatsächlich, die alte Schmiede. Darüber hinaus ist in diesem Gebäude ein Kulturzentrum untergebracht, das oft Autorenlesungen, Literatursymposien und ähnliche Veranstaltungen anbietet.

Gehen Sie jedoch nicht weiter in der Schönlaterngasse; der schmale Durchgang rechter Hand führt Sie an einigen Beisln vorbei in die **Sonnenfelsgasse.** Hier ist sommers wie winters bis in die späten Nacht- und frühen Morgenstunden etwas los. In den unzähligen Szene-Lokalen treffen Yuppies auf Touris, die urbane Boheme mischt sich mit ländlichen Wien-Besuchern, die hier auf den Putz hauen wollen. Von den unzähligen sich zur Szene zählenden Lokalen sind unter „Kulinarisches" nur einige aufgenommen; es bleibt Ihnen unbenommen, nach Lust und Laune links oder rechts auszuweichen (siehe auch Kap. „A–Z/Wien bei Nacht und Szene").

Aber irgendwann einmal werden Sie den Durchgang fortsetzen, und Sie stehen in der **Bäckergasse.** Hier gibt es zwei bekannte Beisln, das Café Alt-Wien und den Oswald & Kalb, dementsprechend groß ist das Gedränge. Wir haben aber Spaziergang und nicht Schlemmen angesagt und suchen das Haus „Bäckergasse 7". Gehen Sie in den Hof, deutlich sind in diesem wunderbaren Innenhof die Reste der Stallungen zu erkennen. Nach fünf Minuten des beschaulichen Aufenthaltes in diesem Hof ahnt man etwas über die Lebensweise der reichen Städter vor hundert Jahren.

Nach 100 Metern stehen Sie „Am Lugeck". Nun folgt links der nächste Durchgang, der Sie zum **Figlmüller** führt. Beachten Sie die Tafeln, mit denen der Figlmüller in verschiedenen Sprachen wirbt: „Das berühmteste Schnitzel in Wien" oder *„the most famous Schnitzel of Vienna".* Bis jetzt hat noch niemand dagegen geklagt, also wird wohl etwas dran sein.

Durchgänge haben etwas sehr Reizvolles: Erstens weiß man nicht, wo man rauskommt, und zweitens ist in den meisten Durchgängen eine Gaststätte. Also nichts wie hinein in diesen Durchgang, und am anderen Ende stehen Sie vor dem Stephansdom, von den Wienern kurz und liebevoll „Steffl" genannt.

Kulinarisches

●**Wunderbar,** Schönlaterngasse 8, Tel. 5127989, 14.00–2.00 Uhr, Szenelokal der ersten Stunde, bekannt durch die Inneneinrichtung von *Hermann Czech.* Meist rappelvoll.

●**Zum Basilisken,** Schönlaterngasse 3, 16.30–1.00 Uhr, am Wochenende bis 4.00 Uhr, Schnitzel ab 8 €, Achterl ab 2 €.

●**Lukas,** Schönlaterngasse 2, Tel. 5200414, 12.00–2.00 Uhr, am Wochenende bis 4.00 Uhr, typische Bar mit großer Getränkeauswahl, irgendwie findet jeder hier einen Platz.

●**Oswald & Kalb,** Bäckerstraße 14, Tel. 5121371, 18.00–1.00 Uhr, stets besucht von Schauspielern, Künstlern und allerhand Schickis & Mickis, deshalb wenig Platz. Tafelspitz 11 €.

●**Café Alt Wien,** Bäckerstraße 9, Tel. 5125222, 10.00–2.00 Uhr; stets so voll, dass die Gäste in umliegenden Straßen und parkenden Autos verweilen; der Durchblick des Kellners gehört zu den Wiener Wundern der Moderne. Glasglucker, Stadtphilosophen und Verlegenheitspoeten halten durch bis zur Sperrstunde. Zu empfehlen ist das Gulasch (klein 3 €, groß 5,50 €).

●**Figlmüller,** Wollzeile 5, Tel. 5126177, geöffnet 8.00–22.00 Uhr; das ist der mit den *best Schnitzel of town,* riesengroß um 11 €, dazu exzellente und gar nicht so teure Rotweine.

Einkaufen

●**Galerie Comes,** Sonnenfelsgasse 15. Auch eine Galerie kommt in Wien nicht ohne die obligatorischen Bilder des alten Kaisers aus. Dazu alte Spielautomaten, Kaffee- und Teedosen.
●**Schönbichler,** Wollzeile 4, Teesorten aus aller Welt. Man riecht das wohlige Aroma der Tees schon zehn Meter um's Eck gegen den Wind.

Der Stephansdom

Der gotische Dom ist das **Wahrzeichen von Wien;** von den Wienern wird er meist als „Steffl" bezeichnet. Zudem steht er an markanter städtebaulicher Position und ist mit seinen 136,5 Metern weithin sichtbares Zentrum der Stadt.

Erst stand hier eine **romanische Basilika,** die um 1147 geweiht wurde. Nach einem Brand wurde der Neubau 1263 seiner Bestimmung übergeben. Aus dieser Bauperiode sind heute noch das Riesentor (Haupteingang zum Stephansdom) sowie die beiden rechts und links stehenden Heidentürme erhalten.

1359 wurde mit dem Neubau des **gotischen Doms** begonnen, der dem Gotteshaus praktisch sein heutiges Äußeres verlieh. 1443 wurde der Südturm vom Dombaumeister *Hans Puchsbaum* vollendet.

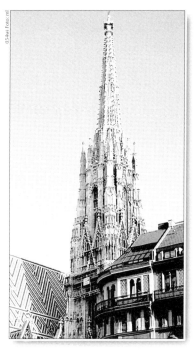

City

Die Bauarbeiten am **Nordturm** wurden jedoch 1511 eingestellt. Auch unter dem nachfolgenden Dombaumeister *Anton Pilgram* konnte der ursprüngliche Plan, den Nordturm gleich hoch wie den Südturm zu bauen, nicht verwirklicht werden. Er erhielt 1556-78 eine kupferne Renaissancehaube. Heute ist im Nordturm ein Lift eingebaut, der Sie zur Pummerin hinaufbringt.

Stephansdom

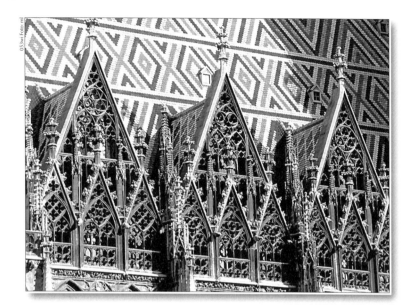

Die ursprüngliche **Pummerin** (große Glocke des Domes, läutet nur zu wenigen Anlässen) wurde 1683 aus erbeuteten türkischen Kanonen gegossen. Als die Kirche in den letzten Kriegsgefechten 1945 infolge des hölzernen Dachstuhls brannte, zerschellte die alte Pummerin. 1952 wurde die neue Pummerin (21,1 Tonnen schwer, 314 cm Durchmesser) aufgehängt.

Selbstverständlich können Sie auch auf den höheren **Südturm.** Über 343 Stufen erreichen Sie die Türmerstube, von wo Sie eine unbehinderte Aussicht über die Gassen und Dächer der Altstadt genießen können.

Der **Grundriss** des Doms besteht aus einer dreischiffigen Anlage mit einer Fläche von rund 3500 m². Die Längsrichtung in der Kirche ist durch die Höhe des Mittelschiffes besonders betont (28 m).

Auf der linken Seite des Langhauses sehen Sie die **Pilgramkanzel.** Kröten und Eidechsen kriechen als Verkörperung des Bösen über den Handlauf die Kanzel hinauf; sie werden von einem Hund, dem Symbol für das Gute, am Fortkommen gehindert. Am Fuße der

platte, die mit Tieren besetzt ist, auf der Grabplatte ist die Liegefigur des Kaisers eingemeißelt. Diese Arbeit wurde bereits zu Lebzeiten des Kaisers ausgeführt und zeigt ihn mit Reichsapfel, Zepter und der berühmten Devise AEIOU *(Austria erit in orbe ultima,* oder auf Deutsch: „Alles Erdreich ist Österreich untertan").

Im Zuge einer Führung können Sie ins unterirdische Wien hinabsteigen und die **Katakomben** besichtigen. Diese enthalten die Reste des ehemaligen Friedhofes, der sich früher rund um den Stephansdom befand.

Zudem sehen Sie die **Herzogsgruft,** die *Rudolf IV.* der Stifter anlegen ließ. Seit dem 17. Jahrhundert wurden hier in kupfernen Urnen die Eingeweide von Mitgliedern des Kaiserhauses aufbewahrt (nicht aber die Herzen, die sind in der Augustinerkirche).

Kanzel erkennen Sie das berühmte Selbstporträt des Dombaumeisters *Pilgram,* das als „Fenstergucker" bezeichnet wird.

Im Seitenschiff rechts vorne befindet sich das **Hochgrab des Kaisers Friedrich III.** aus rotem Marmor. Dieses Mausoleum ist 6,10 Meter lang, 3,50 Meter breit und 2,80 Meter hoch. Der Sarkophag ruht auf einer Sockel-

Über den Graben zur Hofburg

Von der Stelle aus, an der Sie den Stephansplatz erreicht haben, biegen Sie nach links in die Schulerstraße. Das Haus rechts (Domgasse 5) heißt **Figarohaus.** *Mozart* hat hier gewohnt, die Wohnräume sind als Museum zugänglich und bieten einen guten Einblick in die Wohnverhältnisse anno 1770. Sie müssen also kein unbedingter Mozart-Fan sein, um im Figarohaus Interessantes zu entdecken.

Sie setzen den Weg fort in der **Blutgasse.** Sie erhielt ihren Namen, weil

Das Dach des „Steffl"

Wenn Sie die Innenhöfe durchqueren, riskieren Sie einen Blick zum Himmel. Was da völlig unerwartet in ihr Gesichtsfeld kommt, ist der Turm des Stephansdomes.

Zurück in die Singerstraße. Nach einigen Metern stehen Sie am **Stock-im-Eisen-Platz.** Am Gebäude Ecke Kärntner-Straße/Graben erkennen Sie den Stock, der voller Eisennägel steckt: Im Mittelalter musste jeder fahrende Handwerksgeselle, der Wien passierte, einen Nagel in diesen Stock schlagen. Das Original ist im Museum, da es sich beim heutigen Grad der Luftverschmutzung im Freien nicht halten würde.

Innenhof in der Singerstraße 7

die Gasse vom Blut der Hugenotten getränkt war, die hier serienweise umgebracht wurden.

In der **Singerstraße** biegen Sie ums Eck und spazieren in den Hof des Hauses Nr. 7. Ist Wien die Stadt der Innenhöfe? Hier hat sich jedenfalls eine Atmosphäre erhalten, die es weder in den Vorstädten noch in den Vororten gibt: altes Kopfsteinpflaster, Bäume und eine nahezu atemberaubende Stille.

Der Wiener Architekturtheoretiker *Camillo Sitte* lehrte vor über 100 Jahren über das gotische Stadtbild: Durch die extreme Verwinkelung und durch die vielen Durchgänge vermittle es völlig überraschende Einblicke und unerwartete Aussichten.

Auf der rechten Seite steht das **Haas-Haus,** das jetzt auch als **Hollein-Haus** bekannt ist: Der bekannte Architekt *Hans Hollein* schuf hier am sensibelsten Punkt der Stadt einen modernen Konsumtempel, in dem sich die gotischen Formen der Stephanskirche spiegeln.

Sie können zusammen mit der Schickeria aus aller Welt in Luxusboutiquen kramen, oder mit dem Lift in den obersten Stock fahren und von dort die Aussicht auf die Innenstadt genießen.

Der Weg führt weiter in den **Graben,** der am ehesten einem französischem Boulevard entspricht. Breite

Fläche, viel Sonne, noch mehr Kaffeehäuser mit Tischen im Freien.

Neigen Sie einmal den Kopf nach hinten und halten Sie Ausschau nach der Dachzone. Fast überall wurden Dachausbauten durchgeführt, um neuen Wohnraum in der City zu schaffen, manchesmal gibt es sogar zwei Wohnebenen in den Dächern. Diese Wohnungen sind zwar zentral, aber auch dementsprechend teuer.

Am Graben gibt es zwei Geschäfte, die wegen ihrer **Portale** interessant sind: Auf der linken Seite (Graben 13) befindet sich der Herrenausstatter Knize, Portal und Geschäft wurden von *Adolf Loos* entworfen. Auf der

City

Blutgasse   Das Haas-Haus

rechten Seite folgt ein Juwelier, das Portal stammt wiederum vom Architekten *Hollein*.

Nach der Pestsäule und den berühmten Jugendstil-Klosettanlagen (siehe „Tour 3") setzen Sie den Weg fort in die enge **Naglergasse.** Nach einigen Schritten folgt die nächste Abzweigung nach links in den Haarhof. Hier steht zur Verfügung der Esterhazy-Keller, alternierend dazu der etwas versteckte Bierhof (siehe Kap. „A–Z/ Essen und Trinken/Stadtheurige").

In der Herrengasse können Sie erst einige Schritte nach rechts gehen, bis Sie vor dem **Café Central** stehen. An einem der ersten Tische lümmelt **Peter Altenberg.** Sprechen Sie ihn nicht an auf seine Existenz als genialer Gele-

genheitsdichter der Jahrhundertwende, der selbst seine Wohnadresse mit „Café Zentral" angegeben hatte: *Peter Altenberg* ist aus Pappmaschee.

Schließlich führt der Weg wieder zurück, durch die Herrengasse zum **Michaelerplatz.** Mitten auf dem Platz sehen Sie ein kleines Grabungsfeld mit Ausgrabungen von der Römerzeit bis zum Mittelalter, die *Hans Hollein* zu einer „Erlebnislandschaft" gestaltet hat. Und gleich links steht das berühmte Loos-Haus (siehe Kap. „Einzelbauten").

Kulinarisches

●**Levante,** Wallnerstraße 2, Kebabs ab 6 €, auch vegetarische Speisen, viele Köstlichkeiten aus dem östlichen Mittelmeerraum (=Levante). Auch mittags ist hier meist noch ein Plätzchen zu ergattern. Viele Beamte durch die Bundesgebäude in der Umgebung.
●**Demel,** Kohlmarkt 14, berühmtes Café, wurde noch berühmter durch seinen Ex-Chef *Udo Proksch,* der wegen eines Versicherungsbetrugs (Uranium-Ladung) ein Schiff samt Besatzung untergehen ließ und hinter Gittern gestorben ist. Kaffee ab 3 €, Kuchen ab 3,70 €.

Einkaufen

●**Zentralbuchhandlung,** Schulergasse 1-3, linke Literatur quer durch alle linken Strömungen; interessanterweise direkt neben dem Steffl.
●**Eduard Witte,** Domgasse 2, Scherzartikel, Masken, originelle Geburtstagsgeschenke.
●**Knize,** Graben 13, der exklusive Herrenschneider der Stadt, Schuhe ab 300 €, Schal ab 110 €.
●**Meinl,** Graben 20, Delikatessen, gut sortierte und reichliche Auswahl, besonders an Käse, Wein und Spezialitäten.

Hofburg

Nun folgt als Abschluss der Tour die Hofburg, die ehemalige **Residenz der Habsburger.**

Die Hofburg besteht aus mehreren Trakten, die kaum aufeinander Bezug nehmen, sondern eher im Gegensatz zur jeweils bisherigen Bausubstanz errichtet wurden. Selbst dieser Gegensatz entspringt jedoch nicht einer künstlerischen Absicht, sondern ist geprägt vom Bestreben der jeweils Herrschenden, der Nachwelt so ein Denkmal setzen zu können.

Der erste Trakt längs der Route ist die **Stallburg** an der Reitschulgasse. Sie wurde als Hofgebäude für *Erzherzog Maximilian* um 1558 begonnen und beherbergt heute die Stallungen der Spanischen Reitschule.

Nach einigen Schritten erreichen Sie den **Josefsplatz** mit dem Denkmal des *Kaisers Joseph II.,* mit der **Nationalbibliothek** vorne und rechts mit den **Redoutensälen.** Diese Teile brannten im Januar 1993. Seither werden sie unter dem Einsatz erheblicher Finanzmittel dem Original nachgebaut.

Am rechten hinteren Ende befindet sich ein Durchgang. Er führt Sie im ersten Hof zur **Burgkapelle** – oder zu dem, was man noch sieht von ihr, der Apsis.

Der zweite Hof ist der **Schweizerhof.** Als ältester Teil der Burg wird er schon 1279 erwähnt, ursprünglich war er eine wehrhafte Anlage mit Ecktürmen. 1547–52 entstand die heutige Fassade des Hofes, 1552 das Schweizertor.

Durch dieses Tor kommen Sie in den geräumigen **Inneren Burghof.** Rechts sehen Sie den Reichskanzleitrakt, links den Leopoldinischen Trakt.

Wenn Sie links durch das Tor gehen, stehen Sie auf dem Heldenplatz. Wiederum links sehen Sie die **Neue Hofburg.** Als jüngster Teil der Burg wurde sie erst 1913 fertig gestellt und sollte ein Teil des nie verwirklichten Kaiserforums sein. Heute beherbergt sie die österreichische Nationalbibliothek.

Das **Burgtor** schließt die gesamten Anlagen der Hofburg zur Ringstraße hin ab. (Zu Heldenplatz und Burgtor siehe auch „Tour 1".)

City

Die Pestsäule

Wappen an der Hofburg

Tour 3: Sezessionistisches Wien – Österreichs Jugendstil

Karlsplatz

Die Tour beginnt am Karlsplatz, einem Knotenpunkt der Stadt, weitläufig aber diffus gegliedert und verbaut. Im westlichen Teil erkennen Sie die neue **Kunsthalle Wien,** deren provisorischer Charakter große Diskussionen ausgelöst hat.

An der Südseite steht die ebenfalls neu errichtete **Technische Universität.** An der Vorderfront trägt sie eine überdimensionale Eule, das Sinnbild der griechischen Göttin der Weisheit Pallas Athene.

Im **Resselpark,** einem Teil des Platzes, befindet sich das gleichnamige Kaffeehaus.

Durch die Bäume erkennen Sie bereits die **Karlskirche.** Sie ist der bedeutendste sakrale Barockbau in Wien. Anlässlich einer Pestepidemie im Jahre 1713 gelobte der *Kaiser Karl VI.* die Errichtung dieser Kirche. Der Bau wurde dann von *Johann Bernhard Fischer von Erlach* sowie von seinem Sohn *Joseph Emanuel* ausgeführt.

Im Zierteich vor der Kirche befindet sich die von *Henry Moore* stammende Bronzeplastik Hill arches.

Links neben der Karlskirche folgt das **Historische Museum** der Gemeinde Wien (siehe Kap. „Stadt und Bewohner/Kultur/Museen") und im Norden daran anschließend das Haus des **Musikvereins** und das **Künstlerhaus,** beide aus den 60er-Jahren des 19. Jahrhunderts, also der Ringstraßenära zuzurechnen.

Aber nun zum Thema der Tour: Auf dem Platz erkennen Sie bereits die

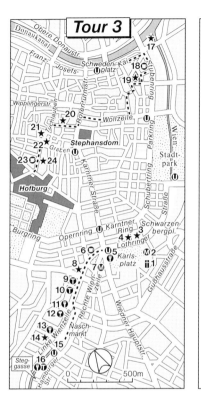

Tour 3

ⅱ	1	Karlskirche
Ⓜ	2	Historisches Museum
★	3	Musikverein
★	4	Künstlerhaus
Ⓤ	5	U-Bahn-Pavillons,
❶		Café Resselpark
◖	6	Café Museum
Ⓜ	7	Kunsthalle
★	8	Secession
❶	9	K&K Kabarett
❶	10	Theater an der Wien
❶	11	Sopherl
◖	12	Café Drechsel
❶	13	Makedonija
★	14	Majolikahäuser
Ⓤ	15	Station Kettenbrückengasse
❶	16	Spektakel,
❶		Celeste, Rüdigerhof
★	17	Urania
◖	18	Café Ministerium
★	19	Postsparkasse
★	20	Zacherlhaus
★	21	Hochholzerhof
★	22	Jugendstilklosett
◖	23	Café Demel
★	24	Artaria Haus

Jugendstil

beiden Kuppeln der **U-Bahn-Pavillons** von *Otto Wagner*. Diese beiden sind Unikate in seiner Typologie der Haltestellen. Das sichtbare (und nicht wie damals üblich versteckte) Eisenskelett wurde mit Marmorplatten ausgefacht, im Inneren mit Gipsplatten. Dadurch erreichte *Wagner* eine optische Trennung der tragenden Teile von den Wandteilen.

Im Zuge des U-Bahn-Baus wurden die Pavillons demontiert und – funktionell verfremdet – wiedererrichtet. Ein

Pavillon dient heute als Mündung des U-Bahn-Aufgangs, der zweite ist ein Kaffeehaus geworden, dessen Besuch sich schon allein wegen der Architektur lohnt.

Der Architekt **Otto Wagner** (1841–1918) prägte das Gesicht des modernen Wiens ganz entscheidend. Er studierte in Wien sowie an der Berliner Bauakademie. Von 1894 bis 1912 war er dann selbst Professor an der Kunstakademie in Wien, wo er mit der Leitung der Meisterschule beauftragt

Karlskirche

wurde. Viele seiner Schüler und Mitarbeiter wurden selbst große Architekten: *Josef Hoffmann, Jože Plecnik, Max Fabiani, Adolf Loos.*

Die Frühwerke *Wagners* sind noch durch einen zurückhaltenden Historismus gekennzeichnet (Mietshäuser am Rennweg). Ab 1890 reduzierte er alle Dekorations- und Detailformen und fand zu einem pragmatischen Stil. Als Verfechter der Semper'schen Theorie verwirklichte er bei seinen Bauten den Semper'schen Grundsatz der Einheit von „Zweck, Konstruktion und Poesie".

Wagner dachte und baute im großen städtebaulichen Kontext. Das lässt sich „ablesen" am Gesamtkunstwerk der Stadtbahn, anhand des Baus der Nervenheilanstalt am Steinhof und an weiteren Bauten, die Ihnen auf dieser Tour noch begegnen werden.

Kulinarisches

● **Café-Meierei Resselpark,** Ecke Karlsplatz/ Wiedner Hauptstraße, Tel. 655628, 9.00– 22.00 Uhr, Hauptspeise unter 6 €, wunderbare Atmosphäre im Freien, bekannt für Mehlspeisen und Bratwürste.

● **Café Museum**, Friedrichstr. 6, Tel. 5865202, 7.00–23.00 Uhr, Künstlertreff mit Tradition.

Einkaufen

● **American Discount,** Rechte Wienzeile 5, enthält alles, was ein amerikanisches Herz begehrt.

● **Hellas Feinkost**, Rechte Wienzeile 3, großes Angebot an griechischen Wein- und Käsesorten.

Secession

Der zweite Punkt der Tour erklärt gleichzeitig den Namen; allerdings wird die Kunstrichtung heute mit „z" geschrieben, während sich das Gebäude nach wie vor mit „c" schreibt. Vom U-Bahn-Knotenpunkt Karlsplatz ist es nicht weit zur Secession (unterirdische Wegweiser).

Sie wurde 1898–1899 von *Joseph Olbrich* errichtet und diente als Ausstellungsraum für ein paar junge Maler, die sich die **Secessionisten** nannten. Und warum? Sie verließen aus Protest gegen die vorherrschende Lehre des Historismus *(Hans Makart)* die Akademie der bildenden Künste. Da sie der lateinischen Sprache mächtig waren, übersetzten sie den *Auszug* und wurden zu *„Secessionisten"*.

„Der Zeit ihre Kunst, der Kunst ihre Freiheit" – dieses programmatische Leitmotiv, das der Kunstkritiker *Ludwig Hevesi* prägte, ist über dem Eingang des Gebäudes zu sehen. Im Programm der Wiener Sezession waren von Anfang an Grundsätze eines demokratischen Kulturbetriebes verankert. Man wollte an keinen Auftraggeber gebunden sein sowie sich von kommerziellen Interessen freihalten.

Ein eigenes, nach heutigen Begriffen „selbstverwaltetes" **Kultur- und Ausstellungshaus** war die Voraussetzung für diese hoch gesteckten Ziele. Und das errichtete der Wagner-Schüler *Joseph Olbrich*. Der Industrielle *Karl*

Secession

061wi Foto: ml

Jugendstil

Wittgenstein (der Vater des Philosophen *Ludwig Wittgenstein*) stellte das Geld, die Gemeinde Wien den Baugrund zur Verfügung. *Olbrich* schuf damit den Schlüsselbau der Wiener Sezession mit internationaler Ausstrahlung und Bedeutung. Der Hauptraum konnte durch ein System flexibler Trennwände für jede Ausstellung neu gestaltet werden; nicht einzelne Kunstwerke wollte man isoliert nebeneinander stellen oder hängen, sondern die Ausstellung sollte zusammen mit dem Gebäude ein geschlossenes Gesamtkunstwerk sein.

Die ersten **Ausstellungen** wurden natürlich zu Skandalen. Über die Skandale und über die ausgestellten Bilder berichtete in einer Zeitung namens „Prawda" auf hoher theoretischer Ebene ein junger Russe, der damals in Wien im Exil lebte. Sein Name: *Leo Trotzki*.

Mit einer Beethoven-Ausstellung (insgesamt die 14. Ausstellung) kam der längst fällige Durchbruch. Anlässlich eines Beethoven-Gedenkjahres malte *Gustav Klimt* analog zu den Klängen der „Symphonie an die Freude" den **Beethovenfries** (ca. 70 m²). Sie können ihn im Keller des Hauses sehen. Er galt lange als verschollen, wurde nach seinem Wiederauftauchen von der Gemeinde Wien gekauft und für eine Großausstellung im Jahre 1985 restauriert.

Das mächtige vergoldete **Lorbeerblattensemble** auf dem Dach des Hauses wird von den Wienern als „Krauthapperl", also als Krautkopf, bezeichnet; es besteht aus 3000 fußlangen Lorbeerblättern sowie 700 Beeren und betont den streng kubischen Baukörper. Die Weiterführung der floralen Elemente findet man an den Seitenfronten des Ausstellungsgebäudes.

Im Keller der Secession befindet sich eine **Bar,** die man auch ohne vorherigen Museumsbesuch betreten kann.

Rechts neben der Secession steht der berühmte **Löwenfiaker,** der von *Marcus Antonius* gelenkt wird. Die Ursache dafür kennt kein Mensch. Die Wiener sangen:

> „I hab zwa harbe Löwen,
> I bin da Mark Anton,
> doch warum steht mei Zeugerl
> grad vor der Secession.
> Bin nie ein Wiener gwesen
> war nie ein Kunstmäzen.
> Was brauch i bei Zypressen da
> auf meinen Standplatz stehn."

Fragen Sie den Schöpfer des Löwenfiakers, er heißt *Artur Strasser* und schuf die Figurengruppe ursprünglich für die Pariser Weltausstellung im Jahre 1901.

Rund um den Naschmarkt

Nach der Secession gehen Sie auf der Linken Wienzeile weiter. Auf der linken Seite sehen Sie den **Naschmarkt** (siehe Kap. „A–Z/Einkaufen"). Schlendern Sie ruhig zwischen den Standln durch – nach Lust und Laune können Sie da oder dort einen Happen probieren.

Otto Wagner, als Kind seiner Zeit vor allem an technischen Lösungen interessiert, hatte den Wienfluss überwölbt, um eine monumentale Westeinfahrt zu ermöglichen. Aus der Westeinfahrt wurde nichts, aus kriegswirtschaftlichen Gründen wurde 1916 der Naschmarkt angelegt.

Am Ende des Naschmarktes, in der Nähe der U-Bahn-Station Kettenbrückengasse, folgen auf der rechten Seite die berühmten **Wohnhäuser von Otto Wagner** (Linke Wienzeile 40 und 38 sowie Köstlergasse 3). Der Jugendstil brach mit dem „kitschigen" Historismus und verzichtete leichten Herzens auf die Stuckatur, auf die Fensterbekrönungen, auf die Pilaster (nur zur Gliederung dienende falsche Säulen zwischen den Fenstern), kurz, auf die gesamten Ornamente, die die Fassade des gründerzeitlichen Hauses zierten. Die Ästhetik wird also nicht durch das Dekorative erzielt, sondern konsequent aus seiner Funktion entwickelt.

In diesem Fall wird die ästhetische Wirkung durch die Fliesenverkleidung erreicht. Um die Haltbarkeit der Farben zu gewährleisten, griff *Otto Wagner* auf eine uralte Handwerkstechnik zurück: auf die Fayence-Technik. Die Häuser werden gerne als **Majolikahäuser** bezeichnet; *Majolika* (abgeleitet von ·Mallorca) bedeutet technisch dasselbe wie *Fayence* (abgeleitet von der italienischen Stadt Faenza): Bei dieser Technik werden Werkstücke aus feingeschlämmten Tonsorten an der Luft getrocknet und dann in Öfen gefestigt. Nach einem Glasurbad werden sie feucht bemalt (bei unseren Häusern mit der für diese Epoche typischen Pflanzenornamentik). In einem zweiten Brennvorgang verschmelzen Glasur und Farben zu einem glänzenden Überzug, der bis heute nicht viel von seinem Glanz verloren hat.

Die leuchtenden floralen Ornamente, die „Medaillons", die Sie zwischen den Fenstern sehen, stammen von dem Maler *Kolo(man) Moser*.

Majolikahaus

Jugendstil

Wenn Sie die Linke Wienzeile überqueren, stehen Sie vor dem **Stationsgebäude Kettenbrückengasse** von *Wagner. Otto Wagner* errichtete die Stadtbahntrasse als Gesamtkunstwerk, das sich erstreckte auf Stationsgebäude, Trasse (z.B. Geländer mit den runden Mittelrosetten, die man als typisches Wagner-Design bezeichnen könnte) sowie Brücken. Nur die Trassenführung wurde von den Behörden, besonders vom Kriegsministerium, vorgegeben.

Die Stationen bestechen noch heute durch ihre Funktionalität sowie ihre

Hausecke am Naschmarkt

daraus entwickelte Ästhetik. Typologische Grundform ist der Pavillon, der den kurzen Halt einer kontinuierlichen Bewegung symbolisiert. Nach dem kurzen Halt folgt die Weiterführung der Bewegung durch eines der beiden Treppenhäuser zum Bahnsteig. Der Pavillon diente mehreren Aufgaben: Die Schalterräume waren eingebaut, bei Schlechtwetter konnte der Passant längere Zeit verweilen, der Pavillon wurde also als Wartehalle genutzt, Kioske für Zigaretten und Zeitungen wurden integriert.

Ein interessantes, kaum beachtetes **Jugendstilhaus** steht in der Steggasse 1, die Sie von der Hamburger Straße aus erreichen: das Mietshaus des Laibacher Architekten *Jože Plecnik,* erbaut 1901–1903 mit ganz geringen Mitteln für seinen Freund, den Baumeister *Langer.*

Kulinarisches

●**Café Drechsel,** Linke Wienzeile 22, Tel. 5878580, 4.00–20.00 Uhr, tagsüber recht ruhig, am Morgen Treffpunkt aller Nachtschwärmer, die sich hier mit Gulasch und Bier, der Wiener Salonmischung, stärken.
●**Spektakel,** Hamburgerstr. 14, Tel. 5870653, typische Wiener Kleinkunstbühne, die Vorstellungen der Kabarettisten sind stets ausverkauft; getrennt vom Bühnenbetrieb ein Restaurant.
●**Celeste,** Hamburgerstr. 18, Tel. 5865314, bitte französisch und nicht italienisch aussprechen, mehrstöckige Mischung aus Kunst- und Restaurationsbetrieb. Ergänzt wird das Celeste durch einen wunderschönen Innenhof (Schanigarten).
●**Rüdigerhof,** Hamburgerstr. 20, Tel. 5863138, 9.00–2.00 Uhr; Kaffeehaus im gleichnamigen sezessionistischen und vor

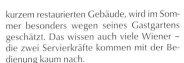

kurzem restaurierten Gebäude, wird im Sommer besonders wegen seines Gastgartens geschätzt. Das wissen auch viele Wiener – die zwei Servierkräfte kommen mit der Bedienung kaum nach.

● **Makedonija,** Laimgrubengasse 5, *Zoran Zdravkovic,* Balkan-Küche mit herrlichen Rotweinen (Plavac). Hier gibt es noch die legendäre Steinbrücke von Mostar: Als Aquarell bestimmt sie die Gästestube.

● **Sopherl,** Linke Wienzeile 34, Tel. 5874558, 4.00–20.00 Uhr, das Naschmarkt-Beisl schlechthin für alle Nachtvögel, Tagesgericht um 8 €, in der Früh erhöhte Preise.

Unterhaltung

● **Theater an der Wien** (siehe Kap. „Stadt und Bewohner/Kultur/Theater"), machte Wien als Stätte des Musicals bekannt ...

Von der Urania zur Postsparkasse

Um sich einen langen Fußmarsch zu ersparen, fahren Sie am besten mit der U4 zum Schwedenplatz. Wenden Sie sich nach Osten, flussabwärts entlang des Donaukanals, und gehen Sie vor zur Urania.

Die **Urania** wurde wieder von einem berühmten Wagner-Schüler, dem slowenischen Italiener *Max Fabiani* errichtet. Max Fabianis – eigentlich Maks Fabianis – Biografie war typisch für den multikulturellen Vielvölkerstaat: Geboren 1865 im kleinen Karstdorf Kobdil, wurde er in Wien einer der begabtesten Schüler von *Otto Wagner.* Von 1912 bis 1918 war er Professor an der Technischen Universität. Nach dem Ende der Monarchie leitete der

italienisch-slowenische „Österreicher" den Wiederaufbau der zerstörten Stadt Görz/Goricia und baute in Triest das slowenische Kulturzentrum. Als die Faschisten in Italien an die Macht kamen und das Kulturzentrum zertrümmerten, zog er sich in das kleine slowenische Karstdorf Stanjel/San Daniele zurück. Er amtierte dort als Bürgermeister, schrieb Theaterstücke und entwarf Skizzen zur Architekturgeschichte. 1962 starb er im biblischen Alter von 97 Jahren; beinahe hat *Maks Fabiani* die Beatles erlebt ...

Die Urania

Sowohl durch ihre exponierte Lage an Ring, Kai und Donaukanal als auch durch ihre Gestaltung ist die Urania längst zu einem Wiener Wahrzeichen geworden. Sie beherbergt eine Sternwarte und ein Kino, das von der Volkshochschule betrieben wird.

Von der Urania aus biegen Sie rechts in den Ring ein. Auf der linken Seite sehen Sie das Regierungsgebäude (siehe „Tour 1").

Davor sitzt auf seinem Pferd der greise Feldmarschall *Radetzky* und zeigt mit seinem Finger genau auf die **Postsparkasse** auf der gegenüberliegenden Seite der Ringstraße. („Weil er immer in Geldnöten war", pflegt der Wiener meist zu bemerken.)

Otto Wagners Prachtbau (errichtet von 1904 bis 1906) mit seiner typisch sezessionistischen Bauweise erkennt man an den genagelten Marmorplatten (17.000 Aluminiumnägel erreichen, über die gesamte Front verteilt, eine gewisse ästhetische Wirkung). Auf dem Dach sehen Sie für den Jugendstil eher untypische Engelsgestalten. Betreten Sie das Innere des Gebäudes. Die Metallteile in den Innenräumen, vor allem in der Kassenhalle, sind aus dem vor der Jahrhundertwende kaum verwendeten Aluminium gefertigt. Die Schalterhalle selbst ist umgebaut worden und lässt nur mehr erahnen, was *Otto Wagner* unter funktionalen und flexiblen Raumlösungen verstanden haben mag.

Gehen Sie nun links durch die Rosenbursenstraße, über die Rampe zur Barbarastraße und durch die Postgasse zur Wollzeile.

Kulinarisches

● **Café Ministerium,** Georg-Coch-Platz 4, Tel. 5199225, wird bevölkert von vielen Beamten der umliegenden Ministerien.

Einkaufen

● **Wollzeile,** altes Zentrum der **Buchhändler.** Daran erinnert heute noch die Häufung von Antiquariaten und Buchgeschäften. Stöbern Sie nach alten Ansichtskarten und neuen Bestsellern etwa bei Herder, Hasbach, Morawa oder Heger.

Unterhaltung

● **Simpl,** Wollzeile 36, Tel. 5124742, altes Kabarettlokal, das durch *Karl Farkas* und seine Doppelconferencen (welt-)berühmt wurde. Seit einigen Jahren gilt es als harmloses Unterhaltungstheater.

Vom Zacherlhaus zur Bedürfnisanstalt

Die Wollzeile führt direkt zur Rotenturmstraße. Nach links sind es noch fünfzig Meter zur Stephanskirche, auf der rechten Seite mündet die Brandstätte.

Das Eckhaus Brandstätte 6 ist das berühmte **Zacherlhaus** von *Jože Plecnik.*

Der Fabrikant *Zacherl* (siehe auch Kap. „Einzelbauten/Zacherlfabrik") initiierte einen Wettbewerb, den sein Freund *Plecnik* gewann. Es ging dabei

Der Graben (Ecke Stephansplatz)

Ökiwi Foto: bb

Sezessionistisches Klosett

um die Typologie eines städtischen Geschäftshauses.

Auch für dieses Bauwerk ist die Reduzierung der Formen zu Gunsten eines blockartig geometrischen Erscheinungsbildes kennzeichnend. Das Gebäude entstand unter Verwendung eines neuen Baustoffes, des Stahlbetons, der mit Granitplatten verkleidet wurde. Die harte, metallisch glänzende Granitfassade verweist auf die asketische Entwicklung des Architekten.

(„Ich will es noch einfacher, noch absoluter, ich will nur strenge Formen haben!".)

Dem widersprechen allerdings einige detaillierte Einzellösungen des Zacherlhauses, etwa die spannungsreiche Eingangskonstruktion mit dem linsenförmigen Stiegenhaus oder die Attikazone.

Von der Brandstätte gelangt man direkt in die Tuchlauben. Die gewerkschaftseigene Bank BAWAG hat den **Hochholzerhof** restauriert (Tuchlauben 5). Es blieb die alte Fassade von 1719, doch innen wurde an die „falsche" Fassade eine Fülle von modernen Bürobauten angefügt. Die Gewerkschaft macht hier in Kunst-Sponsoring: Sie können die Ausstellungen der BAWAG-Fondation besuchen.

Von der Tuchlauben ist es nicht weit bis zum **Graben** – Sie sind mitten im touristischen *mainstream* und können mitschwimmen: vom Graben zur Stephanskirche und in die Kärntnerstraße (siehe „Tour 2").

Oder Sie können ein Bedürfnis befriedigen, dessen Verweigerung die unangenehmsten Folgen hätte. Um dieser These zuzustimmen, muss man nicht einmal den Wiener *Sigmund Freud* gelesen haben:

Am hinteren Ende des Grabens (vor „Foto Wachtler") befindet sich eine unterirdische öffentliche WC-Anlage. Das Besondere an diesem **„Häusl"**, wie die Wiener sagen: Es ist im Sezessionsstil errichtet. Und sollte irgendwann einmal in ferner Zukunft ein Klosettführer der gesamten Welt geschrieben werden, dann wird das am Wie-

Jugendstil

ner Graben unbestreitbar den ersten Platz einnehmen.

Ist Ihr Schaubedürfnis noch nicht gestillt, dann biegen Sie in den Kohlmarkt ein. *Max Fabiani* hat mit dem **Artaria-Haus** (Kohlmarkt 9) ein weiteres Beispiel des sezessionistischen Geschäftshauses verwirklicht, das in Variationen anschließend von Wien bis Lemberg, von Karlsbad bis Triest nachgebaut wurde: das gemischte Wohn- und Geschäftshaus mit der Trennung von Geschäfts- und Wohnzone durch einen durchlaufenden Eisenarchitrav (waagerechter Balken, der das Obergeschoss trägt).

Kulinarisches

●**Café Demel,** Kohlmarkt 14, berühmtes Café, wurde noch berühmter durch seinen Ex-Chef *Udo Proksch,* der wegen eines Versicherungsbetrugs (Uranium-Ladung) ein Schiff samt Besatzung untergehen ließ und hinter Gittern gestorben ist. Kaffee ab 3 €, Kuchen ab 3,70 €.

Einkaufen

●**Freytag & Berndt,** Im Artaria-Haus, Kohlmarkt 9, bekannte Buchhandlung, die auf Landkarten, Stadtpläne sowie Reisebücher spezialisiert ist. Hier können Sie auch alte Stiche der Kaiserstadt erwerben.

K.u.K. Hofzuckerbäcker Demel

Tour 4: Peripheres Wien – durch die Vorstädte

Vom Westbahnhof nach Lerchenfeld

Sie starten am besten vor dem Westbahnhof bei der Endstation der Linie 5.

Gleich zu Beginn der Tour streift der Fünfer die völlig neugestaltete **Mariahilferstraße,** die 1994 dem Verkehr übergeben wurde. 200 Bäume wurden eingesetzt, die Fahrbahnen verengt, für die breiten Gehsteige wurden neue Möblierungs- und Beleuchtungskonzepte entwickelt: Die neue Mariahilferstraße wurde als großer Einkaufsboulevard konzipiert.

Der Fünfer dreht um und fährt nun parallel zum Gürtel, bloß um eine oder zwei Querstraßen stadteinwärts versetzt.

Hundert Meter von der Verkehrshölle Gürtel entfernt, befinden Sie sich in einer völlig anderen Welt. Sie fahren zwischen ganz normalen, weder besonders auftrumpfenden noch besonders hässlichen **Wohnhäusern der Gründerzeit** (1870–1890), ab und zu durchsetzt von Häusern der Biedermeierzeit (einstöckig, breitere Toreinfahrt). Es bimmelt und bummelt die Bim durch das rege Treiben, das von schleppenden Lieferanten, hupenden Autofahrern und einkaufenden Anrainern geprägt ist.

Wenn Sie an der Haltestelle **Lerchenfelder Straße** aussteigen und Richtung Innenstadt spazieren, erleben Sie das noch recht intakte Sozialgefüge einer bürgerlichen Vorstadt: Der Eisverkäufer grüßt beim Aufsperren des Ladens den Fleischhacker von

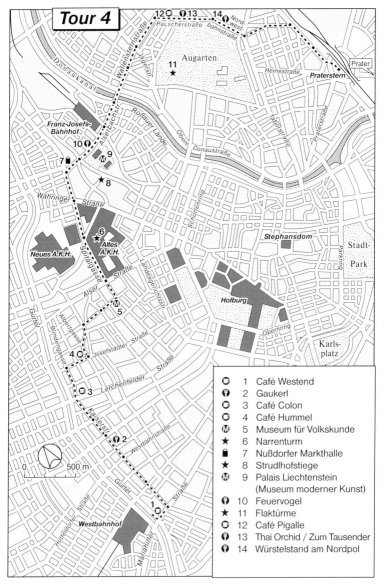

Tour 4

1. Café Westend
2. Gaukerl
3. Café Colon
4. Café Hummel
5. Museum für Volkskunde
6. Narrenturm
7. Nußdorfer Markthalle
8. Strudlhofstiege
9. Palais Liechtenstein (Museum moderner Kunst)
10. Feuervogel
11. Flaktürme
12. Café Pigalle
13. Thai Orchid / Zum Tausender
14. Würstelstand am Nordpol

Vorstädte

vis-a-vis (so heißen die Metzger in Wien). Beide treffen einander am späten Vormittag im Kaffeehaus, um mit den anderen Gästen darüber zu plaudern, warum der Buchhändler heute so grantig die Straße hinaufgehetzt ist.

Teilweise versteckt die Lerchenfelder Straße ihre Geheimnisse. Die erlebt man erst, wenn man das Haus von der Straßenseite her betritt (noch keine Gegensprechanlage), durch die Hintertür das Haus wieder verlässt und dann in den **Innenhöfen** steht: Ökotope mit Fischteichen und andere überraschende Oasen.

Kulinarisches

- **Café Westend:** Mariahilferstraße 128 (gegenüber der Endstation des Fünfers), Tel. 5233183, täglich 7.00–23.00 Uhr. Obwohl in der Gegend des Westbahnhofes, kein typisches „Bahnhofscafé". Hier können Sie zu jeder Tag- und Nachtzeit ungestört in Zeitungen lesen oder ein „Plauscherl" einlegen.
- **Gaukerl:** Kaiserstraße 70 (Haltestelle Westbahnstraße), warme Küche bis 2.00 Uhr, Waldviertler Spezialitäten. Sie können den Wirt fragen, was ein Gaukerl ist .
- **Café Colon:** Lerchenfelder Straße 148 (Haltestelle Lerchenfelder Straße), Tel. 428245, täglich 10.00–2.00 Uhr. Persische Spezialitäten trotz des irreführenden Namens. An den Wänden hängen Reliquien der Parsen, die zu einem vorislamischen Zarathustra-Kult zählen.
- **Café Hummel:** Josefstädter Straße 66 (Haltestelle Albertgasse), Tel. 4055314, 7.00–2.00 Uhr, freitags und samstags bis 4.00 Uhr. Treffpunkt verschiedener Berufsgruppen; sollten Sie ein Platzerl finden, können Sie trotzdem ungestört bis zur Sperrstunde verweilen. Bei einem Fußballmatch zwischen einem Wiener und einem deutschen Verein empfiehlt sich der Besuch des Fernsehraumes; geben Sie sich aber nicht als Deutscher zu erkennen.

Einkaufen

- **Zeitungsantiquariat W. Siska**, Blindengasse 5 (Haltestelle Lerchenfelder Straße). Hier erhalten Sie alte Comics, alte Zeitungen etc. Für einen bestimmten Tag (Geburtstag) können Sie die Nummer einer Zeitung hinter Glas erwerben.

Rund ums AKH

Nach dem Überqueren der Alser Straße erreichen Sie das riesige Areal des **alten Allgemeinen Krankenhauses (AKH).**

Das alte AKH wurde 1783/84 auf persönliches Betreiben des aufgeklärten Monarchen *Joseph II.* von *Isidor Carnevale* und *Joseph Gerl* errichtet und bedeckt eine Fläche von 100.000 m². Selbst heute besticht die Anlage durch das, was man urbane Qualität nennen könnte: neun breite Höfe mit Schatten spendenden Bäumen, Wiesen mit zahlreichen „Bankerln". Zeitgenössische Reisende bezeichneten dieses Spital als das achte Weltwunder. Schließlich bot das Spital Platz für 2.000 Patienten, und jeder Patient hatte – was für die damalige Zeit ungewöhnlich war – sein eigenes Bett.

Unbedingt ansehen sollten Sie den **Narrenturm,** der von den Wienern als „Guglhupf", also als Napfkuchen bezeichnet wird: Eingang Spitalgasse 2 (Haltestelle Lange Gasse). Ein hermetisch geschlossener Block, ein Rundbau mit fünf Stockwerken, pro Stockwerk gibt es einen Rundgang, der von innen spärlich beleuchtet wird. An der Außenseite des Ganges finden Sie 28 Holztüren mit gleichen Ausmaßen und gleichen Abständen zueinander, sie führen in die ehemaligen Zellen. Drehen Sie ein paar Runden im Turm. Dann können Sie das Verhältnis zwischen Normalität und Irrsinn am eigenen Körper überprüfen.

Nachdem das alte AKH für die medizinische Versorgung nicht mehr genutzt wird, ist in den letzten Jahren im Sommer in den Gebäuden und Innenhöfen die **Clubbing-Szene** ausgebrochen. Operationssäle wurden zu Weinstuben, Gipszimmer zu Tanzsälen, im Freien gab es Open-Air-Kinos. Da sich alles durch Eigeninitiative entwickelte, suchten die Behörden nach Wegen, die Clubbing-Szene wieder zu unterbinden. Überzeugen Sie sich selbst, ob die Clubbing-Szene lebt! Auf einem großen Areal des alten AKH ist inzwischen ein neuer Uni-Campus eingezogen.

Als Vergleich zum alten Krankenhaus erhebt sich links das **neue AKH.** Die Daten sprechen für sich: 30.000 Feuermelder, 48.000 Sprinkleranlagen, viereinhalb Millionen Liter fassende Wasserspeicher, 36 Mann Betriebsfeuerwehr usw. Aber das neue AKH hat auch seine Vorteile: Die Wiener hüten sich angesichts solcher Pflegestätten vor schwerwiegenden Krankheiten.

Kulturelles

●**Museum für Völkerkunde** (siehe Kap. „Stadt und Bewohner/Kultur/Museen").

Vom AKH zum Donaukanal

Bei der letzten Wiener Markthalle, der **Nußdorfer Markthalle** (werktäglich Markt mit Gemüse und frischen Lebensmitteln), biegt der Fünfer nach rechts ab und fährt Richtung Osten.

Rechter Hand folgt eines der zahlreichen Barockpalais, die die Fürsten nach dem Sieg über die Türken im damaligen Grüngebiet als Sommerresidenz errichten ließen: das **Palais Liechtenstein,** das sich heute in Privatbesitz befindet.

Auf jeden Fall sollten Sie von hier kurz in die Liechtensteinstraße einbiegen. Nach etwa vierhundert Metern folgen Sie rechts der Strudlhofgasse, und nach weiteren hundert Metern stehen Sie vor der schönsten und bekanntesten Brücke Wiens: der **Strudlhofstiege.** Benannt ist sie nach dem Gründer der Akademie der bildenden Künste, *Peter von Strudel;* bekannt jedoch durch *Heimito von Doderers* gleichnamigen Roman. „Der genius loci aber, gleichsam die lokale Gottheit einer Wiener Örtlichkeit, der Strudlhofstiege zwischen Bolzmanngasse und Lichtensteinstraße, ist der eigentliche Hauptakteur in diesem Buche ...", schrieb *Doderer* selbst über die 1910 erbaute, mit zahlreichen Kandelabern geschmückte Stiege. Sollten Sie dieses Buch lesen wollen, müssen Sie etwas länger in Wien bleiben – das Buch mit seiner Milieustudie des Bürgertums in den Zwanzigerjahren umfasst schließlich 920 Seiten.

Vorstädte

Zurück am Palais Liechtenstein folgt links ein Bahnhof, der kein Bahnhof mehr ist. Der **Franz-Josefs-Bahnhof** wurde überdacht, weil der Bahnhofsbereich mit allen Lagerhallen und Speditionsbüros zu viel Platz wegnahm und wie ein massiver Keil die Wohngegenden voneinander trennte. Auf der Dachplatte wurden die Polizeidirektion, die Postdirektion, die Wirtschaftsuniversität und die Kreditanstalt errichtet. Unter der Platte ist etwas übrig ge-

Zinskasernen heute

Wenn man Tor und Gang einer Zinskaserne durchschritten hat, erreicht man den **Hinterhof** mit „Coloniakübel" (Mülltonne) und Klopfstange. Dieser Hinterhof ist meist drei mal vier Meter groß; laut baupolizeilicher Verordnung musste seine Größe mindestens 15 % der Gesamtgröße des Grundstückes betragen, der verbaute Anteil betrug demnach 85 %. Bei hofseitigen Fenstern kann also im Winter bei niedrigem Sonnenstand nur wenig Licht in die Wohnungen fallen. Berliner Verhältnisse, eine Serie von drei bis vier Hinterhöfen mit den entsprechenden Hinterhofbauten, kommen in Wien allerdings selten vor.

Pro Stockwerk gibt es einen langen Gang als Erschließungsachse. Auf dem Gang befindet sich auch die Wasserentnahmestelle,

In einem Bassenahaus

blieben, dem alle angenehmen Eigenschaften fehlen, die man Kopfbahnhöfen zuschreibt: der neue Franz-Josefs-Bahnhof. Ein untrügliches Indiz dafür ist die Tatsache, dass sich selbst die „Sandler" (Stadtstreicher) in diesem

die **Bassena,** wie sie von den Wienern genannt wird. Von dieser Bassena leitet sich auch der gebräuchliche Ausdruck *Bassenabauten* ab.

Weiters befinden sich pro Stockwerk zwei Türen, die zu den **Klosetts** führen.

Die anderen Türen führen in die jeweiligen **Wohnungen;** ursprünglich Zimmer-Küche-Wohnungen, die Küche nur indirekt über den Gang beleuchtet, das Zimmer mit zwei Fenstern. In diesen Wohnungen hausten durchschnittlich sieben Bewohner. Krankheiten wie Tuberkulose und soziale Verwahrlosung waren die Folgen.

In der Epoche der sanften **Stadterneuerung** in den späten Siebzigerjahren des 20. Jahrhunderts versuchte man, über Kredite und andere Vergünstigungen es den Bewohnern zu ermöglichen, Wasser einzuleiten und ihren Wohnungsstandard zu heben. Da in solchen Wohnungen einkommensschwache Gruppen (alte Leute, Studenten) oder Ausländer wohnen, waren diese Versuche nicht immer von Erfolg gekrönt.

Die nicht renovierten Wohnungen werden heutzutage fast nur mehr von Ausländern bewohnt, die wegen ihrer unsicheren Rechtslage kaum bestrebt sind, in die Wohnung zu investieren. Einige Wohngegenden drohen daher vollends zu **verslumen.** Die noch verbliebenen Alten haben größtenteils den Sozialdemokraten den Rücken gekehrt und wählen den Rechtspopulisten *Jörg Haider.*

Gebäudekomplex nicht wohlfühlen. Und der sperrige Keil ist noch sperriger geworden.

Kulinarisches

●**Feuervogel:** Alserbachstraße 21 (Haltestelle Alserbachstraße), Tel. 3410392, 19.00–1.00 Uhr, russische Spezialitäten mit entsprechend hohen Preisen.

Vom Donaukanal zum Praterstern

Nach der Überquerung des Donaukanals beginnt das proletarische Wien: Die trostlosen und ungegliederten Fassaden der **Zinskasernen** verweisen auf die sozialen Zustände in der zweiten Hälfte des 19. Jahrhunderts. Im damaligen grenzenlosen Liberalismus wurden Grundstückseigentümer beim Hausbau steuerlich begünstigt; die Rendite, der „Zins" aus dem Vermieten der Wohnungen, war vergleichsweise höher als der Zins bei vergleichbaren Anlageformen, etwa bei Banken. So schossen 1870–1890 eine Menge von billigen und schnell gebauten „Zinskasernen" aus dem rasterförmig erschlossenen Boden der Wiener Vororte.

Erst langsam zieht die „Moderne" ein, und das meist in Gestalt von Geschäften, die schön langsam die Billigtextilläden verdrängen. Aber einige edle Boutiquen deuten darauf hin, dass auch hier phasenweise der Wohlstand ausgebrochen ist.

Vorstädte

Nach dem Einbiegen rechts in die Rauscherstraße bemerken Sie rechter Hand auf dem Gelände des **Augartens** zwei entsetzliche Klötze, die treffliche Beispiele für faschistische Architektur sind: die beiden **Flak-Türme** von *Friedrich Tamms* (1942–44). Die Türme (einer Meldeturm, der andere Gefechtsturm) waren vollkommen autark. Sie hatten eigene Brunnen, ein Kraftwerk, einen Luftfilter gegen Giftgas sowie ein Spital und fassten bis zu 30.000 Personen. Ein Sprengversuch nach dem Krieg blieb wegen der 5 Meter starken Stahlbeton-Wände erfolglos. Deshalb gelten sie nach wie vor als unlösbare Aufgaben für die Stadtplanung.

Die Reise mit dem Fünfer endet am **Praterstern,** einem Verkehrsknotenpunkt am Rande des Praters. Direkt auf dem Platz befindet sich eine riesige Säule. Oben thront zur Freude aller Verklärer von Habsburgs Ruhm und Glorie der Konteradmiral **Wilhelm von Tegetthoff.** Er besiegte 1866 in der Seeschlacht von Lissa die italienische Flotte.

Der Praterstern war früher der obligatorische Treffpunkt von „Sandlern" (Stadtstreichern) und Alkoholikern. Heute treffen hier meist die Türken der umliegenden Wohngebiete zusammen.

Von hier aus empfiehlt es sich, den **Wiener Prater** oder den Wurschtelprater, wie er auf Wienerisch heißt, zu besuchen. Hier können Sie je nach Belieben einen lautstarken oder einen geruhsamen Abend verbringen (siehe Kap. „A–Z/Sport und Erholung").

Kulinarisches

●**Café Pigalle:** Rauscherstraße 11 (Haltestelle Nordwestbahnstraße), von 7.00–4.00 Uhr, trotz des Namens ein türkisches Lokal, nebenan ist das türkische Lebensmittelgeschäft Selimiye Camii.

●**Thai Orchid:** Rauscherstraße 17, 11.30–23.30 Uhr. In der eher türkischen Gegend ein Restaurant mit thailändischen Spezialitäten.

●**Zum Tausender:** Rauscherstraße 17, samstags und sonntags geschlossen, in der multikulturellen Reihe das Wienerische Beisl mit Alt-Wiener-Spezialitäten. Durchschnittliche Hauptmahlzeit unter 6 €.

●**Würstelstand Am Nordpol:** Nordwestbahnstraße 4. Hansi freut sich auf Ihren Besuch, es gibt „Meter Hasse" (eine Burenwurst, die einen Meter lang ist) und Bosna. (Zum Würstelstand siehe Kap. „A–Z/Essen und Trinken".)

Tour 5:
Entrisches Wien–
durch die Vororte

Geschichte

Penzing, Breitensee, Ottakring, Hernals, Gersthof: Bei der Erwähnung der Namen denkt sich der Wiener: Aha, die Vororte, die Dörfer, eben die „entern Gründ" (*entrisch* bedeutet so viel wie *unheimlich, nicht geheuer*).

So hießen nämlich die Haltestellen im Netzentwurf, den im Jahre 1882 das Wiener Stadtbauamt vorlegte. Die Verbindung dieser Haltestellen zur **Vorortelinie** sollte einen Teil des engmaschigen Netzes bilden, das die k.k. Staatsbahnen in der Haupt- und Residenzstadt zu errichten gedachten. 1893 begannen die k.k. Staatsbahnen dann mit dem Bau dieser Vorortelinie, 1898 konnte sie den Betrieb aufnehmen.

Als wahre Betreiber hinter den Kulissen galten die Militärbehörden, die schnelle Bahnverbindungen für ihre Transporte benötigten. Ebenso hoffte man auf zahlreiche Betriebs- und Fabriksansiedlungen (Meinl, Tabakregie), für die immerhin drei Güterbahnhöfe errichtet wurden. Außerdem musste der Bevölkerungsdruck der Vororte verkehrsmäßig aufgefangen werden.

In der Praxis erwies sich die Vorortelinie jedoch als Reinfall. Statt einer Vernetzung der Vororte miteinander wären Radialverbindungen mit dem Zentrum zweckmäßiger gewesen. Zudem war die ungünstige Trassierung mit engen Bogenradien und steilen Anstiegen dem erhofften Güterverkehr nicht besonders zuträglich.

Nach dem Krieg wurde das Netz der k.k. Staatsbahnen zerrissen, die Ge-

Vororte

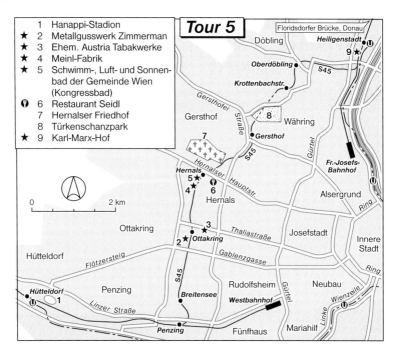

	1	Hanappi-Stadion
★	2	Metallgusswerk Zimmerman
★	3	Ehem. Austria Tabakwerke
★	4	Meinl-Fabrik
★	5	Schwimm-, Luft- und Sonnen-bad der Gemeinde Wien (Kongressbad)
☯	6	Restaurant Seidl
	7	Hernalser Friedhof
	8	Türkenschanzpark
★	9	Karl-Marx-Hof

meinde Wien erhielt 1924 die später als „Stadtbahn" bezeichneten Teile. Jener Ast, der durch Penzing, Ottakring und Hernals führt, transportierte bis 1932 noch ein paar Personen, dann noch ein paar Güter und dann überhaupt nichts mehr.

Wenn Sie, werter Fahrgast, trotzdem zwischen Penzing – eigentlich zwischen Hütteldorf – und Heiligenstadt fahren können, so haben Sie das den Verhandlungen zu verdanken, die zwischen der Gemeinde Wien und den ÖBB geführt wurden. Ergebnis dieser Verhandlungen war ein 1979 unterzeichneter Staatsvertrag (heißt tatsächlich so), der auch die Restaurierungskosten regelte: 80 % ÖBB, 20 % Gemeinde Wien.

Am 31. Mai 1987 wurde die alte Strecke als neue **Schnellbahn-Linie S 45** in Betrieb genommen. Ein gelungenes Beispiel einer Eisenbahnstrecke, die vor dem endgültigen Aus gerettet wurde.

Von Hütteldorf nach Ottakring

Am besten beginnen Sie die Tour im **Bahnhof Hütteldorf-Hacking,** von der Stadt leicht zu erreichen mit der U4. Die Züge der S 45 stehen am Bahnsteig 11, der eigentlich die Verlängerung des Bahnsteiges 1 ist, und starten alle fünfzehn Minuten. Wählen Sie einen Platz auf der linken Seite des Wagens.

Bis zur Station Penzing fahren Sie parallel zur Strecke der Westbahn. Erst erblicken Sie die Flutlichtmasten des **Hanappi-Stadions,** der Heimstätte von Rapid-Wien. Die Fußballer werden stets die „Grün-Weißen" oder schlicht und einfach „die Hütteldorfer" genannt.

Es folgt eine Reihe von **Villen aus der Kaiserzeit,** die die Siedlungstätigkeit der Begüterten im damaligen Grüngürtel signalisieren.

Nach der „Schärdinger" Molkerei erblicken Sie typische **Wohnbauten der Sechzigerjahre** des 20. Jahrhunderts: einfache Blockbauweise, die Blöcke rechtwinklig zur Straßenachse, zwischen den einzelnen Blöcken Platz – nein, nicht für Grünanlagen, sondern für das Parken der Autos. Der damalige Wohnbaustadtrat hieß *Taler;* die öde Geometrie dieses Baustils hatte die Wiener veranlasst, ihn als „Emmentalerbaustil" zu bezeichnen.

Hinter Penzing dreht sich die Route Richtung Norden zum **Bahnhof Breitensee.** Allerdings sehen Sie nicht viel, bedingt durch die Hügellage Wiens, wird die Trasse unterirdisch geführt.

Beim Wiederauftauchen sind Sie mitten im alten Arbeiterviertel **Ottakring.** Wenn Sie hier aussteigen, können Sie einen 15-minütigen Rundgang bis zum nächsten Zug absolvieren. Die meisten Fabriken des 19. Jahrhunderts, die damals den Ottakringern Arbeit gaben, sind längst geschlossen. In der Thalia-Straße stehen die imposanten ehemaligen **Austria-Tabak-Werke,** deren Herrschaftsteil wie ein Schloss wirkt; in der Huttengasse befindet sich das **Metallgusswerk Zimmermann.** Für den Rest der tristen Gegend ist jenes Gebäude symptomatisch, das direkt unter der Trasse liegt: **„Grabstein-Höller".**

Die Stationsgebäude

Da Sie schon einmal auf der „Vorortelinie" fahren, werter Fahrgast, sollten Sie unbedingt einen Blick auf die Details der Bahnhofskonstruktionen riskieren. Meist verdanken sie ihre Entstehung dem **Jugendstilarchitekten Otto Wagner** (siehe auch „Tour 3 – Sezessionistisches Wien"). Er wurde als künstlerischer Beirat von der „Commission für Verkehrsanlagen" 1894 bestellt, um Sorge zu tragen für „sämtliche zu erbauende Linien der Wiener Stadtbahn und zwar: a) für die architectonische Ausgestaltung der Bauwerke b) für die Hochbauten c) für alle Gegenstände der Ausrüstung, Möblierung, Beleuchtung, für die Heizung, Wasserleitung, dann die Aufzü-

Vororte

ge, Gepäckauf- und ausgabe, Fahrkarten-Controlle ...".

So kommt es zu der paradoxen Situation, dass Sie zwar auf der Vorortelinie fahren, das Schönste auf dieser Route aber nur sehen können, wenn Sie aussteigen: Das sind die alten Bahnhöfe, die mittlerweile restauriert wurden – die Stationen Ottakring, Hernals und Gersthof etwa; die Geländer mit den typischen Sonnenblumenmotiven, Pfeiler, Brücken und Brüstungsmauern. Anderes wurde nachgebaut – die Lampenkörper in Birnenform etwa, die Möblierung, die Schriftzüge der Stationsnamen.

Manche der Stationen – wie Oberdöbling oder Krottenbachstraße – sind

Von Ottakring nach Gersthof

Zurück zur Fahrt mit der Vorortelinie. Von den Fenstern haben Sie jetzt einen herrlichen Rundblick über die **Rasterviertel der Gründerzeit:** systematische reißbrettartige Erschließung, Verbauungsdichte von 85 %, keine Grünflächen, Proletarierelend. Die damals entstandenen Zinskasernen zeigen sich in verschiedenen Variationen: einmal mit einer historistischen Fassade, einmal mit einem idyllisch-verträumten Hinterhof, dann wieder in ihrer tatsächlichen Öde und Trostlosigkeit. Manchesmal entsteht der Eindruck, dass der Zug mitten durch die Hinterhöfe fährt. Passen Sie auf, wenn jemand seinen Abfall aus dem Zimmerfenster wirft.

Ein Stück hinter der Station Ottakring sehen Sie links ein flaches, rotes Gebäude: Es ist eines der großen Bäder der Zwischenkriegszeit. Das von *Erich Leischner* 1928 fertig gestellte **Schwimm-, Luft- und Sonnenbad der Gemeinde Wien** ist ein architektonisches Beispiel für die damals von der Stadtverwaltung forcierte Badekultur.

Vororte

neu errichtet und versuchen, die Formen *Otto Wagners* mit modernem Design zu verbinden.

Altes Stationsgebäude

Geländerform von Otto Wagner

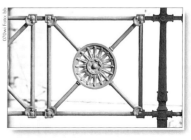

Nach der Überquerung der Hernalser Hauptstraße sehen Sie links den **Hernalser Friedhof;** es entsteht der Eindruck, dass der Zug direkt auf den Friedhof Kurs nimmt. Nach ein paar Kurven erreichen Sie jedoch wohlbehalten die Station Gersthof.

Kulinarisches

●**Restaurant Seidl,** „Zur alten Zwickerlhütte", Hernalser Hauptstraße 173, Haltestelle Hernals, täglich geöffnet, durchschnittliche Hauptmahlzeit unter 6 €.

Sonstiges

●**Meinl-Fabrik,** Julius-Meinl-Gasse, Haltestelle Hernals, das nächste Stück Industriearchäologie. Ein Teil der alten Anlage ist heute leer, in einem anderen sind moderne Verwaltungsräume der Firma Meinl untergebracht.
●**Türkenschanzpark,** Haltestelle Gersthof, Schulgarten der Uni für Bodenkultur mit stets geschlossenem Aussichtsturm. Das hügelige Gelände wurde als „Volkspark" 1885 bis 1888 nach Plänen des Stadtgärtners *Gustav Sennholz* errichtet. Lädt ein zur Rast, sollte es tagsüber zu heiß werden.

ʹVon Gersthof bis ʹHeiligenstadt

Vielleicht sind Ihnen die **Schrebergärten** auf beiden Seiten der Trasse aufgefallen. Diese Sommerhäuschen (benannt nach dem Berliner Arzt *Dr. Schreber,* er forderte Grünflächen vor allem für die in den Hinterhöfen aufwachsenden Kinder) werden von den Bundesbahnen an ihre Bediensteten

verpachtet, die mit Blickkontakt zur Bahntrasse oft ein idyllisches und schmuckes Gartenparadies geschaffen haben.

Nach einem langen Tunnel unter dem Türkenschanzpark durch sind Sie im absolut bürgerlichen **Döbling:** Eine gutbürgerliche Villa folgt der anderen.

Sollten Sie kurz an der Station Krottenbachstraße den Zug verlassen, gehen Sie die Stufen rechter Hand hinauf, und Sie sehen die besten **Villen aus der Kaiserzeit**.

Nach dem Wertheimsteinpark auf der rechten Seite öffnen sich die Hügel, und die Trasse der Vorortelinie mündet ein in die Franz-Josefs-Bahn, um bald darauf im **Bahnhof Heiligenstadt** zu enden. Links erkennen Sie die mächtige Anlage des Karl-Marx-Hofes.

Wenn Sie in Heiligenstadt aussteigen, haben Sie **Anschluss** zur U4 und zur U6, zudem können Sie mit der „Tour 6 – Rotes Wien" fortsetzen. Im Sommer ist es vielleicht ratsam, bis zur Florisdorfer Brücke weiterzufahren, um von dort zum Badeparadies Donauinsel zu gelangen (siehe Kap. „A–Z/Sport u. Erholung/Baden").

Sie haben nunmehr eine Fahrt durch die Arbeiterbezirke Wiens hinter sich, an beiden Endpunkten der Reise stehen als Kontrast gutbürgerliche Villen. Daher sagt der Wiener: „Sollte der Onkel Fritz aus Düsseldorf oder – was wahrscheinlicher ist – die Tante Elena aus Brünn auf Besuch kommen, dann kann ich ihnen mittels einer Bahnfahrt von fünfzehn Minuten die Geschichte des Wiener Wohnungsbaus vermitteln."

Tour 6: Überblick
Rotes Wien – Arbeiterstolz der 20er-Jahre

Die meisten **kommunalen Wohnanlagen** aus der Zwischenkriegszeit sind entweder in Gürtelnähe oder außerhalb des Gürtels.

Im dritten Bezirk befinden sich der Reumann-Hof mit 500 Wohneinheiten

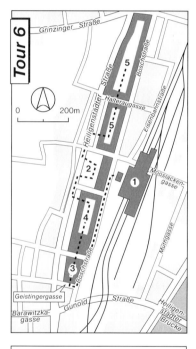

1	Bahnhof Heiligenstadt (U 4, U 6, S 45)
2	Ehrenhain mit dem Sämann-Denkmal
3	Erster Hof
4	Zweiter Hof
5	Nordflanke

Rotes Wien

(U1, Endstation) sowie der Rabenhof (U3, Kardinal-Nagl-Platz) mit 1.100 Wohneinheiten.

Im Süden von Wien ist der George-Washington-Hof mit 1.100 Wohneinheiten angesiedelt (erreichbar mit den Bussen 7A oder 15A, Haltestelle Eschenallee). Von dort ist es nicht weit zum Fuchsenfeldhof mit ebenfalls 1.100 Wohneinheiten (Bus 15A, Haltestelle Flurschützstraße).

In der Jedleseer Straße in Floridsdorf findet man den Karl-Seitz-Hof, mit 1.800 Wohnungen die größte Anlage der Zwischenkriegszeit. Architekt war *Hubert Gessner,* der die Gesamtanlage in ein städtebauliches Bezugssystem stellte (Aufnahme der Straßenachsen, Block mit Uhrturm etc.). Zu erreichen mit Straßenbahn 32 bis Nordbrücke, dann nach links.

In Ottakring befindet sich der Sandleitenhof mit 1.600 Wohneinheiten (zu erreichen mit dem 10er und dem 44er bis Sandleitengasse).

Am meisten besucht werden der Friedrich-Engels-Hof (logischerweise am Friedrich-Engels-Platz im 20. Bezirk, zu erreichen mit den Straßenbahnen 31 und 32) sowie der Karl-Marx-Hof (nein, nicht am Karl-Marx-Platz, doch dazu weiter unten mehr).

Geschichte des kommunalen Wohnungsbaus

Ab 1860 wuchs infolge der Industrialisierung und der dadurch erfolgten Migration von Arbeitern die Wiener Wohnbevölkerung stetig an. Der wachsende Bedarf an Wohnungen wurde durch die Zinskasernen in den rasterförmig erschlossenen Gebieten westlich und südlich des Gürtels gedeckt. Der durch die liberale Stadtverwaltung geförderte Wohnungsbau war ausschließlich in privater Hand und auf Gewinn ausgerichtet: Zu 85 % verbaute Grundstücke, kleine Wohnungen und hohe Mieten waren die Folge; den Mietern konnten jederzeit kurzfristig gekündigt werden. Zudem brach im Ersten Weltkrieg durch die schlechten sanitären Verhältnisse die Tuberkulose (damals auch Wiener Krankheit genannt) aus.

Nach dem Ersten Weltkrieg erlosch die private Bautätigkeit, die strikte Mieterschutzverordnung von 1917 nahm den Vermögenden durch die Festsetzung niedriger Mieten den Anreiz zum Bauen. Die sozialdemokratische Stadtverwaltung versuchte erst, durch Förderungsmaßnahmen und Steuerbefreiungen den Wohnungsbau anzukurbeln; als dies misslang, begann die Gemeinde selbst, Wohnungen zu bauen, und führte zu diesem Zweck die Wohnbausteuer ein.

In drei aufeinander folgenden Wohnbauprogrammen entstanden in den Jahren 1923 bis 1933 etwa

65.000 Wohnungen. (Zwischen 1938 und 1945 wurden hingegen 70.000 Wohnungen frei. Ihre rechtmäßigen Bewohner waren Juden, die ins KZ deportiert wurden.)

Die **Grundlagen** der Wohnbauprogramme:

• Erbauen gesunder Wohnungen mit sanitären Einrichtungen (WC im Wohnungsverband) sowie „Licht, Luft und Sonne".

• Begrenzung der Miete auf 6 bis 8 % eines durchschnittlichen Arbeitereinkommens.

• Verbauungsdichte erst bei 50 %, später sank sie auf 30 %, manchmal lag sie sogar darunter.

• Straßenseitige Randverbauung mit geräumigen Innenhöfen. Deshalb entwickelte sich die Bezeichnung „Hof" oder „Gemeindehof" für diese Anlagen.

• Schaffung von zentralen Einrichtungen (heute würde man sagen: Infrastruktur) wie Zentralwäscherei, öffentliche Bäder, Kindergärten, Mütterberatungsstellen, Büchereien, Postämter, aber auch Werkstätten, Läden und Gastlokale.

Rundgang durch den Karl-Marx-Hof

Dieser Hof ist über den Bahnhof Heiligenstadt zu erreichen (U4, U6, Vorortelinie). Sie verlassen den Bahnhof und stehen direkt vor der Anlage.

Der Hof ist 1200 Meter lang, aber nur wenige hundert Meter breit. Nach rechts geht es noch etwa 700 Meter, nach links etwa 500 Meter. Eigentlich sehen Sie den Hof von der Rückfront. Betreten Sie durch die vier großen Torbögen den **riesigen Innenhof.** In einem der breiten Torbögen erkennen Sie das Zertifikatsschild: „Diese Wohnhausanlage wurde in den Jahren 1927–1930 von der Gemeinde Wien unter Bürgermeister *Karl Seitz* errichtet".

Nun stehen Sie im großen **Ehrenhain,** der im Zentrum der Gesamtanlage errichtet wurde. Normalerweise müsste auch dieser Hof auf der vierten Seite abgeschlossen sein. Um die Wirkung des Haines zu akzentuieren und um den freien Blick auf die zentralen Teile der Anlage zu ermöglichen, blieb jedoch die Vorderseite offen.

Die zentralen Teile sind fünfstöckig, an den beiden Seiten fällt die Anlage in ruhigem Übergang in vier- und sogar dreistöckige Flankenteile ab, wodurch der Gebäudekomplex gleichzeitig eine **horizontale Gliederung** erhält.

Am Dach erkennen Sie **sechs Türme.** Mit den auf ihnen befestigten Fahnenstangen bieten sie ein sehr deutliches Gestaltungsmerkmal, das auch als weithin bekanntes Logo des Hofes Verwendung findet.

Über den Toren erkennen Sie vier **Plastiken,** die die sozialdemokratischen Tugenden verkörpern: Freiheit, Fürsorge, Aufklärung und Körperkultur.

Von hier aus wird auch die Monumentalität der **Torbögen** verständlich. Die gewaltigen Tore mussten den Ver-

Rotes Wien

kehr aufnehmen, der sich vom Bahnhof durch den Hof hindurch nach Döbling und auf den damals größten Fußballplatz, die Hohe Warte, ergoss. Dem Mittelteil kann man eine gewisse demonstrative Protzigkeit nicht absprechen: Er sollte den durchströmenden Passanten Glanz und Leistung der Arbeiterschaft vermitteln.

Verlassen wir den Ehrenhain wieder durch die Tore und gehen auf der Boschstraße stadteinwärts Richtung Gunoldstraße. Bei der Geistingergasse betreten wir durch das vergitterte Tor die **Südflanke** des Karl-Marx-Hofes.

Im Zentrum des ersten Hofes steht die erste der „Wohnfolgeeinrichtungen": der **Kindergarten** der Stadt Wien.

Ihm gegenüber, aber schon im zweiten Hof, erkennen Sie die **Zentralwäscherei.**

Diese Großwaschanlagen wurden elektrisch beheizt, wobei schon bei

Karl-Marx-Hof

An den Ecken des Innenhofes stehen gemauerte **Lauben,** die heute meist als Fahrradständer dienen. Schon bei der Eröffnung wurden sie als Sammelstellen für den Abfall benutzt. Von hier wurde der Abfall jeden Tag mit eigenen Elektro-Autokarren abgeholt und in eine weitere Sammelhalle gebracht.

Im geräumigen zweiten Hof, der viel urbaner wirkt als der doch etwas protzige Ehrenhain, kommen auch die **Loggien** viel besser zur Geltung. Hier kann es durchaus passieren, dass ein Bewohner von der Loggia aus mit einem den Hof querenden Passanten tratscht. In einer der Loggien ist eine Bassena (Wasserentnahmestelle) befestigt. Soll sie erinnern an die finsteren Gänge in den Zinskasernen, in denen man das Wasser von der Bassena holen musste?

Für den **Hof** ergibt sich damit eine völlig neue Funktion, er übernimmt eine Verteiler-Aufgabe. Einerseits strömen die Massen in Ost-West-Richtung durch, entweder zum Bahnhof oder zum Stadion. Andererseits müssen Bewohner der Anlage erst den Hof betreten, ehe sie die Haustür anvisieren können: Die Wohnungen werden von innen erschlossen.

Den zweiten Hof müssen Sie seitwärts verlassen, da es keine durchgehende Längsverbindung gibt. Gehen Sie diesmal auf der anderen Seite hinaus auf die Heiligenstädter Straße.

Von hier ist es nur ein kleiner Sprung zum **Ehrenhain** zurück. Gelang es dem Architekten, in vielerlei Hinsicht mit der bürgerlichen Architektur zu

der Fertigstellung des Hofes die Heißwasserbereitung in Elektrokesseln und Elektrospeichern erfolgte, um die bei Koks- und Kohleofenfeuerung entstehende Ruß- und Rauchplage zu vermeiden.

Vielleicht ist die Türe offen, heute ist in der alten Wäscherei eine städtische Lehrwerkstätte für Jugendliche untergebracht. Die Zentralwaschanlage bestand aus 62 in einer Reihe platzierten Waschständen. Mit ihr verbunden war ein Bad, das wiederum aus 20 Wannen und 30 Brausen bestand.

Rotes Wien

brechen, so übernahm er andererseits geradezu bereitwillig Formen der bürgerlichen Repräsentationskultur. Der Ehrenhain ist ein Beispiel dafür: Sie betreten ihn durch zwei Pylonen (Torbögen, die in einen Obelisk münden) und steuern auf die Mitte zu, um den Sämann (*Otto Hofner,* 1928) zu betrachten. Dieser soll die ach so wirksame Verbundenheit zwischen Arbeitern und Bauern symbolisieren.

Von hier können Sie die **Fassade** aus der Entfernung betrachten. Hier will sich die Anlage mit aller Deutlichkeit vom „bürgerlichen" Historismus unterscheiden: Ohne Schnörkel und Zierrat gibt es eine klare kubische Gliederung der Fassaden, die durch die Balkone unterstrichen wird. Da diese kubische Gliederung und auch viele andere Bauelemente auf der gesamten Länge der Anlage durchgehalten werden, kann man durchaus von einem Gesamtkunstwerk sprechen. Ein Gesamtkunstwerk, das sich als politische Machtdemonstration des Proletariats verstand. Betrachten Sie etwa die Glie-

Planungsdaten

Gesamtareal:	156.027 m²
Verbaute Fläche:	28.751 m²
Freiflächen:	127.276 m²
Ledigen-Zimmer:	88
Küche, Zimmer:	125
Küche, Zimmer, Kammer:	748
Küche, Zimmer, 2 Kammern:	136
Küche, 2 Zimmer:	159
Küche, 2 Zimmer, Kammer:	93
Küche, 2 Zimmer, 2 Kammern:	6
Küche, 3 Zimmer:	16
Küche, 3 Zimmer, Kammer:	10
Küche, 3 Zimmer, 2 Kammern:	1

derung der Fenster und zählen Sie genau die Sprossen. Die gleichen Fenster werden Sie in allen Gemeindebauten der Zwischenkriegszeit wieder finden.

Verlassen wir den Ehrenhain und gehen wir über die Heiligenstädter Straße zur **Nordflanke** in den nächsten Hof. Hier folgt wieder, entsprechend dem Südteil, der Kindergarten und die Waschanlage. Doch auch diese Waschanlage konnte den geänderten Zeiten nicht standhalten. Auf der Rückseite ist jetzt eine moderne Sportanlage eingebaut, in der die Enkel der damaligen Marx-Höfler nun Squash spielen können.

Karl-Marx-Hof in Geschichte und Gegenwart

Wenn Sie durch eines der Haustore gehen, erblicken sie das Stiegengeländer. Vor über 60 Jahren, vor dem **Aufstand der Arbeiter** gegen die Regierung *Dollfuß,* trieb dieses Stiegengeländer den Bürgerlichen die Angst in die Knochen, da sie argwöhnten, die Sozialdemokraten hätten darunter illegal Waffen versteckt. „Im Inneren befinden sich Schächte ...", (für sie ist) „... bautechnisch nicht die geringste Begründung vorhanden. Es sind Aufzüge für den Waffentransport in die verschiedenen Stockwerke. Diese Zugangsöffnungen findet man erst, wenn man das Stiegengeländer abschraubt", soweit der Publizist *Josef Schneider* anno 1930.

Die bürgerliche Seite bemühte sich, „die strategische und fortifikatorische Absicht in der Bauführung" unter Beweis zu stellen. Es handle sich um „Kasernen des organisierten Proletariats, massig und mit endlosen Fronten, mit Öffnungen, die eher Schießscharten sind als Fenster, mit weiten kahlen Höfen, die eher Exerzierplätze, und mit Wohnungen, die eher Kasematten sind."

Es kam, wie es kommen musste. Der Hof heißt laut Straßenschild **12.-Februar-Platz.** An diesem Tag schossen 1934 die Einheiten des Bundesheeres auf den Hof; die sich verschanzenden Arbeiter leisteten zwei Tage lang Widerstand, und am 14. Februar war der Bürgerkrieg beendet.

Der Bau dieser Anlage war Teil der **utopischen Bestrebungen der Sozialdemokratie** in der Zwischenkriegszeit: Entzogen den auf Profit bedachten bürgerlichen Wohnverhältnissen, sollte in diesem Wohnblock der „neue Mensch" heranwachsen können.

Wie sich das mit dem **neuen Menschen** tatsächlich verhielt, veranschaulicht niemand besser als der Architekt des Karl-Marx-Hofes, *Karl Ehn:* Beim Bau des Hofes war er als Rathausarchitekt selbstverständlich überzeugter Sozialdemokrat. Doch bereits 1934 war er Mitglied der Vaterländischen Front, des Verbandes der Austrofaschisten. Und 1938 trat er selbstverständlich den Nazis bei.

Bald nach dem Anschluss waren die Gemeindebauten „judenfrei", heute sind sie „ausländerfrei". Obwohl die Ausländer die normalen Steuerleistungen erbringen, weigern sich die Sozialdemokraten, Ausländer in die von Steuergeldern erhaltenen kommunalen Wohnungen aufzunehmen. Begründung: Der soziale Friede wäre gefährdet, da die Basis der Partei die Ausländer eben nicht akzeptiere.

Ein weiteres Beispiel, das den Zustand der sozialdemokratischen Ideale demonstriert: In der Wohnanlage „Am Fuchsenfeld" gibt es ähnliche Innenhöfe wie im Karl-Marx-Hof. Sie sind begrünt, auf einer Tafel kann man lesen, dass Kinder die Grünflächen nicht betreten dürfen. Hunde dürfen sie selbstverständlich schon betreten. Der neue Mensch?

Von der **emotionellen Beziehung** der heutigen Bewohner zu ihrem „Bau" künden die Worte des ehemaligen Bezirksvorstehers *Richard Stockinger:* „Als Kind des Karl-Marx-Hofes (meine Eltern wohnten von der Besiedlung bis 1973 hier, ich von der Geburt an bis 1959) habe ich natürlich eine besondere Beziehung zu diesem „meinem" Gemeindebau. Ich liebte meine Heimat, den Karl-Marx-Hof, immer, und seine Größe und sein Aussehen gefielen mir, und ich war stolz, ein Karl-Marx-Bub zu sein. Viel später erst verstand ich seine kommunalpolitische Bedeutung, seine symbolische Aussage als Beweis und Dokument des Aufbau- und Gestaltungswillens der aufstrebenden Arbeiterbewegung."

Rotes Wien

Tour 7: Modernes Wien – über die Donau

Anfahrt

Fahren Sie mit der U1 nach „Transdanubien" und steigen Sie beim Kaisermühlen-Vienna International Centre aus. Sie passieren die **Reichsbrücke** – auch sie gehört bereits zum „Modernen Wien". Die alte Reichsbrücke, seit Jahrzehnten ein Wahrzeichen Wiens, stürzte am 1. August 1978 mitten in der Nacht ein; ein Autobus überstand den Einsturz, ohne von den Fluten der Donau weggespült zu werden, ein kleines „Pekawetscherl" (Wienerisch für Kleinwagen) wurde hingegen fortgeschwemmt.

Am nächsten Tag war das Foto der eingeknickten Brücke in allen Zeitungen der Welt. Der zuständige Stadtrat aber war unauffindbar, er weilte irgendwo in den Schweizer Bergen. Der Bürgermeister ließ sofort die Tragfähigkeit der übrigen Donaubrücken nachprüfen – und erhielt das betrübliche Ergebnis: Auch die Floridsdorfer Brücke ist akut einsturzgefährdet.

Beim Bau der neuen Reichsbrücke wurde – sozusagen zu ebener Erde – die U-Bahn-Trasse mitgebaut, im ersten Stock fahren auf einer Länge von 864 Metern die Autos. Bei der feierlichen Einweihung der Brücke fuhr jener Bus-Chauffeur, der den Einsturz der alten Brücke überlebt hatte, als Erster mit seinem Bus über die neue. Die Brücke hielt.

Nach dem Verlassen der U-Bahn haben Sie zwei Möglichkeiten. Entweder Sie betrachten die **UNO-City** von außen. Oder Sie erkundigen sich beim Besucherdienst der Vereinten Natio-

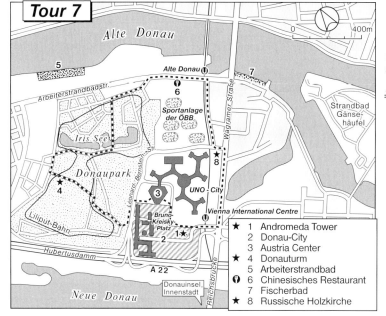

Tour 7

★ 1 Andromeda Tower
2 Donau-City
3 Austria Center
★ 4 Donauturm
5 Arbeiterstrandbad
☎ 6 Chinesisches Restaurant
7 Fischerbad
★ 8 Russische Holzkirche

nen unter Tel. 26314193. Die UNO-City steht auf extraterritorialem Gelände, gehört also streng genommen nicht zu Österreich. Sie hat ein eigenes Postamt, wo Sie auch Briefmarken kaufen können. Beim Eintritt benötigen Sie logischerweise Ihren Pass.

Geschichte der UNO-City

Seit der Aufnahme der Stadt Wien in das internationale Konferenzschema der Vereinten Nationen werden in Wien regelmäßig Tagungen und Kongresse abgehalten. Damit steht auch das moderne Wien in der uralten Tradition der Stadt als Stätte der Diplomatie, die die Kunst der Verhandlungen stets höher stellte als die Kunst der Kriegsführung. Um für diverse UNO-Einrichtungen und für die Abhaltung von Konferenzen eine geeignete Anlage zu haben, wurde in den Sechzigerjahren die Errichtung des **Vienna International Centre** ausgeschrieben (in Wien wird der Bau stets als UNO-City bezeichnet).

1969 wurden die Siegerprojekte präsentiert. Eines davon hatte ein bisher kaum bekannter Grazer Architekt namens **Johann Staber** eingereicht. Die Jury schrieb über sein Projekt: „Auf einem weitgespannten Sechseck-Raster angeordnete, aus vorwiegend konkaven Flächen gebildete Baukörper von zumeist gleicher y-förmiger Grundfläche, aber sehr unterschiedlicher Höhe, die durch scharnierartig wirkende Treppentürme miteinander verklammert sind, ergeben ein städtebaulich-architektonisches Ensemble. (...) Die Stärke dieses nicht nur durch mangelhafte Präsentation, sondern durch lässige Behandlung wichtiger Teilbereiche wie zum Beispiel des Verkehrs oder der Saalkonstruktionen, und bedenkliche Mängel gekennzeichneten Projektes liegt in der Wahl eines der Aufgabe entsprechenden Maßstabes zwischen unangemessener Übersteigerung und ebenso unangemessener Anpassung der grundsätzlich brauchbaren Anordnung der Funktionsgruppen und im Wechselspiel von Körper und Raum, das trotz der körperhaften Eigenständigkeit eine innige Verbindung des Gesamtkomplexes mit der Umgebung bewirkt." Aha ...

Die Jury stellte das Projekt von *Johann Staber* an die vierte Stelle. Einmal dürfen Sie raten, welches Projekt beim Bau den Vorzug erhielt.

Nach sechs Jahren Bauzeit wurde das Gebäude nach *Stabers* Entwurf fertig gestellt und der UNO für die symbolische Miete von 1 ÖS (überlassen.

Die UNO-City heute

Auch bei einem Spaziergang längs der Wagramer Straße können Sie die **Bürotürme** betrachten. Sie sind verschieden hoch (120m, 100m, 80m, 60m) und dreieckig, wobei der jeweilige Grundriss nicht einem gleichseitigen Dreieck entspricht, sondern einem Dreieck mit konkaven Verbindungslinien. Die Bauteile sind so aneinander gereiht, dass ihre konkaven Fronten weitergeführt werden können, bis sie sich – theoretisch – zu einem Kreis schließen.

Gruppiert sind die Bürotürme um den einzigen runden Bau der Anlage: das **Konferenzzentrum der UNO.** Durch diese gleichwertige Anordnung der Bauteile um ein Zentrum und durch die dreieckigen Grundrisse kann man nicht mehr von „vorne" oder von „hinten" sprechen, es entsteht ein selbstständiger Raum, der völlig losgelöst ist vom zweidimensionalen Denken in Seitenfronten und Vordertrakten.

In den Bürotürmen sind verschiedene **UNO-Einrichtungen** untergebracht: die UNIDO (Organisation für industrielle Entwicklung) und die IAEO (Internationale Atomenergie-Organisation). Dazu gibt es gemeinsame Ein-

Andromeda-Turm mit UNO-City

ÖBIwi Foto: ml

richtungen wie Bibliothek, Restaurant, Gebäudeverwaltung, Dokumentation, Druckerei, Einkaufszentrum sowie soziale Einrichtungen. Das Konferenzzentrum hat einen Plenarsaal sowie mehrere Tagungssäle samt ihren Nebeneinrichtungen (Räume für Rundfunk, Post, Fernsehen etc.)

Während Sie steten Schrittes wieder zurück zur U-Bahn-Station wandern, können Sie ja überlegen, wie ein Dreiecksgebäude mit den Gängen und Büros von innen erschlossen werden kann. Längst haben Sie schon die hohen, eher donauseitig gelegenen Neubauten gesichtet.

Hier – zwischen dem Donauturm und der UNO-City – befand sich früher eine weitläufige Grünfläche, auf der 1995 die **EXPO** hätte stattfinden sollen. Gewaltige Pläne wurden erstellt, japanische Großkonzerne, die sich an der Errichtungsgesellschaft beteiligten, zeigten Modelle, in denen halbe Bezirke großräumig zu Mega-Büros umgebaut wurden. Bei einer Volksbefragung stimmten die Wiener – skeptisch gegen alle Großvorhaben – im Frühling 1991 mit großer Mehrheit gegen die EXPO in Wien.

Die EXPO fiel, die Pläne blieben. Etwas modifiziert werden die Raumreserven nun zu einer **Donau-City** verbaut. Ein gigantischer neuer Stadtteil entsteht, mit Wohnungen, Büros und Ausstellungsräumlichkeiten. Hier sehen Sie die Antipode zum klassischen Wien auf der anderen Donauseite, das moderne Wien, das dem Charakter einer Weltstadt angemessen sein soll. Viele befürchten allerdings, dass das „moderne" Wien ein Aufguss von Manhattan wird.

Von der U-Bahn-Station erreichen Sie auf einem Fußweg den vom Architekten *Wilhelm Holzbauer* errichteten **Andromeda-Turm.** Das neue Wahrzeichen Wiens mit Panoramablick über die Stadt war schon vor der Fertigstellung komplett ausgebucht. „Der Tower entwickelt sich zu einer Topadresse für internationale Konzerne!", freut sich der Manager der „Wiener Entwicklungsgesellschaft für den Donauraum", der WED, *Wolfgang Markowitsch*. In dem 110 Meter hohen Turm stehen auf 29 Geschossen insgesamt 18.300 m^2 Nutzfläche für Büros zur Verfügung. Zu den Mietern gehören u.a. die Computerfirma Unisys sowie die japanische UN-Mission; sie sollen als *anchor-tenants* die Adresse für die Zukunft aufwerten. Da es in kurzer Zeit gelang, die Büroflächen zu günstigen Preisen zu vermieten, bedauern heute schon manche, dass der Turm es nur zu einer Höhe von 110 Metern und nicht etwa 330 Metern brachte.

Donauaufwärts sehen Sie die modernste Wohnanlage Wiens, den **Wohnpark Donaucity.** Bei Interesse ist es sicher möglich, auf einem, durch die vielen Baustellen stets veränderten Weg, die intensiv begrünten Wohnbauten zu besichtigen.

Ansonsten sollten Sie vom Andromeda-Turm wieder zur U-Bahn-Station zurückgehen, die auf dieser Tour die Funktion einer Basis-Station übernommen hat – mit Würstelstand und Imbissstube. Halten Sie sich an die Wegmarkierung „Donaupark" – oder fol-

Über die Donau

gen Sie jenen, meist in Gruppen auftretenden Menschen, die eine Visitenkarte mit seltsamen Großbuchstaben in Verbindung mit einer aktuellen Jahreszahl (etwa OACM 99) auf ihr Revers gehängt haben. Dann erreichen Sie bestimmt das Austria-Center Vienna oder kurz das Austria-Center auf dem Bruno-Kreisky-Platz.

Das Austria-Center

Diese neben der UNO-City stehende Anlage ist von ihr strukturell getrennt und dient der Republik Österreich u.a. für Konferenzen. Sie wurde von *Bruno Kreisky* stark protegiert, nicht immer begleitet von der Zustimmung der Österreicher. Das Austria-Center wurde 1987 eröffnet und ist für eine **multifunktionelle Nutzung** konzipiert: Alle Arten von Tagungen, Symposien und Seminaren werden hier durchgeführt, ferner Präsentationen der Industrie, aber auch Bälle und Modenschauen, Konzerte und Shows. Bei der Gliederung des Gebäudes hat man darauf geachtet, dass die einzelnen Funktionsbereiche getrennt benutzt werden können. Zentral gelegen sind die Eingangshalle sowie die Restaurants.

Im **Grundriss** zeigt das Gebäude die Form eines gleichschenkligen Dreiecks mit abgeschrägten Ecken. Es gibt vier unterirdische Ebenen (von Klimazentralen bis zu Dolmetscherkabinen), eine Eingangsebene mit Post, Bank und Pressezentrum sowie fünf oberirdische Ebenen. Entsprechend dem Grundriss der Anlage, sind die einzelnen Saalgeschosse dreiecksförmig. Dazu kommt noch ein Parkdeck für 1200 Autos.

Donaupark

Vom Austria-Center wandern Sie auf einem Weg, der durch Baustellen stets ein wenig verändert wird, zum Donaupark. Hier wurde 1964 die WIG 64 (Wiener Internationale Gartenschau) abgehalten; die **Liliputbahn,** offiziell Donauparkbahn genannt, der Irissee sowie viele Blumenbeete erinnern an die Gartenmesse. Ein Sessellift, der über die Blumenbeete führte, wurde in der Zwischenzeit wieder abgetragen.

In fünf Minuten sind Sie am **Donauturm** angelangt (Tel. 23536832). Er besteht aus drei Teilen: dem Turmschaft, der Gondel und dem Stahlmast.

Der röhrenförmige **Turmschaft** ist aus Beton; um eine schlotähnliche Wirkung zu vermeiden, verjüngt er sich nach oben.

In der **Gondel** sind zwei sich drehende Kaffeehäuser eingebaut, das obere Niveau erreicht 170 m, das untere 160 m Höhe. Unterhalb der Gondel befindet sich noch die Aussichtsterrasse. Speziell Kinder haben wegen der starken Windverhältnisse auf der Freiterrasse oft großen Spaß.

Sechs Meter oberhalb der Gondel beginnt der 71 m lange **Stahlmast.** Er ist Träger verschiedener Funkanlagen und meteorologischer Messstationen.

Über die Donau

Die Gesamthöhe des Donauturmes beträgt somit 252 m.

So weit, so gut. Die Liftfahrt dauert bei schwachen Windverhältnissen 35 Sekunden. Sind Sie in der Gondel angelangt und haben das Gefühl, dass alles um Sie herum schwankt, so ist das keineswegs auf das vorher konsumierte „Stehachterl" zurückzuführen; der Turm schwankt tatsächlich.

Eine Runde im **Kaffeehaus** dauert 26 Minuten, das reicht genau für Kaffee und Torte oder Wein. (Die Küche befindet sich am Fuße des Turmes, das heißt, warme Speisen müssen mit dem Lift transportiert werden.)

Nun kann der **Blick** frei und ungehindert über Donauraum und UNO-City gleiten, er bleibt nirgends hängen, weder am neuen AKH noch am alten Steffl, bis er am Horizont anlangt, der durch die Kleinen Karpaten auf der einen Seite und durch die Kalkalpen auf der anderen Seite begrenzt wird.

Bei guter Kondition und entsprechender ökologischer Gesinnung wandern Sie nun durch den Donaupark bis zur Arbeiterstrandbadgasse. Dort biegen Sie rechts ein. Vor Ihnen liegt die durch einen Damm aufgestaute Alte Donau mit den **Bädern aus der Zwischenkriegszeit:** dem Arbeiterstrandbad, dem Eisenbahnerbad und dem Fischerbad.

Passieren Sie das **Chinesische Restaurant** zur Rechten, in dem fünf Busladungen Platz haben. Die Dachgestaltung entspricht altchinesischer Bautradition, sie wurde von eigens dazu eingeflogenen Handwerkern in mühevoller Kleinarbeit angefertigt.

In der Wagramer Straße biegen Sie wieder nach rechts. Vorbei am neuen Forum-Hotel (294 Zimmer und Konferenzräumlichkeiten) erreichen Sie bald ein seltsames **Holzkirchlein,** das einen harten Kontrast bildet zum geschlossenen Entwurf der UNO-City dahinter. Das Kirchlein steht unter Denkmalschutz und soll an die russischen Kriegsgefangenen während des Ersten Weltkrieges erinnern, die hier eine den sibirischen Dorfkirchen ähnliche Anlage nachgebaut haben.

Am Eingang zur UNO-City, an einem japanischen Kirschbaum vorbei, erreichen Sie wieder das Basis-Lager.

An der Neuen Donau

Bei schöner Abendstimmung können Sie den Sonnenuntergang vom Donauturm aus genießen. An warmen Tagen gibt es dazu eine danubische Alternative: Entweder Sie bleiben am linken Ufer in einer der Lokalitäten, oder Sie gehen zu Fuß über die Brücke auf die **Donauinsel.** Irgendwo finden Sie sicher ein Platzerl, bedrängt von karibischen Rhythmen auf der einen und dem Duft griechischer Weine auf der anderen Seite, vorne weht der Abendwind eine sanfte Brise auf die Steinterrassen, und hinten sinkt die Sonne hinter die Hügel des Wienerwaldes.

Dass das Platzerl hier idyllisch ist und geradezu angemessen, um am Donauufer einen warmen Sommertag ausklingen zu lassen, wissen allerdings auch eine Million Wiener. Und noch mehr Mücken.

Tour 8: Grünes Wien – in die Lobau

Anreise

Diese Route ist günstig mit ein paar kühlenden Sprüngen ins Wasser zu verbinden. Ab einer gewissen Temperatur wird es auch zu mühevoll sein, die gesamte Route in einem Stück zu bewältigen. Suchen Sie sich irgendwo seitlich der Strecke ein angenehmes Platzerl zum **Baden.**

Bei nicht hochsommerlichen Temperaturen ist die Route auch für Fußfaule kein Problem, für Biologen, Ökologen sowie Hydrologen eigentlich absolute Pflicht. Ein spezieller Tipp für die heißen Sommermonate: Nehmen Sie ein **Mittel gegen Mückenstiche** mit.

Die gesamte Strecke können Sie **auch als Fahrradtour** gestalten.

Mit einem PKW fahren Sie auf der Südosttangente (Fortsetzung vom Gürtel) über die Praterbrücke – die Alternative ist die Reichsbrücke –, gleich nach der Donaubrücke biegen Sie rechts ab (Abfahrt Lobau) und fahren auf dem Kaisermühlendamm, später auf der Raffineriestraße. Bei den Hinweisschildern zum „Roten Hiasl" suchen Sie einen Parkplatz.

Als Fußgänger fahren Sie am besten mit der U1 bis zur UNO-City (offiziell Kaisermühlen-Vienna Int. Centre). Von dort benutzen Sie den Autobus 91A und steigen aus beim „Roten Hiasl".

Donauinsel

Vor dem eigentlichen Start der Wanderung sollten Sie die Donauinsel besichtigen. Gehen Sie auf den Damm der Neuen Donau. Links sehen Sie eine „Safari-Lodge" – sie verbreitet gestylte Erlebnis-Welt, hat aber mit der Donau absolut nichts zu tun.

Rechts folgt die **Steinspornbrücke,** auf der Sie die Neue Donau überqueren können. Dann stehen Sie auf der aufgeschütteten Donauinsel. Nach weiteren 200 Metern geradeaus erreichen Sie die tatsächliche Donau. Links sehen Sie die Starteinrichtungen für Ruderwettbewerbe; 1991 fand hier die Ruderweltmeisterschaft statt.

Auf der anderen Seite der Donau erkennen Sie einen eigenartigen Kuppelbau: die **Friedenspagode.** Sie wurde erbaut von Mönchen und Nonnen des japanischen Ordens „Nipponzan Myohoji". Die Grundsteinlegung des Tempels erfolgte am 9. August 1982, dem Jahrestag des Atombombenabwurfes auf Nagasaki. Mit dem Einbruch der Dämmerung können Sie die Trommelschläge der Ordensmitglieder hören, die sich zur Meditation versammeln. Ihnen dient der Schall als eine Methode, um das Wesen aus sich selbst herauszuführen und in den Kosmos einströmen zu lassen.

Sollten Sie für die Gestaltung von Grünräumen und Biotopen ein beson-

Lobau

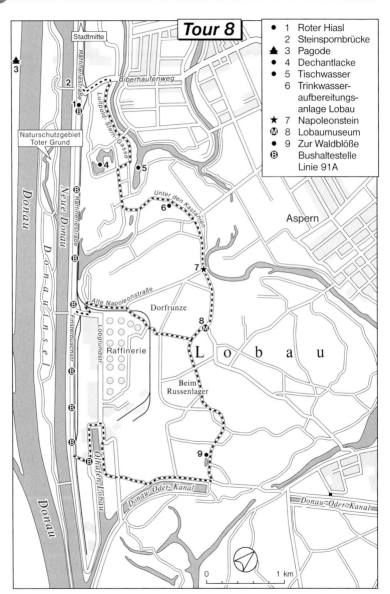

Tour 8

- 1 Roter Hiasl
- 2 Steinspornbrücke
- ▲ 3 Pagode
- 4 Dechantlacke
- 5 Tischwasser
- 6 Trinkwasser-
  aufbereitungs-
  anlage Lobau
- ★ 7 Napoleonstein
- Ⓜ 8 Lobaumuseum
- 9 Zur Waldblöße
- Ⓑ Bushaltestelle
  Linie 91A

deres Interesse haben, dann ist ein zwanzigminütiger Spaziergang auf der Insel zu empfehlen: Suchen Sie die Wegweiser zum **Toten Grund.** Ansonsten kehren Sie zum „Roten Hiasl" zurück.

Der Tote Grund ist eigentlich recht lebendig. In einem ehemaligen Altarm der Donau tummeln sich Fische, in den angrenzenden Ufern Frösche, Kröten etc.

Donaulandschaft

Die Umgestaltung des Donauraums

Eine der großen städtebaulichen Aufgaben der Siebzigerjahre war die Umgestaltung des Donauraumes. Bis zu diesem Zeitpunkt konnte man mit Fug und Recht behaupten: Die Stadt wendet dem Fluss den Rücken zu, die Stadtentwicklung vollzieht sich nicht in Bezug zum Verlauf der Donau, im Gegenteil, die **Stadt weicht dem Fluss aus.** Die Gründe dafür waren zum einen historische: Wien wurde eigentlich an jenem Arm gegründet, der heute Donaukanal heißt, das heutige Bett der Donau ist ein künstliches Ergebnis des Donaudurchstiches von 1881–1885. Zum anderen gab es aktuelle Gründe: Durchschnittlich einmal in vier Jahren überflutete die Donau die angrenzenden Straßen und Grundstücke.

So entschloss man sich zu folgendem großen Projekt: Ein **neuer Donauarm** wird parallel zur bestehenden Donau angelegt, der im Normalfall durch Schleusen von der Donau getrennt ist, im Falle eines Hochwassers aber bei geöffneten Schleusen das Wasser aufnimmt. So könne, meinten die Techniker, in derselben Zeiteinheit die doppelte Wassermenge durch Wien transportiert werden.

Als diese rein technische Lösung schon feststand, entschlossen sich die Städteplaner, einen Schritt weiterzugehen und den Donauraum zu einem **Freizeitgebiet** auszubauen. Zwischen den beiden Donauarmen, der Donau und der Neuen Donau, lag jetzt die Donauinsel. Sie wurde bewässert, begrünt, 1.600.000 Bäume wurden eingesetzt. (Jeder Wiener hat also einen Baum auf der Donauinsel, unter den er sich legen kann. Es bleiben noch 50.000 übrig; vielleicht für die Hunde.)

In der Zwischenzeit hat sich herausgestellt, dass die Donauinsel zu einer typischen Zone der verordneten Freizeit wurde. Es ist praktisch kaum möglich, sich dem Zugriff der **Freizeitindustrie** zu entziehen. Sie können wählen zwischen dem Wasserskischlepplift, diversen Surf- und Tauchschulen, der längsten Wasserrutsche von Mitteleuropa, diversen BMX-Strecken etc. Ein selbst organisiertes Grillfest hingegen bedarf der längeren logistischen Vorbereitung.

In der Lobau

Zurück zum Fußmarsch in die Lobau. Biegen Sie ein in den Biberhaufenweg; der Name täuscht nicht, in der Lobau gibt es tatsächlich Biber, ebenso Hirsche, Marder, Reiher und Füchse. Die Lobau und die weiter östlich angrenzenden Donauauen bilden das **letzte Augebiet in Mittel-Westeuropa.** Die

075wi Foto: bb

Lobau wurde von der UNESCO zur „Biosphere Reserve" und von der Wiener Landesregierung zum Naturschutzgebiet erklärt. Verhalten Sie sich dementsprechend und werfen Sie die Alu-Bierdose nicht in den nächstgelegenen Altarm!

Nach ca. 160 Metern auf dem Biberhaufenweg folgt rechts der Luitpold-Stern-Weg. Folgen Sie von nun an der grünen Markierung. Links und rechts des Weges befinden sich mehrere **Altarme** der Donau (links das Tischwasser, rechts die Dechantlacke), die heute zu den Badeparadiesen der FKK-

Lobau

Die Lobau

Fans gehören. Bei Temperaturen ab 30 Grad werden Sie spätestens hier eine Badepause einlegen.

Wenn Sie weiter gehen, gelangen Sie in eine typische harte Au. Silberpappeln, Eichen und Eschen sowie Kanadapappeln sorgen neben einer Reihe von Busch- und Kletterpflanzen für eine **urwaldartige Atmosphäre.** Regelmäßige Überschwemmungen sichern den Fortbestand dieses Wald-

Tümpel im Augebiet

typs. Nach dem Motto „Alles bleibt, wie es ist" erhält sich der Auwald von selbst.

Nach einer scharfen Biegung um neunzig Grad folgen Sie weiter der grünen Markierung und durchqueren „Unter den Kastanien". Rechts erkennen Sie die Trinkwasseraufbereitungsanlage Lobau.

Nach zehn Minuten erreichen Sie die Napoleonstraße bzw. den **Napoleonstein.** Hier lag das Hauptquartier *Napoleons* während der „Schlacht in Aspern" im Jahre 1809. In der noch immer Habsburg treuen Geschichtsschreibung wird diese Schlacht als erste Niederlage *Napoleons* und als glorreicher Sieg des *Erzherzogs Karl* gepriesen. Bei genauer Betrachtung erweist sich der Sieg *Karls* eher als plumpe Propaganda, um den Mythos des unbesiegbaren Feldherren *Napoleon* zu brechen. Am Nachmittag des 21. Mai 1809 begann die Schlacht, am nächsten Tag brach *Napoleon* sie ab, als er erkannte, dass er durch das plötzlich einsetzende Hochwasser der Donau seine Truppen nicht übersetzen konnte; man könnte den Ausgang also bestenfalls mit *remis* bezeichnen. Der Kampf dauerte ca. 16 Stunden. Die Verluste betrugen auf beiden Seiten ca. 20.000 Mann. Erzherzog *Karl* schrieb an seinen Onkel, ebenfalls ein *Erzherzog Karl:* „Der Feind ist noch im Besitz einer Insel, die sich Lobau nennt, und quer über diese hat er seine Brücke geschlagen. Ich wollte ihn diese Nacht von dort vertreiben, aber das Wasser ist derart angestiegen, daß ich es nicht vermocht habe."

Die eigentliche Schlacht folgte dann am 5. und 6. Juli bei Deutsch-Wagram. Hier machte Napoleon endgültig klar, wer der Stärkere ist.

Nach dem Napoleonstein wählen Sie den Weg zum **Lobaumuseum.** Das sollten Sie unbedingt besuchen. An Sonn- und Feiertagen hat es von 14 bis 16 Uhr geöffnet, Sie können sich jederzeit unter Tel. 022142781 anmelden. Es wird Sie der missionarischste Museumswärter zwischen Scheibbs und Nebraska erwarten. Er hat das Museum selbst aufgebaut und die ausgestellten Fundstücke gesammelt. Hier erfahren Sie in überschaubarer Weise alles über die Geschichte der Lobau, über den Napoleonkrieg und über den Kampf zur Erhaltung der Lobau. Entweder verlassen Sie das Museum als deklarierter Gegner eines geplanten Nationalparks, weil der nur Touristen herbringen würde, oder Sie verlassen es als Nervenbündel, erschöpft von der Begeisterung des Museumswärters.

Badespaß am Schluss

Sind Sie noch rüstig, gehen Sie weiter in Richtung Donau-Oder-Kanal. Andernfalls wählen Sie den blau markierten Weg Richtung Donau zurück. Über die Dorfrunze und die Alte Napoleonstraße stoßen Sie bei der Lobgrundgasse wieder auf den Damm der neuen Donau, linker Hand sehen Sie die Öltanks der Raffinerie.

Haben Sie noch Kraft für eine weitere Stunde Fußmarsch, dann folgen Sie dem gelben Weg, nach etwa zehn Mi-

nuten befindet sich auf der rechten Seite „Beim Russenlager", nach weiteren zehn Minuten folgt ebenfalls rechts eine Lacke mit dem idyllischen Namen „Zur Waldblöße". Sie stehen direkt vor dem Donau-Oder-Kanal, ebenfalls eines der großen **Nacktbadeparadiese.** Hier trifft man in den heißen Sommermonaten alle in Wien gebliebenen „Alternativen".

Herbst in der Lobau

Der **Donau-Oder-Kanal** verdankt seine Entstehung *Adolf Hitler*. Mitten in den letzten Donauauen Mitteleuropas ließ er den Ölhafen errichten; der Kanal sollte den Ölhafen mit der Oder verbinden. Der Hafen wurde gebaut, der Kanal nicht, nur ein paar Kilometer zeugen von den megalomanischen Plänen.

Gehen Sie längs der grünen Markierung am Ufer des Donau-Oder-Kanals Richtung Donau zurück. Bald stoßen Sie auf den Radweg, der Sie zum **Ölhafen Lobau** führt. Nun müssen Sie rund um den Hafen wandern, um dann nach wenigen Metern über die Finsterbuschstraße zurück den Damm der Neuen Donau zu erreichen.

Auf dem Damm befinden sich einige Lokale, von hier aus erleben Sie eine herrliche **Abendstimmung** angesichts der sich gegen den Wienerwald neigenden Sonne und dem vor Ihren Füßen liegenden Wasser der Neuen Donau.

Die **Rückfahrt** erfolgt ebenfalls mit dem Autobus 91 A, der am Ölhafen seine Endstation hat. Auf der Straße unterhalb des Dammes befinden sich in regelmäßigen Abständen Haltestellen.

Abendstimmung an der Donau

Tour 9: Himmlisches Wien – rund um Grinzing

Anfahrt

Wie die Hölle ausschaut, das ist bekannt, seit der Feldkurat *Otto Katz,* bei dem der brave Soldat *Schwejk* als Pfeifendeckel diente, drei Flaschen Riesling getrunken hat. „Es ist ein Ort", erzählt der Feldkurat, „mit gewöhnlichen Kesseln mit Atmosphärendruck; die Sünder werden auf Margarine gesotten, die Roste werden mit elektrischer Kraft angetrieben, das Zähneknirschen besorgen Dentisten mit besonderen Instrumenten, das Heulen wird in Grammophonen aufgefangen, und die Platten werden ins Paradies zur Erheiterung der Gerechten geschickt."

Wie der Wiener Himmel ausschaut, das ist auch nach fünf Dopplern (Zweiliterflaschen) Riesling nicht zu

Rund um Grinzing

eruieren. Außer man fährt mit dem **38er nach Grinzing** (Abfahrt Schottentor oder Station Nußdorferstraße der U6) und probiert den Grünen Veltliner beim „Bach-Hengl" in Grinzing. Verlässt man den „Bach-Hengl", steht man unversehens in der Himmelstraße, die hinaufführt in jene Gegend, die „Am Himmel" genannt wird und weiterführt zur Papst-Johannes-Paul-II.-Straße.

Jetzt aber langsam, die paar Veltliner sollen die Reihenfolge nicht durcheinander bringen. Auch zur Himmelstraße muss man sich qualvoll durchkämpfen, und da der 38er nur alle heilige Zeiten heranbimmelt, ist es vielleicht wirklich günstiger, eine individualverkehrsmäßige Lösung zu treffen. **Zufahrt** über Nußdorfer Straße, Billrothstraße und Grinzinger Allee. Schließlich ist Wien eine autofreundliche Stadt, und von der Zufahrt zum Himmel eine Ausnahme zu erwarten, grenzt wahrlich schon an teuflische Vermessenheit.

Grinzing

In Grinzing verweilt man gespalten. Die eine Straßenseite heißt **Himmelstraße,** die andere hingegen **Cobenzlgasse.** Bis ins 19. Jahrhundert trennte der Nesselbach die beiden Straßen. Nach dessen Überwölbung wurden die Straßenflächen miteinander verbunden, und der Himmelskundler, schon zu Beginn seines Himmelssturmes verwirrt, muss Trost und Zuspruch beim Heurigen suchen.

Auf beiden Straßenseiten sind die Prominenten unter den **Heurigenlokalen** dicht aneinander gereiht. Wie jeder nach Wien reisende Deutsche weiß, haben die Winzergehöfte das Aussehen des 19. Jahrhunderts bewahrt, und die Brunnen, Marienstatuen, Lampenformen und Innenhöfe sind in jedem besseren Wien-Band abgebildet.

Zu jenen Zeiten, als es auch gemütlich gewesen ist, hatten alle möglichen Musiker hier ihren Zweitwohnsitz aufgeschlagen und an den Tischen ihre Noten gekritzelt. Nur wer weiß, wie oft **Schubert** oder **Beethoven** ihren Hauptwohnsitz wechselten, kann dieser Treue zum Veltliner Achtung zollen.

Doch diese Zeiten sind vorbei, und die himmlischen Annehmlichkeiten kann nur jener finden, der den deutschen Gästen gerne beim Jodeln zuhört und der eine serienmäßige Abtränkung als urgemütlich und appetitanregend empfindet.

Das erste Bauwerk, das tatsächlich mit dem Himmel zu tun hat, ist die **Grinzinger Pfarrkirche.** Unscheinbar zwängt sie sich in die Reihe der Heurigen hinein, äußerst karg ist die Inneneinrichtung; eigentlich müsste sie sich für ihre kümmerliche Existenz inmitten der zu prächtigem Reichtum gekommenen Weinbauern gewaltig genieren. Vor der Kirche stehen zwei alte Bäume: eine 1719 gepflanzte Linde und eine 1897 gepflanzte Eiche. Gegenüber der Kirche ein Heuriger namens „Kirchenstöckl". *Edmund Eysler* schrieb dort seinen Schlager „Küssen ist keine Sünd".

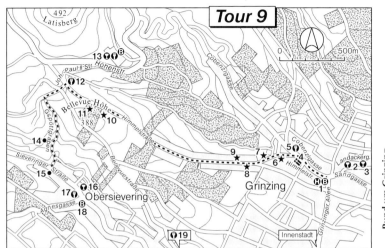

Tour 9

492 Latisberg

Rund um Grinzing

	1	Haltestelle Straßenbahn 38,	
		Bus 38 A	
	2	Rauscher	
	3	Wolf-Köller	
	4	Grinzinger Pfarrkirche	
	5	Grinzinger Weinbottich	
★	6	Wohnhaus der Gründerzeit	
★	7	Schöller-Villa	
★	8	Peichl-Villa	
★	9	Canetti-Villa	
★	10	Freud-Gedenktafel	
★	11	Gelände des Schloss Bellevue	

12	Häuserl am Himmel	
13	Heuriger und	
	Schlossrestaurant Cobenzl,	
	Haltestelle Bus 38 A	
● 14	Sieveringer Steinbruch	
● 15	Sieveringer Bad	
16	Nikisch	
17	Zur Agnes	
18	Haltestelle Bus 39 A	
19	Martinkowits	
	Weinberge	

Die Kette der Heurigen schließt ein vierstöckiges **Wohnhaus aus der Gründerzeit** ab, das einzige Mietsgebäude in dieser Gegend. Zwei Türen führen hinein. Durch die erste erreichte der vormalige Schutzbundführer und Spanienkämpfer *Julius Deutsch* seine Wohnung, ehe er daselbst 1968 gestorben ist; durch die zweite der ehemalige Wiener Bürgermeister *Karl Seitz*.

Kulinarisches

● **Grinzinger Weinbottich,** Cobenzlgasse 28, Tel. 3204237; 17.30–24.00 Uhr, internationale Speisen, also kein Heuriger, die sind versteckt in den Seitengassen.
● **Rauscher,** Langackergasse 5a, Tel. 3205465; erkennt man wie alle „echten" Heurigen an dem Föhrenbusch. Fällt in die Abteilung „leiwand und pomali" (also etwa spitzenmäßig). Sollte der Name auf die Wirksamkeit der Weine hinweisen?

●**Wolf-Köller,** Langackergasse 11, Tel. 323002; ebenfalls ein „echter" Heuriger, man sollte auf die Schmalz- und Grammelbrote (Griebenbrote) achten.

Am Himmel

Die Himmelstraße führt durch eine enge Steilstufe. Diese Steilstufe entpuppt sich als selektierendes Nadelöhr, das bei längerem Zuwarten zwar nicht von einem Kamel, dafür aber von Buicks, Chryslers und Alfas passiert wird.

Hinter dem Nadelöhr kommt der Himmel auf seine Kosten und der Be-

Oberhalb Grinzings

sucher in eine edle **Villengegend:** Auf der einen Seite die Villa des Großindustriellen *Alexander von Schoeller,* die heute von Wiens illustrer Schauspielerfamilie *Hörbiger-Wessely* bewohnt wird. Gleich gegenüber die neugotische Villa des Architekten der Ringstraßenära *Heinrich Ritter von Ferstel.* Schräg gegenüber die Villa des ehemaligen Bundespräsidenten *Theodor*

Körner. Im Haus Nummer 30 wohnte in den Zwanzigerjahren der Schriftsteller *Elias Canetti.* Auf seine Visitenkarten ließ er drucken: „Am Himmel, 30". Jedes Mal, wenn er Haus Nummer 35 passierte, wandte er sich demonstrativ ab und riskierte keinen einzigen Blick. Hier wohnten die dem Karl-Kraus-Schüler tief verhassten *Benedikts.* Die Familie des Herausgebers der „Neuen Freien Presse" war in ihrer bürgerlich-konservativen Zeitung für ihre Feindschaft gegen *Karl Kraus* bekannt.

Das Angenehme an diesen Villen ist, dass sie mit aller Gewalt repräsentieren und in einer fast himmlischen Unverfrorenheit dem bescheidenen Passanten die Exklusivität ihrer vier Wände penetrant unter die Nase reiben. So kommt auch der Passant rein optisch auf seine Kosten: Er gewahrt verspielte Erker und überraschende Türme, im Park stehen barocke Statuen und gestutzte Hecken, und zuletzt steht er vor einer Türe, deren Klinke sogar die Möglichkeit des Öffnens signalisiert.

Offensichtlich hat man sich vor 100 Jahren so den Himmel vorgestellt: Alles ist privatisiert, drinnen sitzen die, die sich's gerichtet haben, dafür zeigen sie's denen, die draußen sind.

Bald darauf kommen die **neuen Villen,** und die erste ist das Haus *Peichl.* Sehen kann man nichts, denn *Peichl* heißt *Peichl* und nicht *Hundertwasser* und baut daher für die Bewohner und nicht für die Passanten.

Um etwas über das Haus zu erfahren, das zur Straßenseite total geschlossen ist, muss man schon im

Rund um Grinzing

Architekturführer blättern. „Der lang-gestreckte Quader ist zur Straßenseite (Norden) relativ geschlossen, zum Garten (Süden) auf seiner ganzen Breite geöffnet (weiße Wände, alle Holzarbeiten Eiche, natur)." Womit klargestellt ist, wie wichtig die Architekturführer nun einmal sind.

Auch von den übrigen Villen bemerkt man nicht viel: Zur Straße hin sind sie durch eine dichte Hecke oder eine Betonwand abgeschlossen, ab und zu sieht man eine Laterne oder einen Zierstrauch über die Sichtbarriere hinausragen. Irgendwo zeichnet sich das ab, was früher einfallslos als „Tür" oder „Tor" gegolten hat. Heute erinnert diese aufwändige technische Vorrichtung mit eingebauten optischen und akustischen Kontrollen an die Methoden eines Überwachungsstaates, dessen nirgends mit Namen aufscheinende Macht jeder Öffnung einen Riegel vorschiebt.

Ein paar hundert Meter nach der Villengegend kommt jenes Terrain, das auch topografisch „Am Himmel" heißt. Früher stand hier das **Schloss Bellevue,** das der Burgtheaterdirektor *Adolf Freiherr von Braun* von seinem Vorgänger, dem Hofrat *Anton Binder von Kriegelstein,* erwarb. Am Himmel inszenierte er ein Stück Natur: Teiche wurden angelegt, Fasane gezüchtet, eine Einsiedelei wurde nachgebaut.

In der Zwischenkriegszeit baute die Gemeinde Wien das Schloss zu einem Erholungsheim für lungenkranke Kinder um. Offensichtlich glaubten damals die Behörden, dass gerade jene, deren Horizont mit dem Fabrikschlot endet, ein Recht auf einen Flecken Himmel hätten.

Nach dem Zweiten Weltkrieg wurde aus dem Erholungsheim ein Luxushotel, das nach einigen Jahren des gemeindeeigenen Schlemmerbetriebes Ende der Siebzigerjahre eine ordentliche Pleite heimfuhr. Inzwischen ist das Schloss abgerissen; auf der Wiese blinzeln ein paar Pensionisten von ihren Campingbetten aus in die Sonne und rätseln über Aufstieg und Fall der Wiener Sozialdemokratie.

Suchen Sie den links der Straße gelegenen Parkplatz. Von hier sind es nur einige Schritte in Richtung freier Flur. Ein paar Steinwürfe weiter kommen Sie zur **Geburtsstätte der Psychoanalyse.** Links funkelt der Cobenzl durch die Büsche, rechts reiht sich Weinstock an Weinstock, vorne der größte Teil der Stadt Wien. Ein paar Steinplatten führen zu einem schlichten Podest aus Marmor, der Blick senkt sich zu den eingravierten Buchstaben, die in englischer und deutscher Sprache verkünden: „Glaubst Du eigentlich, daß an dem Hause dereinst auf einer Marmortafel zu lesen sein wird: Hier enthüllte sich am 24. Juli 1895 dem Dr. Sigmund Freud das Geheimnis des Traumes." – Ach wie gut, dass es solche Marmortafeln gibt.

Dort, wo der Himmel am höchsten ist, erreicht ihn die **Papst Johannes-Paul-II.-Straße.** Abgeschieden und schon etwas entrückt führt sie an Schrebergärten vorbei und endet irgendwo in den Schlingen der Höhenstraße. Unter der Tafel mit dem Straßennamen weist eine zweite Tafel

auf den Heurigenort Grinzing hin, zu dem man über die Papst-Johannes-Paul-II.-Straße wieder zurückfahren kann. Und damit niemand auf blöde Gedanken kommt, steht auf einem Schild „Schutt- und Müllabladen verboten".

Hier scheint der Papst mit seinem Latein am Ende, und auch mit seinem Polnisch kann er nichts mehr ausrichten, denn unbenutzt und kaum befahren dämmert die Straße einer schäferlosen Zukunft entgegen. Nur in den Wiesenflächen längs der Straße haben ein paar Wanderer ihre Autos abgestellt.

Bloß das **Häuserl Am Himmel** wird bevölkert. Gegen die Regeln des Wienerischen deutet es nicht auf die Existenz einer im Himmel errichteten Bedürfnisanstalt hin, sondern auf eine ziemlich irdische Restauration.

Kulinarisches

●**Heuriger am Cobenzl,** Am Cobenzl 96, Tel. 3205833; 11.00–23.00 Uhr, Hühner, „Stelzen" (Eisbein) und Lamm vom Grill.
●**Martinkovits,** Bellevuestr. 4, Mo, Di geschlossen, sonst 17.00–24.00 Uhr, am Wochenende 11.00–24.00 Uhr, „Backhendl" um 8 €, mit Mehlspeisen zu empfehlen; herrliche Sicht auf die Wiener Niederungen.

Der Abstieg vom Himmel

Vom Himmel müssen Sie nicht wie nach dem Sündenfall sofort auf die Erde zurückkehren.

Entweder Sie folgen der Höhenstraße, um im **Schlossrestaurant Cobenzl** einzukehren (Möglichkeit zur Busfahrt retour).

Oder Sie marschieren in den Wald hinein, „Gspöttgraben" heißt die Gasse. Auf der linken Seite folgt ein Erziehungsheim der Caritas. Gehen Sie nicht den steilen Weg neben dem Wasser ins Tal hinunter, sondern folgen Sie dem Weg in den Wald hinein. Mitten im Wald steht eine längst verfallene kleine Kirche, an deren vergangene Pracht heute überhaupt nichts mehr erinnert: Sie heißt **Kaiserin-Elisabeth-Vermählungs-Kirche.** An der Kirche vorbei erreichen Sie den **Sieveringer Steinbruch,** Lieblingsplatz vieler Wiener Schüler für Lagerfeuerromantik und Grillfeste.

Nun folgt der saure Abstieg vom Himmel, der Fall aus dem Paradies, die Rückkehr zur Erde. Doch das Winzerdorf, das Sie letztendlich erreichen, heißt **Sievering** und hat viele Heurige. Wenn das kein Trost ist?

Kulinarisches

●**Zur Agnes**, Sieveringer Straße 221, Tel. 01420; 11.00–23.00 Uhr, Altwiener und Südtiroler Spezialitäten, recht preiswert.
●**Sieveringer Bad**, Sieveringer Straße 267, Tel. 441236; direkt am Ende der Tour, mit Restaurant, 10.00–22.00 Uhr.
●**Nikisch**, Sieveringer Straße 172, Tel. 4401365; seit Jahrhunderten ist die Familie Nikisch hier ansässig, Alt-Wiener Heuriger, probieren Sie einen „Gspritztn" und ein Schmalzbrot oder ein Brot mit Liptauer Käse.

Rund um Grinzing

Tour 10: Fremdes Wien

Restriktive Gesetze

Es hat wenig Sinn, Ihnen bestimmte Routen vorzustellen, nur damit Sie „Ausländer-Gucken" oder „Tschuschen-Schauen" können. (Die Ausländer aus Südosteuropa werden in Wien als Tschuschen bezeichnet.) Die ausländischen Bürger sind kein touristisches Ziel, um an ihnen weltweite Migrationsbewegungen oder die ungleiche Entwicklung in Süd und Nord zu studieren.

Deswegen soll die Route „Fremdes Wien" eher eine geistige Route, eine **Route durch das Bewusstsein** markieren.

Asylbewerber

Das Innenministerium berichtet in regelmäßigen Abständen, dass die **Zahl der Asylbewerber wieder gesunken** ist.

In den letzten Jahren ging die Anerkennungsquote von 21 auf unter 10 % zurück. Bei Flüchtlingen aus der Türkei beträgt sie gar 1,5 %, wo doch jeder weiß, wie nett die Türken ihre kurdischen Mitbürger behandeln.

In absoluten Zahlen: Von 6.719 jährlich gestellten Asylanträgen (die meisten von ihnen von Flüchtlingen aus Jugoslawien) wurden 639 Anträge positiv erledigt.

Es ist de facto unmöglich, an einer Außengrenze einen Asylantrag zu stellen, da die Asylbewerber wegen der **Drittlandklausel** ins jeweilige Einreiseland abgeschoben werden.

Wirtschaftsmigranten

Das seit 1993 geltende **Aufenthaltsgesetz** verhindert in der Praxis den Zuzug neuer Ausländer (Ende der 90er-Jahre: 0,6 Promille/Jahr), verunsichert aber auch die schon integrierten ausländischen Bürger. So ist deren Verbleib in Österreich an gewisse Kriterien gebunden (Wohnungsgröße, Unterhaltsnachweis etc.).

Wie das Gesetz exekutiert wird, hängt oft vom Wohlwollen der Beamten ab. Bei genauer **Auslegung** hätte es eine Massenausweisung ausländischer Bürger zur Folge.

Der Leiter der für Aufenthaltsgenehmigungen zuständigen Magistratsabteilung MA 62, der Sozialdemokrat *Werner Sokop,* fällt permanent durch rassistische Bescheide auf, in denen er mit „Überfremdung" argumentiert. Mit seinen in der Freizeit verfassten Gedichten würde er anstandslos den fiktiven Preis für Kulturrassismus erhalten. Beispiel: „Des Unglick, waun die Tochter a Mongerl (verächtlich für Asiaten) auf d' Welt bringt und der Arzt sagt: 'Ist eh pumperlgsund!'" Trotzdem wird er von der Integrationsstadträtin, der Sozialdemokratin *Renate Brauner,* vorbehaltlos gedeckt.

Manche Politiker umgehen durch Weisungen die menschenrechtsfeindlichen Auswirkungen des Gesetzes wie etwa der Salzburger Vizebürgermeister *Johann Padutsch:* „Die Beamten haben die Wahl, Weisungen von mir zu befolgen und so Mithilfe zum Amtsmissbrauch zu leisten oder gegen die Menschenrechte zu verstoßen."

Integration und Konflikte

Ungeachtet der restriktiven Gesetze und der gekonnt abgestimmten Ausländerhetze durch *Jörg Haider* und die Kronenzeitung, könnte den **Türken** die Integration recht gut gelingen, da die Händler-Mentalität in den kleinen Wiener Läden ihrer ursprünglichen Bazar-Mentalität ziemlich entgegenkommt. Dazu gehören auch die unvermeidlichen Tratschgespräche, die ihnen vertraut sind (kein größerer Geschäftsabschluss ohne lange Zeremonie mit Teetrinken).

Schon jetzt haben die Türken viele Geschäfte übernommen, die den Wienern offensichtlich zu anstrengend sind (Bäckereien und die unvermeidlichen Kebab-Buden). Auch die ersten türkischen Banken gibt es mittlerweile.

Nicht so günstig wird sich die Situation der **ehemaligen Jugoslawen** entwickeln, die größtenteils auf dem Bau, als Hilfsarbeiter oder bei Reinigungsdiensten arbeiten. Dazu kommt ihre Aufsplittung in verschiedene, teilweise verfeindete ethnische Gruppen.

Musikalischer Ausdruck des multikulturellen Wiens ist die **Tschuschenkapelle.** Bandleader *Slavko Ninic* kommt aus Kroatien, *Shkëlzen Dali* aus dem Kosovo, *Metin Meto* aus der Türkei, *Abdula ibn Quadr* hingegen aus Österreich. Gespielt werden auf Bouzuki, Geige, Perkussion und Gitarre Volkslieder aus den Herkunftsländern der Gruppenmitglieder – absichtlich und demonstrativ agiert die Gruppe

Fremdes Wien

als „Tschuschenkapelle", mittlerweile auch bei Auftritten in Kanada und in Armenien.

Konfliktstoff gibt es vor allem in den Bereichen Arbeit, Wohnen, Schule – und öffentliche Parks.

Es ist für Ausländer nahezu unmöglich, legal zu **arbeiten.** So nimmt es nicht Wunder, wenn etwa bei Razzien auf dem Bau viele illegal arbeitende Ausländer aufgegriffen werden, da diese dringend auf den ohnehin kargen Lohn angewiesen sind und ihre Arbeitgeber durch die Abgabenhinterziehung auch noch ein Geschäft machen können. Die legal wie illegal arbeitenden Ausländer wecken den Neid der Inländer, auch wenn sie Arbeiten verrichten, zu denen sich kein Österreicher durchringen könnte.

Ähnlich verhält es sich beim **Wohnen.** Auch wenn keine Gemeindewohnung an Ausländer vermietet wird, taucht immer wieder das von den Rechtspopulisten geschürte Gerücht auf: „Jetzt braucht man schon einen türkischen Pass, um eine Gemeindewohnung zu bekommen."

In **Schulen** in Bezirken mit besonders hohem Ausländeranteil gibt es Klassen, in denen die österreichischen Kinder in der Minderheit sind. Hier jedoch bemüht sich der Stadtschulrat, durch den Einsatz von Begleitlehrern den Unterricht auf möglichst hohem Niveau zu halten.

Die **Parkanlagen:** Mehrere Familien lagern um ein Feuer, die Kinder jagen einem Ball nach, ein paar Ältere holen Musikinstrumente – was man auch als Idylle sehen kann, ist für andere ein großes öffentliches Ärgernis; hier prallen die Kulturen am offensichtlichsten aufeinander.

Berühmt wurde der „Hammel", den, laut Kronenzeitung und *Jörg Haider,* die Tschuschen mitten im Hof am Spieß braten und der immer als Argument gegen die Kulturlosigkeit der Türken verwendet wird. Die engagierten Journalisten der Wochenzeitschrift „Profil" recherchierten jedoch durch Nachfragen bei der Polizei, dass in den letzten acht bis zehn Jahren kein einziger Hammelbraten aktenkundig geworden ist. Die Debatte um besagten Hammel kann also nur **parteipolitische Stimmungsmache** sein.

Jüdisches Wien

Dieses Wien **gibt es nicht mehr.** Zwischen 1939 und 1945 wurden ca. 70.000 jüdische Bürger deportiert.

Die Juden, vorzugsweise die ärmeren, aus Galizien zugewanderten, wohnten im **2. Bezirk** auf der so genannten „Mazzesinsel", also zwischen Donau und dem Donaukanal. So stand in der Tempelgasse 3 der Tempel, in der Zirkusgasse 22 der Türkische Tempel, in der Leopoldsgasse 29 die „Polnische Schul", in der Pazmanitengasse 6 der Kaisertempel (auch Pazmanitentempel genannt), in der Großen Schiffgasse 8 die „Schiffschul".

Was aus diesen Bauwerken geworden ist, können Sie anhand eines kleinen Rundganges überprüfen. Sie werden nichts finden.

Tour 11: Totes Wien – die Friedhöfe

Der Tod in Wien

Vor einem Spaziergang im größten Friedhof der Welt sollen einige Bemerkungen das **Verhältnis des Wieners zum Tod** verdeutlichen.

Am feierlichsten, am theatralischsten ging es zu, wenn Kaiser starben. Die **Bestattung von Kaisern** wurde regelrecht inszeniert, und bei der Anzahl von Schaulustigen gab es ein sehr irdisches Spektakel. Schließlich sieht man nicht alle Tage einen Kaiser sterben. Die besten Künstler der jeweiligen Zeit wurden für die Regie gewonnen: *Fischer von Erlach* etwa oder *Lukas von Hildebrandt*.

Wie bei jedem tollen Spektakel kann man den Regieanweisungen vieles entnehmen. Also rekonstruieren wir: 29. November 1780, **Kaiserin Maria Theresia** stirbt. Regieanweisung in Stichwörtern: vier Stufen zum schwarzen Baldachin, offener Sarg, Leiche balsamiert, brennende Wachslichter, sechs schwarze goldbestickte Polster, darauf Kronen und Herzogshüte; dreitägiges Vorbeidefilieren von Adel und Bürger (natürlich getrennt), dabei ständiges Messelesen an fünf Altären sowie Glockenläuten in allen Kirchen.

Sodann der sechsspännige Hofleichenwagen, davor Kavallerie, Adel und Kammerdiener; danach Leibgarde (Trompeten und Pauken) sowie weibliches Hofpersonal; seitlich 12 Edelknaben (Windlichter), Leiblakaien (unbedecktes Haupt), Leibwache.

Soweit also der Beginn der Zeremonie. Zu einer erfolgreichen Inszenierung gehört aber auch eine detaillier-

Friedhöfe

te Planung – bei so lebenswichtigen Dingen wie dem Sterben kann man schließlich nichts dem Zufall überlassen. *Maria Theresia* ließ 20 Jahre vor ihrem endgültigen Tod den berühmten Doppelsarkophag für sich und ihren Gemahl anfertigen; die Sandalen waren schon 15 Jahre, die Holzbahre 14 Jahre und die Totenkleider 10 Jahre vor ihrer endgültigen Verwendung fertig.

Ein zweites Beispiel für die barocke Inszenierung des Todes ist die Aufbahrung von **Kaiser Leopold I.** im Jahre 1705. Auch hierzu die Regieanweisung, diesmal in aller Kürze: Baldachin etc. wie gehabt. Eine Kampfszene über dem Himmel stellt das Ringen der Personifikation des „Österreichischen Glücks" und der „Beständigen Herrschaft" mit dem Tod dar. Das „L" (Initiale von *Leopold*) wird dabei arg zerzaust, es zerbricht sogar, übrig bleibt das „I", der Anfangsbuchstabe des nächstfolgenden Kaisers *Joseph*.

Soweit also die Aufbahrungen, und nun folgt bereits einer der Höhepunkte der jeweiligen Inszenierung: die **Aufteilung des leblosen Körpers** in Herz, Eingeweide und Restbestand. Das Herz kommt in einen silbernen Becher in die Lorettokapelle der Augustinerkirche, die Eingeweide in einen kupfernen Kessel in die Herzogsgruft des Domes und der Restbestand in die Kaisergruft in der Kapuzinerkirche.

Man muss sich nur eine Live-Übertragung dieses Spektakels vorstellen: Die Massen würden mit durchnässten Taschentüchern vor den Fernsehgeräten hocken.

Was heißt hier vorstellen: Dass die ewige Grablegung der letzten Kaiserin von Österreich, *Zita,* 1989 live übertragen wurde, ist die reinste Wahrheit – bei solchen Dingen soll man wirklich nicht mehr scherzen.

Gegen Schluss wird das Spektakel immer theatralischer: Schließlich nähern wir uns der **Kapuzinergruft,** in der die Habsburger bestattet sind. Der Theaterkundige sei auf die Pförtnerszene in *Shakespeares* Macbeth verwiesen, die hier ihre Parallelen findet: ein gewaltiges Tor, im Inneren der Oberhofmeister der Kapuziner. Von außen wird gepocht; von innen der Oberhofmeister im tiefsten Brummbass: „Wer ist da?" Von außen die Zitterstimme „Ihre Majestät die Kaiserin von Österreich" – Der Brummbass: „Kenne ich nicht"! Der Vorgang wiederholt sich einmal. Der Vorgang wiederholt sich ein zweites Mal, doch diesmal lautet die Antwort von außen: „Zita, eine arme Sünderin!" Der brummbässelnde Oberhofmeister öffnet die Pforte, der sündigen Zita wird der Weg zum Ort ihrer letzten Bestimmung freigegeben.

Ein paar Grüfte weiter haust in aller Ewigkeit der *Kaiser Karl VI.* Sein pompöser barocker Sarg ist dekoriert mit einem Totenkopf, der die römische Kaiserkrone trägt.

Auf den Kulturseiten der Tageszeitungen können sich die Rezensenten befehden über die zulässigen Interpretationen dieses gekrönten Todes. Die konservativen Kritiker berufen sich dabei auf das *Rex qui numquam moritur,* das von den mittelalterlichen Gelehrten als Unsterblichkeit des Hauptes sowie des Amtes statuiert wurde. Die fortschrittlichen Rezensenten gehen davon aus, dass der Totenkopf mit der Kaiserkrone nur einen Schluss zulässt: Das einzige gekrönte Haupt, dem unsere Verehrung zu gelten hat, ist Seine Majestät der Tod.

Anfahrt zum Zentralfriedhof

Nun wird es Zeit, dem Tod und seiner Kultstätte, dem Zentralfriedhof, einen Besuch abzustatten. Am besten wird es sein, wenn Sie vom Schwarzenbergplatz mit dem **71er** fahren.

Rechts sehen Sie am hinteren Ende des Schwarzenbergplatzes das **Russendenkmal.** Mit dem Tagesbefehl Nr. 334 vom 13. 4. 1945 erklärte Generalissimus *Stalin* die Befreiung von den deutsch-faschistischen Okkupanten für beendet, wie jeder des Russischen Mächtige auf dem Balken des Befreiungsdenkmals nachlesen kann. Unterschrieben ist dieser Befehl mit dem Namen *Stalins* und seiner Offiziere, u. a. auch eines Generalmajors der Artillerie, eines gewissen *Breschnjew.* Das Denkmal – eigentlicher Name „Befreiungsdenkmal" – wurde für die im Kampf um die Befreiung Wiens ca. 18.000 gefallenen russischen Soldaten errichtet.

Vor dem Denkmal ist ein Rundbecken mit dem **Hochstrahlbrunnen.** Dieser wurde eröffnet, als die erste Wiener Hochquellenwasserleitung ihren Betrieb aufnahm.

Der 71er fährt nach dem Schwarzenbergplatz durch den **Rennweg,** der auf der Höhe des Belvederes von verschiedenen Botschaften gesäumt wird. Im ehemaligen Palais Metternich (linker Hand) ist heute die italienische Botschaft.

Besagten Rennweg hat *Alfred Polgar* als ausgestreckten Darm Wiens bezeichnet – ergießen sich doch durch ihn alle Ausscheidungen der Stadt in Richtung Zentralfriedhof.

Hinter dem Gürtel passieren Sie das ehemalige Straßendorf **Simmering,** das Sie die Öde der proletarischen Wohnungen anno 1870 erahnen lässt. Der Kontrast zum Friedhof kann nicht größer sein, speziell zu jenem Teil, in dem Sie sich der Herrlichkeit so mancher ewiger Ruhestätten vergewissern können.

Jüdischer Friedhof

Steigen Sie beim **ersten Tor** aus und betreten Sie den alten jüdischen Teil. In der ersten Reihe der Ehrengräber liegen *Friedrich Torberg* und *Arthur Schnitzler.*

Der jüdische Teil des multikonfessionellen Friedhofes ist **von den Nazis** am 10. November 1938 durch Handgranaten **zerstört** worden. Nach dem Krieg wurde er absichtlich nicht mehr restauriert, schon allein aus Gründen der Pietät. Es ließ sich in vielen Fällen nicht mehr eruieren, welcher der herumliegenden Grabsteine zu welchem Grab gehörte.

Friedhöfe

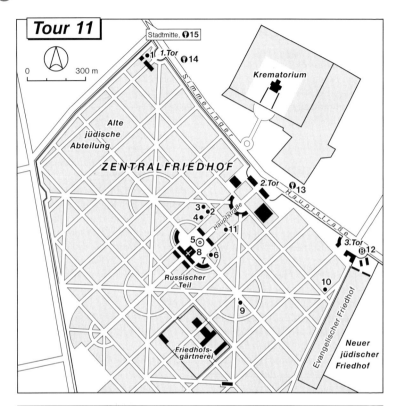

- • 1 Gräber Torberg und Schnitzler
- • 2 Grab Anzengruber
- • 3 Grab Bürgermeister Prix
- • 4 Grab Thonet
- • 5 Bundespräsidentengruft
- • 6 Grab Bruno Kreisky
- • 7 Romagräber
- ⚏ 8 Dr. Karl Lueger Gedächtniskirche
- • 9 Mahnmal für die Opfer des
       Faschismus
- • 10 Ehrengruft/Sozialdemokratie
- • 11 Musiker-Hain
- Ⓑ 12 Bushaltestelle 72 A
- ❶ 13 Koll
- ❶ 14 Concordia
- ❶ 15 Gasthaus Zur Straßenbahn

Seit kurzem versucht die Israelitische Kultusgemeinde, alle greifbaren Daten zu den damaligen Beständen über EDV zu erfassen und eine **Restaurierung** zu ermöglichen.

Schlendern Sie durch diese friedhöfliche Trümmerlandschaft, orientieren Sie sich an der rechten Mauer, und gehen Sie etwa in Sichtweite zu ihr in den hinteren Friedhofsteil. Bei der zufälligen Lektüre von **Grabinschriften** können Sie Beispiele der jüdischen Frömmigkeit entdecken, die sich stark von den stereotypen Wendungen auf den katholischen Gräbern abheben.

Viele der Juden waren Ärzte, auch Militärärzte. Sie sind, laut Grabstein, gefallen für den Kaiser und das Heimatland, die Monarchie.

Auf anderen Gräbern werden Sie hingegen lesen: „Geboren 1920 in Lemberg, verschollen 1944". Dieses „verschollen" wird nicht beim Namen genannt, als könnte man den Schrecken dadurch bannen.

Im Wiener Totenreich

Kehren Sie nach dem alten jüdischen Teil zum **Haupttor,** dem zweiten Tor, zurück. Die Portalanlage wurde 1905 nach Plänen von *Max Hegele* errichtet, das Hauptrelief stellt die Szene dar: „Christus erwartet die Lebensalter und die Geschlechter, die ihm nahen."

Die gesamte Anlage wurde bereits 1874 eröffnet. Zum 100. Geburtstag komponierte der Liedermacher *Wolfgang Ambros* die Hymne des Zentralfriedhofes: „Es lebe der Zentralfriedhof

und alle seine Toten. Der Eintritt ist für Lebende heut ausnahmslos verboten."

Für Sie soll er heute erlaubt sein. Wandern Sie auf der **Hauptstraße** in Richtung der großen Kuppelkirche. Auf der rechten Seite lesen Sie auf den Grabsteinen etwa, dass hier eine „Hausbesitzergattin" ruhe, es folgt ein „Bürger von Wien sowie Hausbesitzer", nun kommt eine „Hofratswitwe", gefolgt von einem „k.u.k. Beamten".

Jene breite Straße, auf der Sie gerade ergriffen schreiten, ist sozusagen die „Ringstraße" des Totenreiches. Die Grüfte, die hier errichtet wurden, haben dieselben Baustile wie die Palais entlang der Ringstraße: Sie sehen neugotische Grabmäler genauso wie solche in klassizistischen Formen. Die Grabsteine haben allerdings den großen Vorteil, dass alle Titel, Orden und Ehrungen in Gold graviert werden können; bei Palais würde das protzig wirken und viel zu sehr auftragen. Bewundern Sie mit gehörigem Respekt die k.u.k. Titelflut, die Ruhm und Ehre für die Nachwelt festhält.

Biegen Sie einige Meter hinter dem Grab des Volksdichters *Ludwig Anzengruber* nach rechts, dort gelangen Sie zur Gräberkette *Schrötter R.V. Kristelli, Uchatius, Richler und Hess.* Am Grab des stilgebenden Malers des Historismus, *Hans Makart,* vorbei, erreichen Sie die **Ruhmesstätte des Bürgermeisters Prix.** Unter einem Himmel erhebt sich ein Sarkophag, der Himmel wird natürlich von Engeln getragen, die Engel wiederum sind für die Beleuchtung zuständig. Die Ornamente des Todes, etwa trauernde langhaa-

Friedhöfe

rige Frauengestalten, der Sensenmann bei der Arbeit, die abgelaufene Sanduhr oder schlicht und einfach „Alpha und Omega", illustrieren die Liebe zur Theatralik.

Natürlich ist der Sarkophag „ein Schmäh", wie die Wiener sagen würden. Der Bürgermeister liegt nämlich unter der Erd begraben.

Beim Grab des Architekten *Theophilos Hansen* (Sie erinnern sich an sein Parlament) sollten Sie wieder auf der Hauptstraße sein. Ihm gegenüber liegt in einer klassizistischen Gruft die **Familie Thonet,** die es mit einer einfachen Erfindung, den Thonet-Stühlen, zu Reichtum und Ansehen gebracht hat.

Nach einigen Metern folgen auf der rechten Seite bekannte Politiker der Nachkriegszeit.

Wir wenden uns jedoch zur Mitte, zur **Bundespräsidentengruft.** Die Präsidenten der Zweiten Republik liegen samt ihren Gattinnen in der Gruft: *Karl Renner, Theodor Körner, Adolf Schärf* und *Franz Jonas.*

Nach links weitergehend, vergessen Sie nicht, die rote Nelke beim **Grab von Bruno Kreisky** niederzulegen.

Links von der Kirche treffen Sie innerhalb der Kolonnade auf verschiedene **Romagräber** bzw. Gräber von Clanführern („Baby Lia").

Die **Dr.-Karl-Lueger-Gedächtniskirche** ist von 1908 bis 1910 von *Max Hegele* erbaut worden. Sie dient gleichzeitig als Mausoleum für den Wiener Bürgermeister *Karl Lueger* (1897–1910). Die Kirche hat sezessionistische Anklänge, etwa die Uhr; statt Ziffern hat sie Buchstaben: „tempus fugit".

Die Kirche ist meist geschlossen. Mit den beim Verwaltungsgebäude gegen Ausweis ausgehändigten Schlüsseln können Sie aber die Pforten öffnen. Über dem Hochaltar erkennen Sie an der Chorwand vier Altarbilder. In der Mitte der müde Wanderer, der zu Gottes Thron heimkehrt. Links der Engel des Todes mit den Insignien Totenkopf und Sanduhr. Rechts Bürgermeister *Lueger* mit einem Mädchen, der kleinen Vindobona, die Christus das Modell der Kirche entgegenstreckt. Und darüber das halbkreisförmige Jüngste Gericht. Links kniend erkennen Sie wieder Bürgermeister *Lueger,* vor ihm steht sein Nachfolger Bürgermeister *Neumayer.* Das riesige Bild ist nichts anderes als eine Verherrlichung *Luegers,* der in seinem eigenen Mausoleum in den Himmel gehoben wird.

Nun können Sie entweder umkehren und durch die Ehrengräber schlendern oder noch ein wenig ins Herz des Friedhofes vorstoßen.

Gleich hinter der Kirche befindet sich der **russische Teil,** in dem sowohl bei der Befreiung Wiens gefallene Soldaten als auch Angehörige der russischen Besatzungsmacht bestattet sind.

Biegen Sie scharf nach links ab und gehen Sie bis zu einem größeren Platz; so stehen Sie vor dem Mahnmal für die Opfer des Faschismus sowie dem Mahnmal für die Opfer des 15. Juli 1927 (Bei einer Arbeiterdemonstration, bei der auch der Justizpalast in Flammen stand, erschoss die berittene Polizei etwa 70 Arbeiter).

Gehen Sie schräg nach links vorne. Wieder bei einem größeren Platz er-

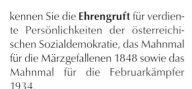
kennen Sie die **Ehrengruft** für verdiente Persönlichkeiten der österreichischen Sozialdemokratie, das Mahnmal für die Märzgefallenen 1848 sowie das Mahnmal für die Februarkämpfer 1934.

Schlendern Sie langsam zurück durch die Reihe der Ehrengräber – alles, was in Wien dereinst Rang und Namen hatte, harrt hier unter Steinen des Jüngsten Gerichtes. Zu den Gestaltern der Steine zählen übrigens auch *Hrdlicka* und *Wotruba.*

Hinter der Wittgenstein-Gruft biegen Sie nach links ab, und Sie befinden sich im **Musiker-Hain.** Das Grab von *Beethoven,* auch das von *Schubert,* ist stets mit frischen Blumen geschmückt, die von musikbegeisterten Besuchern hier deponiert werden. Was tut's zur Sache, dass die großen Meister hier gar nicht liegen, die Grabsteine sind eigentlich nur Denkmäler.

Kulinarisches

● **Concordia,** Simmeringer Hauptstraße 283, gegenüber dem 1. Eingang, Tel. 7698888. Absoluter Pflichtbesuch für jeden Friedhofsgast, erkennbar an der fünf Meter hohen Christusstatue im Hof. Hier bekommen Sie die größten Schnitzel zwischen Simmering und Nebraska. Das schlossartige Gebäude diente einst als Turmkontor des Hofsteinmetzunternehmers.
● **Koll,** Simmeringer Hauptstraße 289, Tel. 7697120, 9.00–22.00 Uhr. Hat sich wie viele Wirte längs des Zentralfriedhofes angesiedelt, Saal für 150 Personen.
● **Zur Straßenbahn,** Simmeringer Hauptstraße 19, 8.30–22.00 Uhr. Wird von den Straßenbahnern des nahen Depots bevölkert, gute Weine und Hausmannskost, Hauptspeisen unter 6 €.

Das Krematorium

Sollten Sie bei den Ehrengräbern auf den Geschmack gekommen sein, dann wechseln Sie nach dem Verlassen des Friedhofes die Straßenseite. Unter der Nummer Simmeringer Hauptstraße 337 firmiert das Krematorium. Als die Feuerhalle 1922 vom Architekten *Clemens Holzmeister* errichtet wurde, gab es einen der größten **Politik-Skandale** der Ersten Republik: Der Bürgermeister der Stadt Wien *Jakob Reumann* erlaubte die Öffnung des Krematoriums und widersetzte sich damit einem Erlass des zuständigen Ministers, der keine Feuerbestattung zulassen wollte.

Der Bau selbst gehört durch seine **festungsartige,** fast orientalisch anmutende **Bauweise** zu den eigenartigsten Schöpfungen der Wiener Architektur der Zwanzigerjahre. Im Vorhof des Krematoriums wurde ein Gedenkstein errichtet, der den Vorkämpfern der Feuerbestattung gewidmet ist, unter ihnen natürlich auch der ehemalige Bürgermeister *Jakob Reumann.*

Der Selbstmörder-friedhof

In Wien gibt es den einzigen Selbstmörderfriedhof der Welt, den **Friedhof der Namenlosen.**

Sie erreichen diesen heute schon stillgelegten Friedhof von der Station Grillgasse der „Bimlinien" 71 und 72, von da weiter mit dem Bus 6 A. Oder

Friedhöfe

Sie fahren mit der U3 bis Schlacht-hausgasse und weiter mit dem Bus 80 B. Sie steigen aus beim **Alberner Hafen.** Von weitem schon erkennen Sie den Hafen an den großen Getrei-despeichern. Rechts neben dem rech-ten Speicher führt ein Weg in die Do-nauauen, auf der rechten Seite des Weges befindet sich ein Übungsgelän-de für Motorräder. Auf der rechten Bö-schung erkennen Sie nach 200 Metern eine kleine Gedenkstätte: Sie sind am Ziel.

Gehen Sie durch die Reihen der eher armseligen Grabstätten. Hier wurden bei Arbeiten am Donaudamm abgestürzte Bauarbeiter ebenso be-stattet wie namenlose Selbstmörder, die durch Strudel im **Wasser der Do-nau** eben an dieser Stelle an Land ge-schwemmt wurden. Kurzerhand hat man die Schwemmstelle gleich als Friedhof angelegt, in dem 104 Do-nauopfer bestattet wurden.

Herr *Fuchs,* der die Gräber betreute, wusste wahre **Schauergeschichten** zu erzählen, und er schwor bei Gott, dass sie alle stimmen. So etwa von einer Wasserleiche, die er aus der Donau gefischt habe. Er ließ den Arzt kom-men, dieser beugte sich über die Was-serleiche – und kippte um. Die Leiche war sein Sohn. Nunmehr weist eine Gedenktafel an der Friedhofskapelle auf die Verdienste des inzwischen ver-storbenen Herrn *Fuchs* hin. Sein letzter Wunsch war, im Friedhof der Namen-losen beigesetzt zu werden.

Kulinarisches

●**Friedhof der Namenlosen,** Gasthaus mit Extrazimmer (kein Witz! Sollten Sie unbe-dingt besuchen), Albern 54, Do Ruhetag, sonst 8.30–22.00 Uhr, gute Hausmannskost, Hauptspeise unter 6 **€**.

Einzelbauten   Das Looshaus

Sie finden es ganz leicht: Vom Ring aus kommen Sie nach dem Durchqueren der Hofburg auf den **Michaelerplatz.** Vor Ihnen steht ein Haus, das seine Geheimnisse versteckt: das Loos-Haus.

Im März des Jahres 1909 begann **Adolf Loos** am Michaelerplatz zu bauen. Ein Standort mit vielerlei historischen Bezügen: Sie reichen von der Hofburg über die Michaelerkirche bis zum Palais Herberstein. Und gerade hier, inmitten dieses repräsentativen Ensembles, wollte die **Schneiderfirma Goldmann & Salatsch** ein neues Geschäftshaus errichten.

Was diesem Wunsch entsprungen ist, hat längst Einzug in die Architekturgeschichte gefunden: das erste Haus in Wien mit **glatter Fassade,** das erste Haus ohne Ornamente, das erste Haus ohne Stuckatur, mit einem Wort: ein Skandal!

Prompt ließ das Stadtbauamt Ende September 1910 den Bau einstellen. In der Gemeinderatssitzung fielen harte Worte: „Scheusal von einem Wohnhaus!", bekundete der christlich-soziale Gemeinderat *Rykl,* seines Zeichens Bildhauer und Kunststeinerzeuger.

Dem Stadtbauamt blieb gar nichts anderes übrig, als die **Einstellung des Baus** zu verfügen. *Adolf Loos* hatte nämlich Pläne eingereicht, die mit dem tatsächlich erfolgten Bau nicht übereinstimmten. Dabei dürfte es sich um eine taktische Maßnahme des Architekten gehandelt haben: Mit der Einreichung seiner wahren Absichten

082wi Foto: ml

wären die Baupläne sofort im nächsten Papierkorb gelandet.

Während des Baustopps reichte *Loos* andauernd neue Varianten der Baupläne nach, bis er schließlich –

wohl oder übel geduldet von den entnervten Beamten – das Projekt in der ursprünglich geplanten Form vollendete.

Seit dem Streit um die Einstellung des Baus war die **Öffentlichkeit** mit einem Male **mobilisiert.** Vor der glatten Fassade standen aufgebrachte Bürger auf der Straße und debattierten. Der deklarierte Loos-Freund *Karl Kraus* höhnte in der Fackel: „Der Fremde ist entzückt, wie sie im Rudel dastehen

RAIFFEISENBANK

AUSSTELLUNG
ADOLF LOOS
ARCHITEKTUR
PREIS 1993

RAIFFEISENBANK WIEN
MICHAELERPLATZ 3

Einzelbauten

Raiffeisenbank Wien

und den Verkehr hindern. Er hat ihnen dort einen Gedanken hingebaut. Sie aber fühlen sich nur vor den architektonischen Stimmungen wohl."

Kraus sah Parallelen zwischen seiner Tätigkeit und der des Architekten: So wie er das Klischee in der Sprache attackiere, so kämpfe *Loos* gegen das Ornament am Bau.

In den damaligen Zeitungen tauchten folgende Bezeichnungen für das Loos-Haus auf: „Kornspeicher", „Mistkiste", „Kanalgitterhaus", „Kokskiste", „Heuschober", „keine Heimat, sondern heimatlose Kunst" usw., angeblich soll seine Majestät der Kaiser vom gegenüberliegenden Fenster seine absolute Missbilligung ausgedrückt haben, das Fenster blieb fortan hinter dicken Rollläden geschlossen ...

Das Geheimnis des Hauses bleibt die **innere Erschließung.** Loos entwickelte konsequent ein Gebäude aus seiner Funktion heraus. Bei einem Textilgeschäft, das innerhalb des Hauses auch Teile der Produktion beherbergt, bedeutet das: ein Nebeneinander von niedrigen und hohen Räumen (Dampfbügelei), keine durchgehenden Geschossflächen, Einsatz von Stahl als Baumaterial, variable Raumnutzungen etc. Das klingt für heutige Zeitgenossen erstaunlich modern, hat aber den großen Nachteil, dass die Loos-Einrichtungen an eine Textilfabrik gebunden sind. Bei einem durch den Verkauf erfolgten Wechsel der Funktion des Hauses erweisen sich viele der Einrichtungen als unbrauchbar.

Dieser höchst **komplexen Raumgestaltung** im Inneren des Gebäudes antwortet eine äußerst ruhige und harmonische Fassade. Etwas störend sind die Lettern des Bankinstitutes, das derzeit Eigentümer des Loos-Hauses ist; allerdings stand in historischen Zeiten an derselben Stelle „Goldman & Salatsch" zu lesen. Katastrophal sind die Blumenkästen vor den Fenstern. Vielleicht werden die neuen Eigentümer noch dazu übergehen, über den Fenstern ein paar Giebel einzusetzen ...

Der gebürtige Brünner **Adolf Loos** (1870–1933) studierte in Reichenberg, wo er auch das Maurerhandwerk erlernte, Dresden und in den USA. 1896 übersiedelte er nach Wien und eröffnete 1912 eine eigene Schule für Architektur. Von 1920 bis 1922 war er Chefarchitekt des Wiener Siedlungsamtes. Er lebte abwechselnd in Frankreich, der Tschechoslowakei und in Wien.

Außer dem Loos-Haus zählen zu seinen bekannten Werken die Villa Karma in Montreaux, die Kärntner-Bar in Wien, das Herrenmodegeschäft Knize in Wien, das Haus Tristan Tzara in Paris sowie das Haus Müller in Prag.

Das Hundertwasserhaus

Zu erreichen vom Schwedenplatz (U4, U1) mit dem N bis Hetzgasse, dann in Fahrtrichtung ein bisschen zu Fuß gehen.

Inzwischen ist das Hundertwasserhaus neben Schönbrunn und der Hofburg zum am meisten besuchten touristischen Objekt in Wien geworden. Doch gleichzeitig ist das Hundertwasserhaus ein **Wohnhaus,** in dem 52 Parteien wohnen. Die meisten fühlen sich wie die berühmten Affen im goldenen Käfig.

Das Hundertwasserhaus besticht durch **drei Merkmale:**

Erstens durch die **bunte Fassade.** Der Meister war Maler, er dachte und arbeitete daher nach optischen Kriterien. Doch wurden die Farben nicht wahllos eingesetzt, sondern gehor-

Das Hundertwasserhaus

Einzelbauten

085wi Foto: ml

chen einem Prinzip: pro Wohnung eine Farbe. Man kann daher die Positionierung der Wohnungen von außen gut erkennen. Betrachten Sie die Farbverteilung vom Innenhof aus. Sie werden bemerken, dass viele Maisonetten eingebaut sind, Wohneinheiten, die sich über zwei Stockwerke erstrecken.

Zweitens durch die These des Meisters: **Die gerade Linie ist gottlos.** Hundertwasser mied alles Lineare und Ebene. Selbst der Platz vor dem Haus ist schief gestaltet. Laut Hundertwasser kannte die ursprüngliche Schöp-

fung keine ebenen Flächen und exakten Winkel (was ist mit den Mineralien?), die erhielt sie erst durch die Tätigkeit des Menschen. Der Platz vor dem Haus soll dem Menschen bzw. seinen Füßen wieder die Möglichkeit geben, auf nicht ebenen Flächen lustzuwandeln.

Auch die Fliesenbänder, die das Haus wie einen Blumenstrauß „binden", sind nicht linear. Beachten Sie die Einzelstücke: Meist sind sie zerbrochen, die Bruchlinien wurden glaciert, um blutende Handrücken zu vermeiden. Die Handwerker wurden vom Meister motiviert, die Fliesen nach eigenem Gutdünken zu verlegen. Im Brunnen etwa hat der Handwerker aus Fliesenstücken die zwölf Tierkreiszei-

Erlebniseinkaufszentrum
von Hundertwasser

chen zusammengesetzt, „komponiert". Wie ein Maler sein Bild signiert, hat er seinen Namen in diesem Brunnen verewigt. Natürlich mit Fliesenteilen.

Das Haus ist ein Ziegelbau, absichtlich hat der Meister auf diese alte Baumethode zurückgegriffen. Auch die Ziegel wurden nicht linear gesetzt. Beachten Sie die Ziegelreihen unter dem Dachgesims oder die Balkongestaltung.

Drittens wird das Haus geprägt durch die **Dachgestaltung.** Das Dach ist bei näherem Hinsehen kein Dach, sondern eine Abfolge von Dachterrassen. Dieser Beitrag zur urbanen Lebensqualität ist keine Erfindung des Meisters. Das erste bekannte Beispiel sind die hängenden Gärten der Semiramis.

Zusätzlich zu diesen eher formalen Kriterien geizte der Meister nicht mit Ideen zur **Platzgestaltung.** So sehen Sie auf der zur Kegelgasse sich wendenden Front mehrere Kegel in verschiedenen Farben und Formen. Auf der Front zur Löwengasse sehen Sie – erraten: Löwen. Mitten am Platz steht eine der typischen roten Telefonzellen aus England. In der Kegelgasse sehen Sie eine graue Fläche mit vielen Stuckaturornamenten. Das sei ein Teil des alten Hauses, so der Meister, und den habe er integriert ins neue Haus. Denn die Geister des Altbaus sollen in den Neubau übersiedeln können, sonst würden sie heimatlos umherstreichen.

Kritiker haben dem Meister vorgeworfen, dass er über keinen reinen Stil verfüge, sondern in der Geschichte der Stile wahllos plündere; am meisten beim katalanischen Architekten *Antonio Gaudí* und seinen geglückten Beispielen der Gartengestaltung. Aber selbst ein Otto-Wagner-Geländer ist zu finden, ebenso barocke Putti und kitschige Engel. Des Meisters Stil war es eben, keinen Stil zu haben.

Fritz Stowasser vulgo **Friedensreich Hundertwasser,** geboren 1928, lebte in Neuseeland, in Venedig, im Waldviertel und in Wien. Er wurde durch Happenings sowie durch die Streitschrift „Los von Loos" bekannt; als Maler war er weltberühmt.

Er restaurierte und baute mit seiner Methode alles, was ihm in die Hände fiel: Kirchen und eine Müllverbrennungsanlage, Tankstellen und Wohnhäuser. Kritiker warfen ihm logischerweise „Behübschung" und Scharlatanerie vor. Hundertwasser starb am 19.2.2002 an Bord des Schiffes Queen Elisabeth II.

Die Zacherlfabrik

Zu erreichen mit dem 37er entweder ab Schottentor oder der U-Bahn-Station Nußdorfer Straße. Steigen Sie aus in der Barawitzkagasse, gehen Sie über die Brücke zurück und biegen Sie ein in die **Nußwaldgasse.**

Unter der Hausnummer 14 finden Sie einen der erstaunlichsten Bauten von Wien. Der Fabrikant *Zacherl* produzierte hier Insektenpulver, dessen Rohstoff er aus Persien holen ließ.

Einzelbauten

Deshalb ließ er von *Karl Mayreder* die **Fabrik in islamischen Bauformen** errichten (1888–1892).

Die Motive der Fliesen stammen von alten persischen Fayencen. Über dem Eingangsportal lesen Sie das ebenfalls aus Fliesen zusammengefügte „Zacherl".

Im vorderen Trakt sind die Büro- und Wohnräume untergebracht, im ersten Stock wohnte bis zu ihrem Tod eine Konkubine des alten Zacherl. Im Treppenhaus hängen wahllos alte Teppiche aus Persien, dazwischen stehen Ritterrüstungen. Jetzt fehlt nur noch, dass knarrend eine Tür geöffnet wird, und heraus tritt krächzend die Konkubine.

Die Produktionsstätten befanden sich in den hinteren Teilen der Anlage. Wahrlich kurios ist die Fabrik im engeren Sinn: Sie schaut aus wie ein islamischer Tempel mit Schornstein.

Die Zacherlfabrik ist **in Privatbesitz.** Wer sie von innen besichtigen will, muss sich direkt an die Bewohner wenden, vielleicht hat er Glück.

Schönbrunn

Erreichbar mit der U4 sowie den Straßenbahnen 10 und 58.

Die **Öffnungszeiten** sind von Juli bis September von 8.30 bis 17.30 Uhr; von April bis Juni und im Oktober von 8.30 bis 17.00 Uhr; von November bis März von 9.00 bis 16.00 Uhr. Infos im Internet unter: www.schoenbrunn.at.

Das **kaiserliche Sommerschloss** von *Maria Theresia* bis zu *Karl I.* ist ein Musterbeispiel an Entfaltung von barocker Pracht und Herrlichkeit und daher ein vorrangiges Touristenziel vieler Wien-Reisender.

Der erste Entwurf von **Johann Bernhard Fischer von Erlach** sah einen gewaltigen Schlosskomplex an Stelle der heutigen Gloriette vor, der das französische Gegenstück Versailles an Größe und Pracht bei weitem übertragt hätte.

Aus Kostengründen wurde nach dem zweiten, bescheideneren Entwurf von *Fischer von Erlach* 1696 mit dem Bau begonnen. Ab 1737 griff der Sohn und Mitarbeiter des Baumeisters, *Josef Emanuel Fischer von Erlach,* in die Bautätigkeit ein. Grundlegend wurde das Schloss 1744–49 von **Nicolaus Pacassi,** dem Lieblingsarchitekten von *Maria Theresia,* umgestaltet (neues Mezzaningeschoss, Balkone, Treppen, Mittelrisalit): Mit ihm setzte sich bereits das dem Barock folgende Rokoko durch.

Schloss Schönbrunn

Schönbrunn war die Sommerresidenz der kaiserlichen Familie. Insgesamt gab es 1441 Zimmer und Säle, von denen 390 die eigentlichen Wohn- und Repräsentationsräumlichkeiten waren. Fast 1000 Menschen bewohnten den weitläufigen Gebäudekomplex, der etwa viermal so groß ist wie der Vatikanstaat.

Zu besichtigen sind u. a. das Arbeitszimmer von *Franz Joseph,* sein Bett, in dem er am 21. November 1916 starb, sein Nachtkästchen, das Schlafzimmer

Wachposten am Schloss Schönbrunn

von *Franz Joseph* und *Elisabeth* und unzählige weitere Prunkräume.

Das riesengroße Areal des **Schlossparks** darf bis dato noch gebührenfrei betreten werden. Wer hingegen den Rasen betritt, wird von Ordnungshütern verfolgt. Auch Radler werden nicht geduldet.

Sie gehen entlang der wandartig beschnittenen Alleebäume und halten beim **Neptunbrunnen:** Thetis bittet Neptun um gute Fahrt für ihren Sohn Achilles nach Troja.

Über den kleinen Hügel hinauf erreichen Sie die **Gloriette,** ein weiteres Wahrzeichen von Schönbrunn. Die Gloriette ist ein frühklassizistischer Kolonnadenbau, der aus einer mittleren und zwei seitlich offenen Säulenhallen besteht. Breite Treppen mit riesigen Trophäengruppen führen zu den Säulenhallen hinauf. Die mittlere Halle war früher mit Glasfenstern versehen und diente für Hoffeste. Vor kurzem wurden die Fenster der unteren Räume wieder verglast und es wurde ein Kaffeehaus eingerichtet.

Innerhalb der Parkanlage gibt es die nachgebaute **Römische Ruine.** Hier können Sie sich von schaurigen Kliffen inspirieren lassen und wie weiland *Sissy I.* nach Versen à la *Heinrich Heine* sinnen.

Des Weiteren gibt es im Schlosspark den Schönbrunner **Tiergarten.** In den letzten Jahren haben seine Besucherzahlen sogar die des Schlosses Schönbrunn übertroffen. Unter dem neuen Direktor *Pechbaner* wurden viele Gehege erweitert. Manchmal wurden Standort und Perspektive getauscht:

Der Besucher steht im alten und denkmalgeschützten Gehege, das Tier agiert draußen „auf freier Wildbahn". Den Wärtern gelang es, ein Orang-Utan Paar zum Zeichnen zu motivieren. Einige Bilder der Orang-Utan Dame *Nonja* sind meist ausgestellt. Machen Sie sich fesch, vielleicht sind Sie der nächste Besucher, der von ihr porträtiert wird.

Baufällige Ruine

Für Biologen und Gärtner interessant ist das **Palmenhaus.** Dieses größte Glashaus Europas ist nach einer mustergültigen Restaurierung wieder zugänglich und zeigt den Besuchern eine imposante Sammlung exotischer Pflanzen. Zu empfehlen ist unbedingt der Besuch des 1999 eröffneten Labyrinths. Die Anlage ist eine Neukonstruktion eines **Barock-Labyrinths,** das in späteren Zeiten verfallen ist. Nehmen Sie Getränke mit, um im Fall einer Verirrung nicht zu verdursten.

Einzelbauten

Ausflüge

107wi Foto: ml

108wi Foto: bb

In die Umgebung mit dem Bus oder mit
der Bahn oder ...

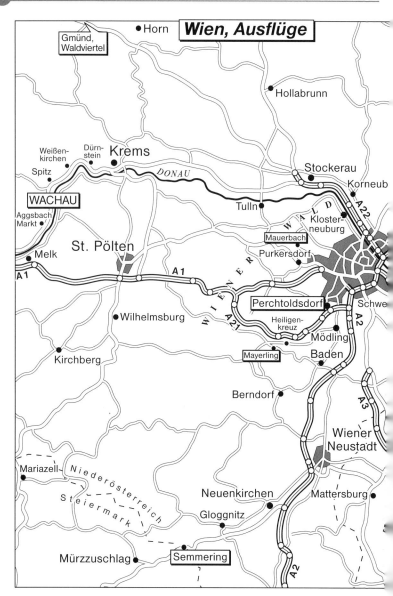

Saśtinske Stráźe

Mistelbach

Malacky

SLOWAKEI

MORAVA

MARCH

Stupava

ien

Pressburg

DONAU

A4

Österreich

Bruck
an der Leitha

Burgenland

Neusiedl
am See

enstadt

Podersdorf

Frauenkirchen

Neusiedler See

Mörbisch

Illmitz

Sopron

UNGARN

Kapuvár

Fertöszentmiklós

Bratislava (Pressburg)

Anreise

Mit dem **Zug** beispielsweise ab Wien-Süd um 8.15 Uhr; Rückfahrt ab Bratislava-Petrzalka um 20.28 Uhr. Die Fahrt dauert eine Stunde. Der Preis für die Hin- und Rückfahrt beträgt 16,10 €.

Schnellboote verkehren zwischen dem 1. Mai und dem 18. Oktober täglich. Der Start erfolgt am Wiener Handelskai um 9.00 Uhr, in den beiden Sommermonaten um 9.30 Uhr, die Rückfahrt ab Bratislava um 17.00 Uhr, die Ankunft in Wien um 18.45 Uhr. Eine Reservierung bei der „Blue Danube" wird empfohlen: Tel. 588800. Kosten für die Hin- und Rückfahrt 26,90 €, mit Stadtrundfahrt und Mittagessen 43,20 €.

Sollten Sie mit dem **Fahrrad** morgens starten und mit angemessener Wucht ins Pedal treten, können Sie nach etwas über 60 km in Bratislava den Vormittagskaffee trinken. Der Radweg führt entlang der Donau direkt in die Stadt hinein. Den Kaffee trinken Sie am besten im Kaffee Roland am Rathausplatz. Das Haus, in dem Sie dort sitzen, wurde im Jugendstil vom ungarischen Architekten *Körösy* 1906 als Bankhaus errichtet. Durch das Fenster hindurch sehen Sie den Rolandbrunnen, der dem Lokal den Namen gegeben hat.

Mit dem **PKW** fahren Sie über Südosttangente und A4 (Ostautobahn), dann ist Bratislava ausgeschildert. Wenn Sie mit alten VW-Modellen fahren, ist der Aufenthalt ihres Transport-

Ausflüge

gerätes unbedenklich. In Petrzalka gibt es sogar eine VW-Werkstatt. Bei schnittigeren Wagen sollten Sie auf der Hut sein: Die Auto-Mafia schlägt im Handumdrehen zu.

Mit dem **Bus** starten Sie vom Busbahnhof am Südtiroler Platz um 8.00 Uhr, Rückfahrten gibt es um 17.30 Uhr sowie um 20.30 Uhr. Für die einfache Strecke zahlen Sie 10,75 €.

Geschichte

Pressburg, slowakisch Bratislava, gehörte bis 1918 zu Ungarn und hieß Poszony. Von 1536 bis 1783 war Poszony ungarische Hauptstadt, am Krönungshügel neben der Donau wurde der ungarische König gekrönt (heute Namestie Stura). Von der ungarischen Tradition zeugen die barocken Adelspalais, die es in einer derartigen Konzentration weder in Budapest noch in einer anderen ungarischen Stadt gibt. Allein drei des Esterhazy-Clans, eines davon in der Laurinská, errichtet 1743 von *Johann Bernhard Fischer von Erlach;* ein Batthiany-Palais (von den Slowaken „Primitialpalais" genannt), ein Palffy-Palais und viele andere.

Die slowakischen Nationalisten haben es geschafft, den ungarischen Charakter der Stadt zu verdrängen. Im hitlergeschützten slowakischen Staat wurden dann von 1939 bis 1945 unter dem katholischen Prälaten *Dr. Tiso* die Juden deportiert, und später im realen Sozialismus wurde die übrig gebliebene jüdische Kultur vernichtet. So kommt es, dass die heutige Stadt Bratislava, obwohl inzwischen Hauptstadt eines selbstständigen Staates, viel von ihrem einstigen Glanz verloren hat.

Stadtbesichtigung

Bratislava ist seit der Trennung der Slowakei von Tschechien im Januar 1993 die jüngste Hauptstadt Europas. Etwa 450.000 Einwohner leben in der frisch gebackenen Kapitale.

Für den Besucher ist eigentlich nur die **Altstadt** von Interesse. Sie können sich an Ort und Stelle informieren: In der „Radnicna" gibt es eine Buchhandlung mit deutschsprachigem Material, mit Landkarten und mit Fotos.

„Back into Europe"

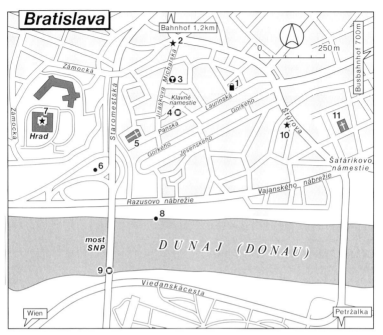

Bratislava

📖	1	Buchhandlung (mit deutschsprachigem Informationsmaterial)
★	2	Michaelsturm
🎧	3	Klaštorná Vinareň
○	4	Roland
⛪	5	Martinsdom
●	6	Fischplatz
★	7	Burg
●	8	Anlegestelle der Schnellboote aus Wien
○	9	Café Resselpark
★	10	Tulpe (Jugendstilbau)
⛪	11	Blaue Kirche

Auf den Fotos der Zwischenkriegszeit sehen Sie die damals übliche drei- oder sogar viersprachige Beschriftung der Geschäfte: Ungarisch, Deutsch, Hebräisch und Slowakisch. Nicht weit entfernt, an der Ecke „Laurinská" und „Rybarska brana", gibt es zudem ein Informationsbüro.

Zu Beginn lohnt sich der Aufstieg auf den **Michaelsturm;** von oben haben Sie einen herrlichen Ausblick über die gesamte Altstadt.

Die Altstadt wurde stark durch den Bau einer vierspurigen **Autostraße** verschandelt. Diese städtebauliche Katastrophe steht selbst im internationalen Vergleich einzigartig da: Keine andere europäische Stadt würde es wagen, einen halben Meter neben dem Dom, genau auf der Kante zwischen Altstadt und Burghügel, eine Schnellstraße zu bauen.

Vom Michaelsturm bummeln Sie durch die nun schon restaurierte „Michalská" (Michaelerstraße); über die „Laurinská" kommen Sie zum bereits erwähnten **Martinsdom.** Dort finden Sie in der rechten vorderen Seitennische das bekannteste Werk des österreichischen Bildhauers *Michael Donner:* den Heiligen Martin – übrigens in ungarischer Nationaltracht.

Vor dem Dom befinden sich unter der Autobahntrasse die Reste des ehemaligen *Rybne namestie,* des **Fischplatzes;** hier stand früher eine herrliche Synagoge, 1894 errichtet von *Dionys Milch.* Die kommunistischen Behörden ließen das Judenviertel rund um den Fischplatz sowie die zweite Synagoge, errichtet von *Ignaz Feigler* 1863 an den Hängen zum Burgberg, schleifen und die Autobahn errichten. Sie vollendeten so, was die Nationalsozialisten begonnen hatten.

Vom Dom aus erkennen Sie auch die *Most SNP,* die **Brücke des Slowakischen Nationalaufstandes.** Im südlichen Brückenpfeiler ist ein Kaffeehaus untergebracht. Es lohnt sich aber kaum, mit dem Lift hinaufzufahren; man findet selten Platz mit Blick auf die Altstadt, und der Kaffee allein ist die Mühe nicht wert.

Beim weiteren Bummel durch die Stadt werden Sie sicher die **Sturova** erreichen. Diese Straße und die davor liegende Brücke bildeten in der Mon-

archie die Einfahrt von der Haupt- und Residenzstadt Wien. Daher gibt es dort einige Gebäude im Stil des Historismus sowie zwei herrliche Jugendstilgebäude (eines davon heißt „Tulpe", errichtet 1903 von *J. Schiller),* die allerdings dem Verfall preisgegeben sind.

Nicht weit von der Sturova finden Sie ein seltsames Juwel ungarischer Baukunst: die **Blaue Kirche,** die *Modry Kostolek.* Sie wurde von dem ungarischen Meisterarchitekten *Ödön Lech-*

In Petrzalka

ner in der Bezrucova-Straße als St.-Elisabeth-Kirche errichtet. (Sie sehen auch einige „Sissys", also Bilder der *Kaiserin Elisabeth,* die von den Ungarn stark verehrt wurde.) Obwohl bei der Restaurierung stark verkitscht, ist sie ein gelungenes Beispiel für die magyarische Variante des Jugendstils. Die jungen Bratislaver heiraten gerne in dieser Kirche, deshalb gibt es an Sonn- und Feiertagen in halbstündigen Intervallen eine Hochzeit nach der anderen.

Sollten Sie ein impertinentes Verlangen nach einer der hässlichsten Satellitenstädte aus der Phase des Realen Sozialismus haben, dann überqueren Sie die Donau vom „Safarikovo namestie" aus und besuchen Sie **Petrzalka.** Die Routenwahl bleibt Ihnen überlassen, das Bild des Schreckens bleibt das gleiche.

Kulinarisches

Die Gastronomie Bratislavas hat sich in den letzten Jahren stark verbessert. Zudem gibt es rund um die Stadt viele Weingärten, so dass der Rotwein auch nicht zu verachten ist.
● **Klaštorná Vinareň,** in der Františka 2, im Keller des Gebäudes des Franziskanerordens.
● **Roland,** bestes Kaffeehaus der Stadt, mitten auf dem Rathausplatz in dem von *Körösy* 1906 errichteten Bankhaus.

Einkaufen

Auch am Abend haben einige Geschäfte noch geöffnet, etwa in der „Laurinská". Dort können Sie grusinischen (georgischen) Brandy kaufen. Noch ein Tipp: Slowakische Kronen dürfen nicht eingeführt werden, der **Geldwechsel** an der Grenze ist aber unproblematisch; an Werktagen kann natürlich auch in der Stadt selbst gewechselt werden.

Waldviertel/Gmünd

Anreise

Sollten Sie – vor allem in den heißen Sommermonaten – der Stadt überdrüssig sein und genau das Gegenteil suchen, dann fahren Sie in den Hauptort des nördlichen Waldviertels, nach Gmünd.

Mit dem **Zug** starten Sie am Franz-Josefs-Bahnhof (zu erreichen mit den Straßenbahnen D und 5) oder, wahrscheinlich für Sie günstiger, an der Station Heiligenstadt (erreichbar mit U4) oder an der Station Spittelau (erreichbar mit U6). Günstige Züge fahren um 7.05 Uhr und um 9.05 Uhr, Sie sind dann um 9.20 Uhr bzw. um 11.20 Uhr in Gmünd. Der Morgenzug ist zudem ein Fahrradtransportzug, in dem Sie auch Ihr Rad mitnehmen können, jedoch nur samstags und sonntags, und zwar von Mai bis Oktober.

Wollen Sie noch am selben Tag zurückfahren, so können Sie den Zug um 18.40 Uhr benutzen. Am Sonntag fährt außerdem ein Zug um 17.36 Uhr sowie in den Sommermonaten um 19.50 Uhr.

Sollten Sie tatsächlich ein absoluter Bahnliebhaber sein, dann lösen Sie das **Waldviertel-Ticket.** Zusätzlich zu den oben erwähnten Bahnfahrten erhalten Sie noch ein „Waldviertel-Menü" sowie diverse Führungen. Erkundigen Sie sich am Bahnhof Gmünd, Tel. 02852/52588382.

Mit dem **Auto** fahren Sie über die A22, die Donauuferautobahn. Neh-

Ausflüge

men Sie Kurs auf Horn, dann über Göpfritz und Vitis nach Gmünd.

Grenzstadt Gmünd

Gmünd ist eine kleine Grenzstadt, die Grenze wird vom Fluss Lainsitz gebildet. Wenn Sie einen Pass mithaben, können Sie entweder zu Fuß (die Entfernungen sind gering) oder mit dem Auto nach Tschechien wechseln; die Ortschaft über der Grenze heißt **Česke Velenice** (Tschechisch Wielands).

Wenn Sie mit dem Zug ankommen, wundern Sie sich nicht über den jämmerlichen **Bahnhof.** Der große alte Bahnhof mit der Zentralbetriebswerkstätte der Strecke Wien – Prag wurde durch die Grenzziehung 1918 von Gmünd abgetrennt und ist seither in der Tschechoslowakei bzw. in Tschechien. In Gmünd wurde nach 1918 der kleine neue Bahnhof errichtet.

Die Schmalspurbahn

Wenn Sie ein Bahnfanatiker sind, dann bleiben Sie am Bahnhof und wechseln nur die Spur. In einem Nebengebäude starteten früher die Bummelzüge der Schmalspurbahn (760 mm) von Gmünd nach Groß Gerungs. Die Österreichischen Bundesbahnen haben 2001 den Normalbetrieb auf dieser Strecke eingestellt. An Sonn- und Feiertagen fahren aber ab und zu Sonderzüge, die von einer Dampflokomotive geschleppt werden. Informationen erhalten Sie am Bahnhof Gmünd, Tel. 02852/52588382.

Die Dampfbummelzüge sind vor allem für Kinder und für fotografierfreudige Erwachsene eine Quelle ungetrübter Heiterkeit. Sollten Sie vom fahrenden Zug aus einen Pilz (ein „Schwammerl") entdecken, so hüpfen Sie ruhig heraus und pflücken Sie das Schwammerl. Mit einem lockeren Sprint holen Sie den Zug wieder ein.

Zu Fuß ins Land der großen Steine

Die andere Variante eignet sich für Grenzgänger, Ökologen und Obelix-fans. Sie können sich doch an Obelix erinnern? Der trug doch immer so große Steine mit sich herum. Genau diese Steine werden Sie hier finden: auf der **Blockheide.**

091wi Foto: bb

Sie können der rot-weiß-roten Markierung 630 folgen, aber natürlich auch eigener Wege gehen. Als günstigen **Ausgangspunkt** für Ihren Spaziergang wählen Sie Grillenstein, einen Ortsteil von Gmünd, der vom Zentrum ca. 10 Minuten Gehzeit entfernt ist. Die Beschilderung ist vorbildlich.

Die Blockheide besteht aus einem 140 Hektar großen Gebiet, das landwirtschaftlich kaum genutzt wird. Markant sind die großen **Granitblöcke,** die wie Ungetüme einer längst vergangenen Zeit wuchtig in den Himmel ragen. Die einheimische Bevölkerung verband mit ihnen mythologische Bedeutungen, die sich in den eigenartigen Namen der Steine erhalten haben. Da gibt es den Pilzstein, aber auch das Teufelsbett, den Teufelsbrotlaib sowie die Kobold- und die Grillensteine.

Ihr Weg sollte Sie auf jeden Fall beim **Wackelstein** vorbeiführen. Tippen Sie ihn mit dem Zeigefinger kurz an. Sollte er sich dabei bewegen, dann können Sie ihn mit nach Hause nehmen. Schicken Sie aber vorher ein Stoßgebet zu Obelix.

Ausflüge

092wi Foto: bb

Neben diesen Wackelsteinen ist die **Landschaft** geprägt von Birken, Rotföhren und Heidekraut, entspricht also der Flora von Mittelschweden oder von Karelien.

Dampflokomotive der Schmalspurbahn

Nach verschiedenen Rund- und Quergängen sollten Sie den **Aussichtsturm** aufsuchen. Von seiner Plattform aus haben Sie einen herrlichen Rundblick über das Gmünder Becken und das südliche Böhmen.

Zudem befindet sich am Fuße des Turmes eine **Jausenstation** (Imbissbude) und ein **Informationszentrum**.

Haben Sie Interesse an den Blöcken gefunden, dann können Sie auf dem Rückweg auch den **Granitbearbeitungslehrpfad** sowie ein **geologisches Freilichtmuseum** aufsuchen.

Reiseinformation

- **Bahnhof Gmünd,** Tel. 02852/52588382.
- **Waldviertler Schmalspurverein,** Postfach 24, 3950 Gmünd, Tel. 02852/54386.
- **Gemeindeamt Gmünd,** Schremser Str. 6, Tel. 02852/2506, Informationen über die Blockheide.

Museum

- **Stadtmuseum Gmünd,** Tel. 02852/250618, speziell über die Geschichte der Steinbearbeitung sowie über die Glaserzeugung in den Hütten rund um Gmünd.

Semmering

Die Semmeringbahn

Sollten Sie Bahnliebhaber sein, dann ist eine Fahrt auf der alten Semmeringtrasse für Sie sozusagen unerlässlich. Lösen Sie ihr Ticket entweder am Südbahnhof oder am Bahnhof Meidling, eineinhalb Stunden später sind Sie an der Station Semmering.

Leitender Architekt beim **Bau der Semmeringbahn** war ein gewisser *Karl Ritter von Ghega,* der wie fast alle bekannten Österreicher aus dem Ausland stammte, nämlich aus Venedig, und eigentlich *Carlo di Ghega* hieß. Die Semmeringbahn hat Geschichte gemacht: Im Projektstadium wurde sie als undurchführbar bezeichnet und bekämpft; nach der Fertigstellung

Bänke und Tische sind aus massiver Eiche, etwas anderes würde in diese Landschaft auch nicht passen.

Südlich des Turmes folgt ein romantischer **Teich** mit einer Insel als Brutstätte für Wasservögel. Zudem soll dieser Teich an die besondere Bedeutung der Karpfenzucht für das nördliche Waldviertel erinnern.

Ausflüge

1854 wurde sie als größter Triumph europäischer Eisenbahnbaukunst gefeiert.

Ghega ließ über über 2 Millionen Kubikmeter Erdreich bewegen und 1,5 Millionen Kubikmeter Fels sprengen. Er verband neueste technische Erkenntnisse aus Amerika mit altrömischer, venezianischer Brückenbautradition. 31 getrennte Bauwerke, Tunnel, Galerien, Viadukte verbinden Wien mit dem kleinen Ort auf dem Bergpass. Am rechten Ende des Bahnhofes sehen Sie dort das Denkmal des großen Venezianers.

Noch zu Beginn der sechsjährigen Bauzeit gab es keine Lokomotive, die den Semmering auch bewältigen konnte. So wurde ein Preis ausgeschrieben, der nach **Wettfahrten** auf den Semmering vergeben wurde. Vier Lokomotiven nahmen daran teil: Die „Bavaria" aus der Werkstatt Maffei in München, die „Wiener Neustadt" aus der Fabrik Günther in Wiener Neustadt, die „Seraing" aus Belgien und die „Vindobona" der Wien-Gloggnitzer Eisenbahngesellschaft aus Wien.

> „Diese Eisenbahn überbietet alles, was uns je zu Gesicht bekommen: neben schwindelndem Abgrund ist sie in die Felswand gehauen und läuft in gerader Linie nach der Höhe des Semmeringpasses zu. Wie sie mitten in diese gebirgige Wildnis kommt, ist uns unerklärlich. Wir sehen nur die Linie aus der Mündung eines dunklen Schachts im Felsen entspringen ..." (Illustrierte Zeitung, vom 19. Oktober 1850).

Nach mehreren Wettfahrten entschied die Kommission: Sieger ist die „Bavaria", gefolgt von „Wiener Neustadt" und „Seraing".

Zum Einsatz kam mal wieder nicht die erstplatzierte „Bavaria", sondern die abgeschlagene, aber heimische „Wiener Neustadt".

Besuch in Semmering

An der Villa Stephanie vorbei schwingen Sie sich in den Ort Semmering hinauf.

Der Semmering gibt sich heutzutage etwas entzaubert und entflairt. Aber die Kulissen stehen noch, hinter denen sich die **Belle Époque** versammelte.

Erst sollten Sie jedoch rechts gehen, um zur Passstraße zu gelangen.

Über diesen **Straßenpass** führte die Verbindung von Wien nach Triest, die wichtigste Handelsstraße der Monarchie. 1728 ließ *Karl VI.* einen Saumpfad über den Semmering errichten. Ein herrliches Denkmal kündet gleich neben der Straße in pathetischen Worten von dieser Pioniertat, „damit der Wanderer über die behobene Elendigkeit des früheren Weges einen anhaltenden Freudenruf ausstößt, der Ruhm des gnädigen Erbauers um so weiter widerhalle."

Rufen Sie ruhig – oder auch laut – „Es lebe *Karl VI.!*" Ihr Freudenruf wird ohnedies im fürchterlichen Verkehrslärm untergehen.

Doch der **skurrilen Denkmäler** nicht genug: Unter den Schwingen eines Adlers sehen Sie einen monumentalen Stein für den Feldpilot Oberleutnant *Eduard Nittner:* „Dem ersten kühnen Überflieger des Semmerings 3/3 1912". Wer ist gemeint: der Oberleutnant oder der Adler?

Der Panhans

Schlendern Sie durch die Ortschaft Semmering und nähern Sie sich jenen Kulissen der Belle Époque. Eine Kulisse heißt Panhans, die unter der Regie des Baubüros Kallinger ihr heutiges Auskommen als Hotel findet. Ursprünglich errichtet von den Theaterarchitekten *Fellner* und *Helmer,* wurde es 1888 von *Vinzenz Panhans* mit 44 Zimmern eröffnet. 1911–12 folgte der Ausbau zum **mondänen Grandhotel,** es zählte „zu den größten und vornehmsten Häusern Mitteleuropas".

Aus dem persönlichen Kochbuch der Frau *Maria Panhans:* Frösche gebacken (wir überspringen die Einzelheiten), Schildkröte (wir überspringen), Froschkoteletts (wir überspringen). In den Besucherlisten gekrönte Häupter wie *Kaiser Franz-Joseph* sowie *Kaiser Karl* und ungekrönte Geister wie *Peter Altenberg, Oskar Kokoschka, Adolf Loos.*

Nach dem Zweiten Weltkrieg begann der Abstieg des Panhans, die Russen besetzten das Hotel, die Juden als zahlende Kundschaft blieben aus, weil es keine mehr gab. 1982 übernahm die Baufirma Kallinger das Hotel.

Riskieren Sie ruhig einen kleinen Spaziergang innerhalb des Hotels, bei der Menge von Besuchern fallen Sie ohnehin nicht ins Gewicht.

Die Pension Park Villa

Eine andere Kulisse ist eng mit dem ehemaligen Wiener Volksschauspieler *Maxi Böhm* verbunden. Der Architekt *Franz Ritter von Neumann* entwickelte hier mit den vorkragenden Dächern, Erkern und Balkonen den **Semmeringer Heimatstil.** Da wimmelt es von Giebelchen und Erkerchen und Fensterchen mit eingeschnitztem Herzchen in der Mitte des Fensterladens. Sorgfältiger und umsichtiger kann Kitsch nicht inszeniert werden.

In einer dieser Kulissen verbrachte ein junger Wiener Neurologe seine Sommerfrische. Die Herbergsmutter

Die Pension Park Villa

Ausflüge

erzählte ihm von ihrer Tochter, die durch ihr merkwürdiges Benehmen auffiel. Die Tochter erweckte das Interesse des Neurologen und wurde sein erster klinischer Fall. Der Doktor hatte in der Wiener Berggasse seine Ordination und hieß *Sigmund Freud.*

Das Südbahnhotel

Die nächste Kulisse heißt Südbahnhotel. Die Südbahngesellschaft hatte in der Monarchie zwei **mondäne Hotelanlagen** errichtet, eine in Pula an der Adriaküste, die andere auf dem Semmering.

Das Südbahnhotel

Als die Kulissen noch zugänglich waren, hat *Karl Kraus* die Terrasse im Südbahnhotel in die „Letzten Tage der Menschheit" platziert. Regieanweisung: „Terrasse des Südbahnhotels. Alpenglühen. Jung und Alt, Groß und Klein ist versammelt. Man bemerkt Hyänen und Schakale." – Groß schaut ins **Alpenglühen,** als der Sieg von Durazzo gemeldet wird. „Wahrscheinlich ist der Himmel illuminiert wegen Durazzo."

Blicken auch Sie über das Südbahnhotel in die **Felsenlandschaft.** Sie erkennen bizarre Felsen, zerrissene Klüfte, umwölkte Gipfel. Ist das die nackte Wirklichkeit oder am Ende die Bühnenarchitektur für *Ferdinand Raimunds* „Alpenkönig und Menschenfeind"?

Der neue Semmering

Zum Thema nackte Wirklichkeit: Im September 1993 gab der damalige Verkehrsminister *Klima* „Grünes Licht" für die **weiteren Planungen** des neuen Semmeringtunnels. Der neue Tunnel soll über 24 Kilometer lang sein, Gloggnitz mit Mürzzuschlag direkt verbinden und die Strecke von Wien nach Graz um 17 Kilometer verkürzen.

Bis heute sind die Vorarbeiten immer noch nicht abgeschlossen, da die neuen, noch dazu sich andauernd abwechselnden Verkehrsminister der Freiheitlichen Partei das Projekt nicht besonders forcieren.

Sicher ist nur, dass die alte Strecke, die Ghega-Strecke, für den Lokalverkehr und für Nostalgiefahrten erhalten bleiben wird.

Unterkunft

●**Hotel Panhans,** Hochstr. 32, Tel. 02664/8181, der Unterschied zum Alltäglichen, ein Wochenende im 5-Sterne-Hotel mit Stil, Tradition und hohem Preis.
●**Hotel-Pension Belvedere,** Hochstr. 60, Tel. 02664/2270, etwas billiger als der Panhans, mit Hallenbad, Sauna und Solarium.
●**ITM-Hotel,** Semmering 32-C, Tel. 02664/8193, spezielle Arrangements für Gruppen und Firmen.

Information

●**Kurverwaltung,** A-2680 Semmering, Tel. 02664/2326-80, Auskünfte aller Art.
●**NÖ-Alpin,** Passhöhe, Tel. 02664/26410, wichtige Ratschläge für Bergsteiger und winters für Skifahrer.

Semmeringer Heimatstil

Der Neusiedler See

Für Biologen, Ökologen und Melancholiker.

Mit dem Auto fahren Sie die ca. 40 km auf der A4, der Ostautobahn. Über Parndorf kommen Sie nach Neusiedl am See.

Mit der **Eisenbahn** fahren Sie vom Wiener Südbahnhof nach Neusiedl.

Am Bahnhof können Sie unter Umständen ein **Fahrrad** mieten. Jetzt gibt es nur noch eines: Ersuchen Sie die

Ausflüge

pannonischen Gottheiten um passablen Rückenwind.

Echte Fahrradfreunde sollten sich für das **Bahn-Rad-Ahoj-Ticket** interessieren. Es ist am Südbahnhof zu kaufen. Dort erhalten Sie auch weitere Informationen unter Tel. 580035685. Im Bahn-Rad-Ticket ist die Bahnfahrt, der Radtransport bzw. Radverleih, eine Radwanderkarte, die Fährenbenutzung sowie der Eintritt in zwei Seebäder inbegriffen.

Der einzige **Steppensee** Europas bedeckt eine Fläche von 320 km², ein Teil von ihm reicht weit nach Ungarn hinein, seine Tiefe beträgt jedoch nur 1 bis 2 Meter. Der breite Schilfgürtel konnte sich größtenteils halten, obwohl Planungsgesellschaften riesige Feriendörfer errichten wollten.

Das Ostufer geht über in die flache **Pusztalandschaft.** Sie finden hier pannonische Siedlungsstrukturen, mit Ziehbrunnen und Windrädern. Hier ist selbst der Lustigste schon melancholisch geworden.

Von Neusiedl aus können Sie entweder die **westliche Seite** des Sees wählen, sie ist eher touristisch erschlossen und besteht aus mehreren herausgeputzten Fremdenverkehrsgemeinden; in Mörbisch werden im Sommer stets Operetten aufgeführt.

Die **östliche Seite** hat kaum größere Siedlungen; zudem ist der pannonische Charakter viel besser zu spüren. Nahe der Ortschaft Podersdorf am See befindet sich eine Windmühle sowie ein Heimatmuseum. Das völlig im hintersten Seewinkel gelegene Illmitz ist mit 117 Metern die niedrigste Sied-

lung Österreichs. Gleich dahinter sind Sie in Ungarn.

Früher – ehe die Neue Donau in Wien angelegt wurde – haben die Wiener bei heißen Temperaturen den Neusiedler See gestürmt. Nun ist es etwas **ruhiger** geworden. Vor allem Biologen und Ökologen, aber auch Weinkenner haben jetzt ihr Herz für diese Landschaft entdeckt.

Die Wachau

Für den Genießer des so genannten unvergesslichen Augenblickes.

Mit dem Zug um 8.20 Uhr ab Wiener Franz-Josefs-Bahnhof. Der Zug – übrigens ein Fahrrad-Tramper – fährt durch die gesamte Wachau. Sie können also in Dürnstein, in Spitz oder in Aggsbach aussteigen.

Mit dem Auto können Sie beide Seiten des Donautales abfahren.

Zusätzlich gibt es die Möglichkeit, Bahn und **Schiff** zu kombinieren (aufwärts benutzen Sie die Bahn, abwärts das Schiff). Über die Umsteigvarianten und die Preise erkundigen Sie sich bei Blue Danube, Tel. 588800.

Die Wachau ist jenes romantische Donautal zwischen Krems und Melk, das durch den Wein sowie die Erwähnung in der **Nibelungensage** berühmt wurde.

In Dürnstein wurde in der jetzigen Ruine der englische *König Löwenherz (Lionheart)* gefangen genommen. Die Ruine stammt von einer **Kuenringerfestung** aus dem 12. Jh., der englische König soll von Januar bis März 1193 hier interniert gewesen sein. Der Sage nach wurde er in seinem Kerker vom Sänger *Blondel* wiedererkannt, nachdem dieser zufällig ein englisches Lied vor dem Kerkerfenster gesungen hatte. Nach der Zahlung des Lösegeldes konnte *Lionheart* wieder ziehen. Klettern Sie zur Ruine hinauf, Löcher gibt es genug, in denen der gute *Lionheart* gesteckt haben könnte.

In der sehr romantischen Stadt **Dürnstein** selbst werden Sie an der barocken Pfarrkirche nicht vorbeikommen, die Pläne stammen von *Jakob Prandtauer,* sie wurde von 1721 bis 1725 errichtet. Auch das Starhembergsche Schloss wird Ihre Schritte bremsen, ein Renaissancebau aus dem 17. Jahrhundert.

Weiterbewegen sollten Sie sich, wenn es um Ihr gastronomisches Wohl geht. Die kleinen einfacheren **Wirtshäuser** in den Weinfeldern außerhalb der Stadt sind erstens billiger, zweitens erhalten Sie dort auch einen Platz.

In **Weißenkirchen** bestimmt die hochgelegene Wehrkirche das Stadtbild. Sie wurde 1531 zur Abwehr der Türken befestigt. In der Stadt gibt es Renaissancehöfe mit Laubengängen und Freitreppen zur Genüge. Im Teisenhoferhof (1542) befindet sich zudem das Wachau-Museum.

Wenn Sie die zwei Orte gesehen haben, dann wissen Sie, warum in allen österreichischen Filmen von 1945 bis ca. 1965 die Wachau mitspielen musste.

„Mei Marianderl-anderl-anderl kommt aus dem Wachauerlanderl-landerl-lan-

derl": Durch dieses Lied wurde **Spitz** und das gleichnamige Gasthaus am Beginn des Ortes berühmt. Die Marktgemeinde Spitz umgibt der Tausendeimerberg, der normalerweise tausend Eimer Wein liefert (ein Eimer wiederum sind 56 Liter). Nach einem Spaziergang durch den Ort empfiehlt es sich, in eine der an der Strandseite gelegenen Restaurationen am Fuße des Berges einzukehren.

In **Melk** sind Sie am westlichen Ende der Wachau angekommen. Wenn Sie die groß angelegte barocke Benediktinerabtei gewürdigt haben, können Sie über die Donaubrücke fahren und am anderen Ufer die Heimfahrt antreten.

Kleinere Touren

Perchtoldsdorfer Heide

Für Kinder und solche, die es bis ins hohe Alter geblieben sind.

Mit dem PKW südlich von Wien nach Perchtoldsdorf, dann nach Gutdünken Richtung Westen in den Wienerwald.

Mit öffentlichen Verkehrsmitteln geht es mit der Schnellbahn nach Liesing. Von dort mit einem der Busse Richtung Kaltenleutgeben. Steigen Sie aus bei „Sonnbergstraße". Nun links über den Fluss Liesing und das Eisenbahngleis, dann nach Gutdünken den Berg hinauf.

Die Perchtoldsdorfer Heide ist ehemaliges Weideland, die Bezeichnung **Heide** ist zutreffend. Auf ihr wachsen

Ausflüge

114vr Foto: bb

eine Fülle seltener Pflanzen. Die meisten stammen aus den Steppengebieten Osteuropas und lieben das trocken-warme Klima. Die Perchtoldsdorfer Heide ist eines der wenigen Gebiete Österreichs, wo Steppenpflanzen in freier Natur erlebt werden können. Empfehlenswert ist daher ein Besuch im Mai oder Juni.

Attraktion der Heide und erklärter Liebling aller Besucher, vor allem der Kinder, sind die **Ziesel.** Diese kleinen Nagetiere wohnen in verwinkelten Erdhöhlen und nähern sich zutraulich den Menschen, zumal sie von ihnen Nüsse erwarten können. Oft werden sie jedoch mit allem möglichen Proviant gefüttert; manche Tierschützer fürchten bereits, dass die Ziesel für Schnitten eine Sucht entwickeln könnten.

Gehen Sie auf einem der zahlreichen Wanderwege auf den **Hügeln des Wienerwaldes.** Am Abend können Sie von oben beobachten, wie die Stadt vom „Stadium Tag" schön langsam in das „Stadium Nacht" wechselt. Bei besonders klarem Herbstwetter kann man durch die Hainburger Pforte hindurch die Ausläufer Pressburgs erkennen.

Ziesel auf der Perchtoldsdorfer Heide

Mayerling

Für Monarchisten und Nostalgiker. Dieses kleine Dorf wurde weltberühmt, als sich der **Kronprinz Rudolf,** Sohn und Erbe des alten Kaisers, im Jahre 1889 im dortigen Jagdschloss erschoss. Dieser erst vertuschte Freitod ist seither Gegenstand vieler Spekulationen und Mythen. Die alt gewordene *Kaiserin Zita* erzählte bis zu ihrem Tod 1989, dass der französische Geheimdienst den Kronprinzen umgebracht hätte. Erwiesen ist, dass der verheiratete Kronprinz erst seine Geliebte, die *Baronin Mary Vetsera,* und dann sich selbst umbrachte. Wahrscheinlich ist, dass sie schwanger war, vermutet wird auch, dass sie anlässlich einer missglückten Abtreibung verstarb.

Fahren Sie **mit dem Auto** nach Mödling im Süden von Wien, biegen Sie ab nach Heiligenkreuz, von hier sind es noch ein paar Kilometer bis zu dem schön gelegenen Mayerling. Das dortige Jagdschloss diente dem Kronprinzen offenbar nicht nur als Jagdschloss, sondern auch als versteckter Standort für seine galanten Abenteuer. Eine Kapelle erinnert an sein unrühmliches Ende.

Mauerbach

Zu empfehlen für jene, die die „Einkehr" nicht mit einem Gasthausbesuch verbinden.

Von Wien aus zu erreichen **mit dem Autobus** von Hütteldorf (Endstation U4). **Mit dem PKW** zur Auffahrt zur Westautobahn (A1), jedoch nicht auf die Autobahn, sondern rechts abbiegen nach Mauerbach.

Sie passieren nunmehr Hadersdorf, nach der Brücke über den Mauerbach erkennen Sie links das **Schloss Loudon.** Der Feldmarschall und Türkenbesieger wurde auch hier begraben, ca. 500 Meter nach dem Schloss befindet sich rechts seine Grabstätte.

Kurz vor der Stadtgrenze sehen Sie rechts eine Wiese mit einem Schlepp-

Kartause heute

115wi Foto: bb

Ausflüge

Eingang der Kartause

lift, die **Hohe-Wand-Wiese.** Hier wurde 1986 ein Parallelslalom durchgeführt, der zum Skiweltcup zählte.

In Mauerbach geht es vom Busbahnhof noch ein Stück in den Ort hinauf, beim Kriegerdenkmal nicht in die Pfarrkirche, sondern links durch den Torbogen durch zur Anlage der **Kartause.** In diesem typischen Wienerwalddorf steht eine der letzten Kartausen Europas, allerdings ihrer klösterlichen Funktion beraubt. Die Kartäuser bilden einen Orden mit besonders strengen Regeln, seine Mitglieder dürfen etwa nur zu bestimmten Zeiten sprechen und müssen restriktive Essens- und Kleidervorschriften einhalten.

Als sich zwei Mönche 1781 beim *Kaiser Joseph II.* über ihr Los beschwerten, nahm er die Beschwerden zum Anlass, um die Kartause aufzuheben, in der Folge kamen noch weitere 737 Klöster dazu.

Danach wurde die Kartause für verschiedene Zwecke verwendet, sie war Spital genauso wie Flüchtlingslager. Nunmehr wird sie vom Bundesdenkmalamt restauriert. Gleichzeitig mit der Restaurierung, die sicher noch Jahre dauern wird, werden Kurse im Erlernen alter Handwerkstechniken durchgeführt, so dass man hier von einem *learning-by-doing*-Konzept sprechen kann. So werden alte Putztechniken gelehrt, etwa der „Zupfputz" oder der „Quetscher": Die feuchte Masse wird mit einem bestimmten Brett abgezogen, wodurch sie eine eigenwillige reliefartige Oberflächenstruktur erhält.

Bei Interesse an einem Besuch bzw. einer **Führung** rufen Sie an im Gemeindeamt Mauerbach: Tel. 9716770.

Die Wienerwaldgemeinde lädt natürlich auch zu kleineren **Spaziergängen** ein. Hinter dem Kriegerdenkmal führt linker Hand eine kleine Gasse auf einen Hügel, die Bäckergasse. Umgehen Sie den Tennisplatz, bis Sie zur Anhöhe kommen. Links befinden sich hinter Mauern die Trümmer eines Schlosses, das von *Theophil Hansen* errichtet wurde. Rechts auf der Anhöhe führen einige Wege weiter.

Zur kulinarischen „Einkehr" sollten Sie mit dem PKW noch auf den **Tulbinger Kogel** weiterfahren. Das Berghotel ist bekannt für seine Wildspezialitäten (Wildschwein am Spieß) sowie für die üblichen süßen Mehlspeisen. Hinter dem Berghotel befindet sich eine Aussichtswarte, von wo Sie einen Rundblick über das Tullner Feld genießen können.

Ansonsten sollten Sie bei der Rückreise mit dem Autobus beim **Grünen Jäger** Halt machen und dort das Essen genießen (gleichnamige Station).

Ausflüge

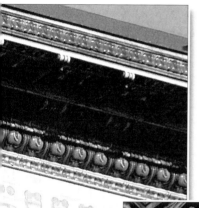

Anhang

111wi Foto: ml

110wi Foto: ml

Jugendstilfassade eines Majolikahauses

Neptunbrunnen

Wasserspeier am Stephansdom

Literaturhinweise

●*Berndt Anwander:* **Beisln und Altwiener Gaststätten.** Falter-Verlag, Wien, 1998. Ein Führer durch 187 typische Wien-Lokale

●*Beppo Beyerl:* **Eckhausgeschichten,** Breitschopf, 1992. In einem typischen Wiener Altbau wohnen elf Parteien. Der Hausmeister ist der Mirko, der Hausnazi der Herr Homilka. Was passiert, wenn der Fußball des Sohnes vom Mirko dem Herrn Homilka auf die Glatze fällt? Zehn Geschichten, in denen die Bewohner eines Wiener Altbaus einander auf die Nerven gehen.

●*Karl Farkas:* **Ins eigene Nest.** Kremayr und Scheriau, Wien, 1991. Lieder und Texte des Kabarettisten.

●*Fritz Grünbaum:* **Die Hölle im Himmel.** Löcker, Wien, 1985. Doppelconferencepartner von Farkas in der Zwischenkriegszeit, wurde von den Nazis umgebracht.

●**Wien, Wien allein,** Literarische Nahaufnahmen. *Erich Hackl* (Hrsg.), Luchterhand, 1987. Was schreibt Gabriel García Márquez über Wien? Wie erging es Milena Jesenska? Warum ist Günther Anders in Wien geblieben? Dreißig Autoren aus der ganzen Welt nehmen Stellung.

●*Antonia Kreppel:* **Wien für Frauen.** Elster, 1998. Zu einem geringen Teil Stadtführer, beschäftigt sich hauptsächlich mit der Geschichte der Frauenbewegung und liefert Porträts von 28 Wienerinnen.

●*Hans Kronberger:* **Wien für Kinder.** Edition Wien, 1993. Nomen est omen.

●*Anton Kuh:* **Metaphysik und Würstel.** Diogenes, Zürich, 1987. Skizzen und Feuilletons des begabten „Sprechstellers" und Intimfeindes von Karl Kraus.

●*Peter Payer:* **Der Gestank von Wien.** Döcker, 1997. Wie riecht Wien? Gibt es einen typischen Wien-Geruch? Wie ist dieser Geruch entstanden und wie unterscheidet er sich von anderen Stadtgerüchen?

●*Madeleine Petrovic:* **Der Wiener Gürtel.** Brandstätter, 1998. Mechanismen urbaner Veränderung am Beispiel einer lebendigen Prachtstraße.

●*Liesl Ponger:* **Fremdes Wien.** Wieser-Verlag, 1993. Zwei Jahre fuhr die Fotografin Liesl Ponger mit der Kamera durch Wien und stöberte Ägypter ebenso auf wie Amerikaner.

●*Gerhard Roth:* **Reise in das Innere von Wien.** Fischer Verlag, 1991. Der Grazer Autor zerlegt Stein für Stein die Stephanskirche, um daran die Geschichte des Domes „abzulesen".

●*Joseph Roth:* **Radetzkymarsch.** Aufbau-Verlag, Berlin, 1979. Wahrscheinlich der beste Roman über den Untergang der Monarchie. Spielt in der Zeit von der Schlacht von Solferino 1859 bis zum Tod des Kaisers 1916.

●*Hilde Spiel:* **Die Dämonie der Gemütlichkeit.** Paul List Verlag, 1991. Ein Vierteljahrhundert lang hat die Autorin nach ihrer Rückkehr aus dem Londoner Exil die Wiener Szene beobachtet und beschrieben.

●*Helmut Qualtinger:* **Die rot-weiß-rote Rasse,** Ullstein, Berlin, 1982. Wien ohne Qualtinger ist wie Würstel ohne Senf!

●*Wolfgang Weisgram:* **Der Wienerwald.** Falter Verlag, 1998. Wanderungen, Naturparks, Heurige und andere in den Wäldern in und rund um Wien.

●*Erik Wickenberg:* **Wien.** Prachner-Verlag, 1993. Literarische Spaziergänge und Begebenheiten in und um Wien.

●**Alt-Wiener Geschichten.** Insel-Taschenbuch, 1984. Wer sich dem Charme des kakanischen Wiens nicht entziehen kann, dem bieten sich hier Geschichten, die im Wien des 19. Jh. spielen. Friedrich Torberg erzählt über Herzmanovsky und Stefan Zweig über Theodor Herzl.

●**Das afrikanische Wien.** Mandelbaum, 1996. Sowohl viele historische Bezüge als auch Nahtstellen der Gegenwart: Musikszene, Fremdengesetze, ethnische Lokale etc.

●**Schwules Wien.** Promedia, 1998. Nicht nur Szenen-Info; ebenso gut auf-bereitete Chronologie über den Umgang Wiens mit Homosexuellen.

●**Wien,** aus der Reihe: Europa erlesen. Wieser Verlag, 1997. Das Bild der Stadt und der Region, der Menschen, ihrer Sinne, ihrer Gefühle und ihrer Träume anhand ausgewählter Zitate.

●**Wiener Heurigenführer.** Ueberreuter, 1996. Nomen es omen.

●**Wien wirklich.** Verlag für Gesellschaftskritik, 1992. An die vierzig Essays und Reportagen über die Stadt Wien. Es geht um „die Monumente von hinten, die Hinterhöfe von vorn". Der Band bietet detaillierte Einzeleindrücke.

Anhang

Anhang

Neu!   Landkarten von:

In Zusammenarbeit mit der *Map Alliance* hat REISE KNOW-How das **World Mapping Project™** gestartet.

Im Juni 2001 erschienen die ersten der über 200 neuen Landkarten, die die ganze Welt für Reisende abdecken. Neueste Kartografie-Technik, detaillierte Darstellung des Terrains (mit Höhenlinien und -schichten), aktuellstes Straßenbild, UTM- und Gradgitter (was die Karten GPS-tauglich macht) und ein ausführliches Ortsregister, mit dem man die Orte, die man sucht, auf der Karte auch findet. Darüber hinaus haben viele Autoren von REISE KNOW-HOW ihr Wissen über die Regionen beigesteuert.

<u>lieferbar:</u> ❑ Ägypten (1:1.25 Mio) ❑ Andalusien (1:650.000) ❑ Afghanistan (1:1 Mio) ❑ Australien (1:4.5 Mio) ❑ Cabo Verde / Kapverd. Inseln (1:150.000) ❑ Costa Brava (1:150.000) ❑ Costa del Sol (1:150.000) ❑ Cuba (1:850.000) ❑ Dominik. Republik (1:450.000) ❑ Gran Canaria (1:100.000) ❑ Guatemala, Belize (1:500.000) ❑ Indien, Nepal (1:2,9 Mio) ❑ Kroatien (1:325.000) ❑ Madeira (1:45.000) ❑ Mallorca (1:150.000) ❑ Malta, Gozo (1:50.000) ❑ Marokko (1:1 Mio) ❑ Mexiko (1:2.25 Mio) ❑ Namibia (1:1.25 Mio) ❑ Neuseeland (1:1 Mio) ❑ Polen (1:850.000) ❑ Sri Lanka (1:500.000) ❑ Südafrika (1:1.7 Mio) ❑ Teneriffa (1:120.000) ❑ Thailand (1:1.2 Mio) ❑ Tunesien (1:850.000) ❑ Deutsche Ostseeküste (1:250.000) ❑ Deutsche Nordseeküste (1:250.000) ❑ von Berlin zur Ostseeküste (1:250.000) ❑ Alpenvorland (1:250.000)

<u>ab Mai 2002:</u> ❑ Argentinien (1:2 Mio) ❑ Bali, Lombok, Komodo (1:150.000) ❑ Baja California (1:650.000) ❑ Bretagne (1:200.000) ❑ Dalmatien (1:175.000) ❑ Dänemark (1:300.000) ❑ Fischland, Darß, Zingst (1:30.000) ❑ Friaul, Venezien (1:150.000) ❑ Fuerteventura (1:60.000) ❑ Gardasee (1:70.000) ❑ Griechenland (1:650.000) ❑ Hawaii (1:200.000) ❑ Ibiza, Formentera (1:65.000) ❑ Irland (1:350.000) ❑ Island (1:425.000) ❑ Istrien (1:75.000) ❑ Kölns Umgebung (1:250.000) ❑ Korfu (1:65.000) ❑ Kreta (1:140.000) ❑ Ligurien, Piemonte (1:250.000) ❑ Libyen (1:2 Mio) ❑ Lanzarote (1:70.000) ❑ Malaysia (Ost:1:1.1 Mio, West: 1:800.000) ❑ Nord- und Südskandinavien (je 1:875.000) ❑ Normandie (1:200.000) ❑ Polens Norden (1:350.000) ❑ Pyrenäen (1:250.000) ❑ Rhodos (1:80.000) ❑ Ruhrgebiet (1:250.000) ❑ Rügen (1:50.000) ❑ Südfrankreich (1:425.000) ❑ Trinidad, Tobago (1:150.000) ❑ Umbrien (1:200.000) ❑ Venezuela (1:1.4 Mio) ❑ Yucatan (1:650.000)

Alle Karten haben gefaltet das Maß 10x25 cm (aufgefaltet 60x92 cm), ein- oder beidseitig bedruckt und passen so in jede Westentasche, kein störender Pappumschlag. Der Preis: je € 7.90 [D].

<u>**Jetzt vorbestellen:**</u> **beim Buchhändler** oder unter **www.reise-know-how.de** oder per **fax 0521-441047** (diese Seite kopieren und die gewünschte Karte(n) ankreuzen). **Zustellung innerhalb der BRD kostenlos!**

❑ Bitte halten Sie mich über den Fortgang (30 weitere Karten in 2002) des **World Mapping Project™** auf dem Laufenden.

Anhang

Anhang

HILFE!

Dieses Reisehandbuch ist gespickt mit unzähligen Adressen, Preisen, Tipps und Infos. Nur vor Ort kann überprüft werden, was noch stimmt, was sich verändert hat, ob Preise gestiegen oder gefallen sind, ob ein Hotel, ein Restaurant immer noch empfehlenswert ist oder nicht mehr, ob ein Ziel noch oder jetzt erreichbar ist, ob es eine lohnende Alternative gibt usw.

Unsere Autoren sind zwar stetig unterwegs und versuchen, alle zwei Jahre eine komplette Aktualisierung zu erstellen, aber auf die Mithilfe von Reisenden können sie nicht verzichten.

Darum: Schreiben Sie uns, was sich geändert hat, was besser sein könnte, was gestrichen bzw. ergänzt werden soll. Nur so bleibt dieses Buch immer aktuell und zuverlässig. Wenn sich die Infos direkt auf das Buch beziehen, würde die Seitenangabe uns die Arbeit sehr erleichtern. Gut verwertbare Informationen belohnt der Verlag mit einem Sprechführer Ihrer Wahl aus der über 150 Bände umfassenden Reihe „Kauderwelsch" (siehe unten).

Bitte schreiben Sie an:

REISE KNOW-HOW Verlag Peter Rump GmbH, Osnabrücker Str. 79

D-33649 Bielefeld, oder per e-mail an: info@reise-know-how.de

Danke!

Kauderwelsch-Sprechführer –
sprechen und verstehen rund um den Globus

Afrikaans ● Albanisch ● Amerikanisch - *American Slang, More American Slang* ● Amharisch ● Arabisch - Hocharabisch, für Ägypten, Algerien, Golfstaaten, Irak, Jemen, Marokko, Palästina-Syrien, Sudan, Tunesien ● Armenisch ● *Bairisch* ● Baskisch ● Bengali ● *Berlinerisch* ● Brasilianisch ● Bulgarisch ● Balinesisch* ● Burmesisch ● Cebuano ● Chinesisch ● Dänisch ● *Deutsch - Allemand, Duits, German, Nemjetzkii, Tedesco* ● *Elsässisch* ● Englisch - *British Slang, Australian Slang, Canadian Slang, Neuseeland Slang,* für Australien ● Esperanto ● Estnisch ● Finnisch ● Französisch - für Frankreich, für Restaurant & Supermarkt, für den Senegal, für Tunesien, *Französisch Slang, Franko-Kanadisch* ● Galicisch ● Georgisch ● Griechisch ● Guarani ● Hausa ● Hebräisch ● Hieroglyphisch ● Hindi ● Indonesisch ● Irisch-Gälisch ● Isländisch ● Italienisch - *Italienisch-Slang,* für Opernfans, kulinarisch* ● Japanisch ● Javanisch ● Jiddisch ● Kantonesisch ● Kasachisch ● Katalanisch ● Khmer ● Kisuaheli ● Kinyarwanda ● *Kölsch* ● Koreanisch ● Kroatisch ● Kurdisch ● Laotisch ● Lettisch ● Lëtzebuergesch ● Lingala ● Litauisch ● Madagassisch ● Makedonisch ● Malaiisch ● Mallorquinisch ● Maltesisch ● Mandinka ● Mongolisch ● Nepali ● Niederländisch ● Norwegisch ● Paschto ● Patois ● Persisch ● Pidgin-English ● *Plattdüütsch* ● Polnisch ● Portugiesisch ● Quechua ● *Ruhrdeutsch* ● Rumänisch ● Russisch ● *Sächsisch* ● *Schwäbisch* ● Schwedisch ● *Schwiizertüütsch* ● *Scots* ● Serbisch ● Singhalesisch ● Sizilianisch ● Slowakisch ● Slowenisch ● Spanisch - *Spanisch Slang,* für Lateinamerika, für Argentinien, für Chile, für Costa Rica, für Cuba, für die Dominikanische Republik, für Ecuador, für Guatemala, für Honduras, für Mexiko, für Nicaragua, für Panama, für Peru, für Venezuela, kulinarisch* ● Tagalog ● Tamil ● Tatarisch* ● Thai ● Tibetisch ● Tschechisch ● Türkisch ● Ukrainisch ● Ungarisch ● Urdu ● Usbekisch ● Vietnamesisch ● Weißrussisch ● *Wienerisch* ● Wolof

(* erscheint 2002)

Anhang

Alle Reiseführer von Reise

Reisehandbücher
Urlaubshandbücher
Reisesachbücher
Rad & Bike

Know-How auf einen Blick

Anhang

Register

Anhang

Der Autor

Beppo Beyerl, 1955 in Wien geboren, lebt dort nach einem Slawistik-Studium als freier Autor; schreibt bevorzugt Reportagen über seine Heimatstadt Wien und den Rest der Welt.

Der Rest der Welt liegt für ihn hauptsächlich im ehemaligen Osten und auf dem Balkan. Und der Balkan beginnt ja, wie schon der österreichische Staatskanzler Metternich wusste, am Wiener Rennweg. Womit der Kreis wieder geschlossen ist.

Beppo Beyerl schreibt Bücher für Erwachsene und Kinder sowie Reportagen für in- und ausländische Zeitungen. Er verfasste mit Klaus Hirtner und Gerald Jatzek den Kauderwelsch Bd. 78 „Wienerisch – das andere Deutsch", ebenfalls erschienen im Reise Know-How Verlag, Bielefeld.

Anhang

Sehenswertes in der Innenstadt